DE STANISLAVSKI A BRECHT:

LAS ACCIONES FÍSICAS

*Teoría y práctica de procedimientos actorales
de construcción teatral*

Carlos María Alsina

DE STANISLAVSKI A BRECHT:

LAS ACCIONES FÍSICAS

*Teoría y práctica de procedimientos actorales
de construcción teatral*

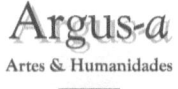

Artes & Humanidades

Argus-*a*
*Artes y Humanidades / Arts and Humanities
Buenos Aires - Los Ángeles*
2017

DE STANISLAVSKI A BRECHT: LAS ACCIONES FÍSICAS. *Teoría y práctica de procedimientos actorales de construcción teatral*

ISBN 978-1-944508-07-4

Diseño de tapa: Argus-*a*
Foto de contratapa gentileza del fotógrafo Roberto Rizzoto

© 2017 Carlos María Alsina

All rights reserved. This book or any portion thereof may not be reproduced or used in any manner whatsoever without the express written permission of the publisher except for the use of brief quotations in a book review or scholarly journal.

Editorial Argus-*a*
16944 Colchester Way,
Hacienda Heights, California 91745
U.S.A.

Calle 77 No. 1976 – Dto. C
1650 San Martín – Buenos Aires
ARGENTINA
argus.a.org@gmail.com

A mis alumnos de quienes tanto aprendí

El único dogma que debería existir en el teatro

es que no hay dogmas

ÍNDICE

1- **Presentación y preguntas**   1

2- **Marco conceptual**   3

    Técnica y creación artística   3

    La especificidad del trabajo del actor   13

    Las dificultades del actor   18

    El criterio de verdad escénica   24

3- **El aporte de Stanislavski y sus diversos momentos**   31

    La memoria emotiva y la sensorialidad. El "Sistema"   35

    El método de las acciones físicas elementales   40

4- **Una escalera de complejidades**   59

5- **La especificidad del trabajo del actor y su objeto a construir. Composición y relaciones internas**   69

    La importancia de la acción   73

    Diferencia entre acción y movimiento   77

    La acción transformadora sin movimiento   83

Finalidad de la acción como medio de construir la relación	88
Finalidad, acciones y modos	93
Distintos tipos de acciones	96
Sobre la línea de las acciones	112
Distintos estadios de la acción	120
Sobre los conflictos	125
El pasaje que va del actor a la construcción del personaje	139
Reflexiones sobre el texto	145

6- **La técnica de la improvisación y sus pautas** — 151

7- **Trabajo sobre una escena de *Un tranvía llamado Deseo* de Tennessee Williams** — 159

8- **Trabajo sobre una escena de *El jardín de los cerezos* de Antón Chejov** — 195

9- **Trabajo sobre una escena de *Ricardo III* de William Shakespeare** — 221

10- **Conexiones entre el método de las acciones físicas de Stanislavski y el teatro de Bertolt Brecht** — 255

11- **Aspectos de la obra, la teoría y la vida de Bertolt Brecht** — 271

12- Trabajo sobre una escena de *La ópera de dos centavos*

    de Bertolt Brecht   309

13- **Conclusiones**   339

14- **Bibliografía**   345

Nota: Las traducciones de textos teatrales, de citas y comentarios me pertenecen.

1- PRESENTACIÓN Y PREGUNTAS

¿Por qué escribir un libro sobre una de las tantas posibilidades que posee un actor para la construcción del objeto de su trabajo? ¿Para qué intentar señalar los pasajes de un probable recorrido metodológico (entre tantas otras posibilidades técnicas a las que puede recurrir) que provoca que el actor se transforme en personaje mientras actúa? ¿Cómo lograr que el actor se "pierda" luchando por los objetivos de Hamlet, por ejemplo, y segundos después de salir del espacio escénico, comente con su colega sobre la cantidad de personas que hay en la sala? ¿Cuál es, en definitiva, la especificidad del trabajo del actor? ¿Cuál es el grado de complejidad que, pedagógicamente, sería conveniente proponer para trasmitir una técnica verificable? ¿Por qué no resulta conveniente que un principiante aborde un texto de Shakespeare o de Chejov, por ejemplo, antes de transitar otras poéticas o de encontrarse ante un quiebre no aristotélico como el propuesto por Brecht? ¿Cuál sería la "escalera" de complejidades que sería conveniente seguir?

Estas preguntas encierran múltiples y posibles respuestas.

Espero que estas páginas logren exponer algunos de los tantos interrogantes que aparecen al momento de reflexionar sobre el apasionante trabajo del actor, con la sincera pretensión de intentar algunas respuestas posibles. Trataré de hacerlo no sólo a través de la elaboración conceptual sino también utilizando ejemplos prácticos de las clases y ensayos realizados que permitan, de una manera sencilla, ofrecer una rigurosa descripción metodológica.

Se tratará aquí de *demostrar* un procedimiento técnico, de desmenuzarlo y de detenerse en cada uno de sus momentos constructivos.

No puedo dejar de agradecer a las circunstancias de la vida por haberme ofrecido la posibilidad de conocer el indispensable aporte del maestro argentino Raúl Serrano a la técnica del trabajo del actor con sus reflexiones sobre el Método de las Acciones Físicas Elementales, como así también a los actores, directores y técnicos del Berliner Ensamble, quienes me enriquecieron, en el ya lejano 1988 y parte de 1989, con datos invalorables sobre el último período de Bertolt Brecht. Son éstas las dos fuentes principales (además, claro, de los trabajos originales de Stanislavski y Brecht) que estructuran esta publicación y que han sufrido la osadía de mis propios aportes en un recorrido de más de más de cuarenta años de profesión. El lector encontrará muchos conceptos cuyos orígenes se remontan a las fuentes citadas aunque he tratado de ejercitar mi propio filtro crítico.

Con este trabajo trato, además, de saldar una "deuda" de honor con mis alumnos y colegas quienes, en muchas de las más de setenta ciudades de distintos países en los que he trabajado enseñando o ensayando, me han pedido, con no poca insistencia a lo largo del tiempo, que publicara un libro referido a lo que intentaba expresarles.

Vaya hacia ellos mi profundo agradecimiento pues no es poco lo que de ellos he aprendido.

2- MARCO CONCEPTUAL

Técnica y creación artística

¿Es posible enseñar a crear? ¿Qué es la técnica en el arte?

Partimos de una afirmación: no es posible enseñar a crear. El momento creativo aun no puede ser trasmitido. Nadie puede enseñarle a otro cómo hacer para que un objeto, construido con una finalidad estética, resulte bello.

La creación de la belleza tiene que ver con la propia historia personal, con las relaciones sensibles que cada persona establece con el mundo desde su niñez. Por lo tanto se trata de una experiencia única e irrepetible: la vida de cada uno. Hay personas que se conmueven ante un color determinado. Otras ante otro. ¿Cuál es más bello? No podemos aseverarlo.

Hemos usado la palabra sensibilidad como un modo de indicar que es a través de los sentidos que aprehendemos al mundo. La historia del ser humano es la historia del desarrollo de sus sentidos. Es evidente que no siempre el ojo humano miró del mismo modo. El hombre tuvo que asegurar, primero, los medios para controlar su sobrevivencia y después pudo detenerse a dibujar la silueta de un animal como actividad en sí misma. O, al menos, tuvo que llegar al estadio necesario de desarrollo de su conciencia "productiva" que le indicaba, en ese momento particular, que era necesario "atrapar" al animal deseado, o pedírselo a los dioses, a través de la reproducción pictórica de la presa para que su dibujo, en las paredes de una caverna, adquiriera un sentido que, primero, debió haber sido utilitario para luego independizarse y devenir estético. Es decir, convertirse en una forma autónoma de trabajo humano.

Este proceso, que va de lo utilitario a la autonomía de lo estético, tiene que ver con el modo y los medios que la especie humana fue utilizando para dominar la producción y asegurarse, así, su propia sobrevivencia. Llegó un momento, dominada la producción de lo elemental para vivir, en que el hombre pintó para pintar, por el sólo placer que le ofrecía esa actividad específica del trabajo humano, aunque ello haya tenido, además, durante un período, un retorno a lo utilitario pues, a través de la magia, el hombre pensaba que pintando, podía atrapar al animal deseado. En su opúsculo *Las ideas de Marx sobre la naturaleza y la fuente de lo estético*, editado en Buenos Aires en 1989, Adolfo Sánchez Vázquez, nos ilumina al respecto. Concebimos, entonces, al arte como una tarea en sí, como un modo específico y autónomo del trabajo humano, cuya finalidad es el goce estético.

El mundo que nos circunda "entra" en nosotros a través de los sentidos. Creemos que no solamente a través de los cinco que se reconocen como tales. Hay otros que el hombre posee y que aún no han recibido la legitimación científica que se merecen. La intuición, por ejemplo, es una sensación inasible. Sentimos, prevemos algo, nos inquieta una sensación indescriptible que no podemos situar en parte alguna del cuerpo, pero es un sentido que parece avisarnos algo y que, con frecuencia, suele concretarse.

La ciencia aún no ha explicado la total capacidad de nuestro cerebro y sabemos que, en la actualidad, los científicos están sumando otros sentidos a los cinco que eran reconocidos como tales.

En la sociedad actual, globalizada, unificada y organizada en modo alienante para el consumo, de los cinco sentidos "tradicionales", son la vista y el oído los que se han desarrollado con mayor profundidad y los más usados. El olfato ha perdido mucho terreno pues, por ejemplo, el olor natural originario que provocaba, en el remoto pasado, que un hombre y una mujer se acercaran sexualmente, hoy ha sido ocultado por fragancias artificiales como desodorantes o perfumes que han cambiado las señales de tales acercamientos.

El tacto, cada vez más, va perdiendo terreno en la medida en que la sociedad virtual avanza. La relación del hombre con el tacto – a nuestro juicio el sentido que más cercano está al acto en sí, a la acción concreta – es el que ha sido más influenciado por el cambio histórico y cultural de la historia humana. Tocarse llegó a ser, sobre todo en la sociedad occidental y cristiana, algo muy poco frecuentado y que, en muchos casos, debía ser evitado. Hoy en día resulta claro ver cómo la historia de los sentidos tiene una relación estrecha con las construcciones culturales de las sociedades humanas. Para algunas tribus que aún sobreviven en el profundo Amazonas tocarse para comunicar entre personas es fundamental. Es más, es una necesidad tan apremiante para comunicarse como el lenguaje articulado. Podríamos decir que no sucede lo mismo en las sociedades escandinavas actuales, o en los cantones suizos, en donde establecer un contacto físico está mucho más mediado y necesita de un tiempo mucho más prolongado para concretarse.

La relación del hombre con las distancias – la prosémica- también está sometida a la historia. Acercarse más de la cuenta a otra persona, en ciertas culturas, significa algo diferente que en otras.

Es el gusto el sentido que más resiste al actual mundo globalizado. Por ello las cocinas de las distintas culturas son más difícilmente colonizadas por las culturas dominantes que tienden a unificarlo todo a efectos de organizar y multiplicar la venta de sus productos. Es que el gusto y la comida resultan esenciales para la sobrevivencia del ser humano y para su salud. La comida tradicional de un lugar está condicionada, además, por el clima y la geografía. También, a decir verdad, lo están los demás sentidos ya que, por ejemplo, los esquimales han desarrollado su vista de tal modo que expresan, en su idioma, múltiples maneras de designar la nieve estableciendo diferencias entre sus distintos tipos y estadios, necesidad ineludible para la sobrevivencia.

En el caso del gusto, por ejemplo, la comida picante tiene mayor aceptación en los pueblos andinos de Sudamérica pues resulta necesaria para ayudar a la respiración en la altura. Una cocina múltiple, rica y extraordinariamente desarrollada como la italiana – resultado de una acumulación cultural milenaria - es más resistente al avance colonizador de la comida "chatarra" y poco elaborada impulsada desde los EEUU con sus hamburguesas, por ejemplo.

Los sentidos, entonces, están también sujetos a cambios de orden social, cultural y también climático.

Hemos utilizado más arriba la palabra sensibilidad en el contexto de la capacidad humana necesaria para aprehender y expresar la relación del hombre con el mundo y entre los seres humanos en relación. Ahora bien, esa sensibilidad, ¿es inmodificable? ¿Siempre fue igual? ¿Es la misma que dos mil años atrás? ¿Los sentimientos siempre se expresaron de igual manera? ¿Es la misma entre los componentes de diferentes clases sociales? Nos resulta evidente responder que no.

La relación del hombre con la muerte – esencial y fundamental en esta fugaz vida – ha cambiado radicalmente. No sólo porque el tiempo útil de existencia de los seres humanos se ha extendido a medida que los siglos transcurrieron, sino también porque hoy, por ejemplo, no convivimos, generalmente, con el momento de la finitud concreta (aunque convivamos con miles de "muertes" televisivas y cinematográficas). Los seres humanos suelen fallecer aislados en manos de personas – generalmente – en hospitales, y sus cadáveres suelen ser velados en lugares poco visibles (no todas las culturas, por supuesto, participan de esta aseveración) y en un tiempo veloz antes de ser sepultados o cremados. "Cuesta" más mirar un cadáver, hoy en día, que hace cien años cuando los familiares rodeaban al moribundo durante su agonía y luego cumplían con los rituales del luto cercanos al fallecido. Hoy, por ejemplo, no vemos con frecuencia, como hace unas décadas, cómo se mata un cerdo para, después, comerlo. Nos basta comprar un pedazo congelado en un supermercado. La muerte ha llegado a ser, aparentemente, "vieja" y "lejana". Claro…pero no deja de espantarnos cuando nos roza.

En la sociedad actual, en donde el hombre vive entre apariencias de apariencias y en donde no sólo se ha convertido en un productor alienado de objetos – reales y virtuales – sino también en un consumidor alienado de apariencias, es obvio que la libertad y la sensibilidad han sufrido graves y abruptas modificaciones.

El trabajador no sólo se ha convertido en un productor alienado – y cada vez menos "necesario" – sino también en un consumidor, a su vez, enajenado, cuya sensibilidad y conciencia de clase han sido licuadas por valores propios de las clases antagónicas.

Por supuesto que el sistema dominante internacional no se manifiesta de igual manera en todo el planeta, más allá de que su aplicación tienda a lograr un resultado equivalente: la enajenación humana y la unificación del mercado. En la "periferia" del mundo su aplicación suele ser más burda y menos "refinada" – propio de la necesidad histórica de los países centrales y desarrollados que no serían tales sin las riquezas extraídas de los países periféricos, tanto en el pasado como en el presente – con lo cual podemos afirmar con conocimiento de causa y con la experiencia acumulada en más de cuarenta años de trabajo artístico y docente en ambas "orillas", que la *sensibilidad* del ser humano depende de las condiciones del lugar en donde habita, de la clase a la cual pertenece y de los factores históricos que fueron formando valores – cada vez más licuados y aparentes – dominantes en su subjetividad.

Vivir rodeado de belleza en una ciudad como Roma no es lo mismo que hacerlo en una villa miseria sudamericana o asiática. No se desarrollará la misma sensibilidad en una persona, se desarrollará una, sí, pero de otras características. Tampoco es lo mismo vivir en el centro histórico de una bella ciudad como Verona o Venecia que hacerlo en la periferia de Milán, aunque, en este caso, las distancias sean menores.

Sin embargo la tendencia predominante del sistema es hacia la homogeneización planetaria en cuanto al consumo de símbolos y valores creados artificialmente y licuados de todo germen crítico.

El sujeto-comunicacional universal – una suerte de Gran Hermano orwelliano exasperado por la irrupción de internet - ubicado en un centro de control privilegiado (el llamado control pan-óptico), ha logrado mediar de tal modo entre las personas y sus necesidades elementales y no elementales, que la mayor parte de la humanidad no es realmente consciente de que desea y de qué no. La unificación universal del mercado ha logrado imponer relaciones alienadas con las cosas, con los cuerpos, con los demás, con las formas y, entre tantas otras cosas como decíamos, con la misma muerte. Es decir, nos ha transformado en pasivos fantasmas arrodillados ante un espectro superior que no podemos identificar y que cambia de forma continuamente. Humo en el humo, la humanidad va fagocitándose a sí misma sin darse cuenta y vive en la apariencia de un "progreso" tecnológico indefinido.

Los modelos a seguir – y a comprar efectiva y/o simbólicamente – son de mujeres y de hombres con características físicas determinadas, cuerpos determinados, modos de comportarse determinados que usan y consumen mercaderías determinadas – ellos mismos se ofrecen como mercaderías – contra las cuales no hay opción posible salvo quedar afuera de lo admitido, ser "a-social", convertirnos en marginales al mundo establecido y permitido por otros, que no sabemos quiénes son – cuestión que no suele ni siquiera interesar – y que, obviamente, condicionan nuestra sensibilidad. Series televisivas y películas, para mencionar ejemplos evidentes, han logrado establecer e "institucionalizar" en millones de conciencias que, en este mundo – su mundo – amenazado por el "terrorismo", se justifica la tortura para "evitar males mayores al modo de vida occidental". "Héroes" que practican tales métodos no faltan en las pantallas y son admirados y legitimados. Matar no es algo excepcional en esas propuestas estéticas aunque la muerte real nos sea cada vez más "extraña."

La sensibilidad, entonces, está condicionada por la historia y, lo digamos con todas las letras, por la ética que, en nuestro caso, asociamos a la capacidad crítica de cuestionar lo que suele aparecer como inmodificable y en sí. Con suma lucidez el dramaturgo argentino, Eduardo "Tato" Pavlovsky, acuñó una frase reveladora: "Quien pierde la capacidad crítica comienza, silenciosamente, a perder la ética". Lenin observaba, con agudeza, que "La ética es la estética del futuro". Y no dejaría de ser atinado agregar que la estética sin ética es sólo cosmética.

Más allá de estas frases, resulta incuestionable que la crítica constante a lo instituido, al "sentido común" y al *statu quo*, es la herramienta con la que aún contamos los seres humanos para tratar de ejercitar nuestra libertad y para luchar contra el "tsunami" de la alienación.

Es, desde ese punto de vista, que usamos la palabra sensibilidad y no en abstracto.

A veces uno no sabe bien por qué algo lo inquieta, lo confunde o no lo convence. Ejercita, entonces, una suerte de sensibilidad crítica no consciente. Ahora bien, cuando esa sensación asume un carácter consciente es posible que podamos darnos tácticas para resistir y, en el mejor de los casos, intentar modificar lo que es, aparentemente, inmodificable.

Quien se propone asistir a clases de actuación debería preguntarse, críticamente, sobre la elección concreta que está realizando y sobre la opción ideológica que tal profesor o tal institución le están proponiendo. Nada, ni nadie es neutral así no seamos conscientes de ello. Detrás de una técnica determinada hay siempre una ideología que la sustenta.

La sensibilidad del futuro actor/actriz se pondrá en juego de un modo crítico o no, con el objetivo de hacerla consciente o no, de ser desequilibrado positivamente por la experiencia, o no. Si tal desequilibrio sensible crítico - positivo a nuestro juicio - se consuma, es posible que el crecimiento y el desarrollo de tales cualidades se potencie, pues se basará en un juego de oposiciones contra lo que la realidad alienada le ofrece como *modus vivendi*. ¿Cómo podremos lograrlo en el ámbito pedagógico de la formación teatral en camino a la incorporación de técnicas concretas que el actor asimilará para la construcción de la situación teatral en su presente formativo y en su futuro profesional, sin apelar a las exhortaciones intelectuales – muchas veces teñidas, también, de otras apariencias sobre apariencias que la realidad instituye -, a los "sermones" ideológicos abstractos, o a las apelaciones a la espiritualidad y a la magia, cuestiones que no son demostrables? ¿Cuál será un posible camino técnico – o de las técnicas – que permitirá a los actores, en modo ordenado y procesual, construir la situación teatral enfrentándose a situaciones no previstas que deben resolver con apremio y de inmediato, apelando a soluciones no pensadas y que no habían considerado como posibles de ejecutar en sus propias vidas personales? ¿Será sólo razonando que podemos modificar – y construir, en este caso – la realidad escénica que no podemos entrever en la lectura de un texto dramático?

Es evidente que la razón crítica cumple un rol fundamental en el desarrollo de una conciencia no alienada pero, en el caso del trabajo de actor, dejaremos que tal evaluación, ineludible, suceda *a posteriori* de los hechos producidos por él y por sus colegas. Será sobre esos hechos, creados por los actores, sobre los que, luego, reflexionaremos. No lo haremos sobre ideas arbitrarias, *apriorísticas*, sobre lo que aún no ha sucedido.

El trabajo del actor, así concebido, ayudará al desarrollo de su propia conciencia y sensibilidad crítica como persona en relación conflictiva con el *statu quo* social en la medida en que el modo de trabajo teatral empleado, el cómo técnico, lo nutra de vivencias no experimentados cotidianamente en la realidad – o velados por ella – y que serán adquiridos a través de su propio hacer. Será primero mediante una tarea eminentemente práctica, y después teórica y reflexiva acerca de los hechos prácticos por él construidos, apartando, en ese proceso, los prejuicios, las apariencias, los velos de una realidad social confusa y engañosa que aliena al ser humano. El sistema social dominante – "la realidad" – no hace otra cosa que instaurar, en la persona, la certera inconciencia de una posible noción de totalidad. El ser humano-actor no vive en una burbuja incontaminada.

Poseen los actores otras armas de conocimiento y de construcción – no "racionales" o intelectuales – de aquello que aún no existe en modo tangible. Ese proceso es la construcción práctica de la situación teatral y, como consecuencia de ella, de su personaje. Estas armas o herramientas son su propio trabajo, su hacer, a través de las acciones concretas (o la represión de las mismas), que el actor ejecutará luchando por los objetivos de los personajes, en una suerte de "ring de box" en el cual se enfrentará a oponentes con objetivos contrarios.

El actor usará las acciones, pero no en sí, aisladas, sino en relación dialéctica con otros elementos – también herramientas - que debe construir a través de su hacer. El actor, entonces, construirá la situación teatral y construyéndola elaborará su propio personaje que será la consecuencia de una lucha conflictual con otros personajes, con el entorno y con las contradicciones internas del suyo propio, en elaboración, que irá encontrando en los ensayos. Es decir: haciendo pondrá en "movimiento" diversos elementos que establecerán nexos de necesidad imprescindibles entre ellos.

"Pensará haciendo y hará pensado" según la expresión iluminante de Raúl Serrano, guiado por objetivos concretos a conseguir, que no son suyos en cuánto persona real, sino que le pertenecen a esos entes abstractos que se denominan personajes. Luchará por los objetivos de ellos, no por los propios. Vivirá, construyéndolos sobre el escenario, los conflictos de Otelo, no sus propios conflictos como persona real. Esta distinción nos parece fundamental. De esta forma el actor se alejará de las consideraciones y de las técnicas sicológicas que pertenecen a otros campos del saber humano. Usará una técnica, o mejor dicho: técnicas según el estilo a construir, específicas y propias del arte teatral.

Compartimos la idea de quienes piensan que no se puede enseñar a crear. Se puede, sí, a través de procedimientos técnicos, ayudar a desarrollar la capacidad crítica de la sensibilidad individual - sin olvidar de que ella, generalmente, está contaminada por el alienante orden social dominante - con el objetivo, en el caso del arte teatral, de construir una situación dramática – en el sentido de teatral, pues también podemos elaborar una comedia – que permita al actor objetivarse libremente sobre la realidad.

¿Qué es la técnica en el arte? A primera vista la palabra "técnica" suele reverberar algo frío, mecánico, duro y rígido. No es necesariamente así. La técnica es un modo, un medio, un cómo que debería permitirnos expresarnos, "abrir", nuestra sensibilidad para que fluya de un modo más accesible, menos contaminado por la apariencia alienante de lo "real", y se exprese de un modo más libre.

Suelo comunicar un ejemplo muy simple en mis clases: si tengo que ensamblar un armario con las manos cuyas partes deben ser unidas con tornillos sin la ayuda de herramientas útiles a tal fin, es posible que logre hacerlo luego de una fatigosa y, seguramente, no breve tarea. Si poseo, en cambio, destornilladores, pinzas, llaves, etc. (¡y sé cómo usarlas!) es posible que esa tarea me resulte más satisfactoria, eficaz y menos prolongada.

Lo que en la actuación podemos trasmitir es el conocimiento de herramientas concretas y enseñar algunas de las posibilidades de su uso, a efectos que la construcción de la situación teatral se realice de un modo ordenado, más simple y más económico en tiempo, y también más eficaz, en modo tal que el objeto que construyamos resulte sólido y esté bien ensamblado. Y, sobre todo, nos permita expresarnos con real libertad. Es decir, nos objetive sobre lo real humanizándonos pues nuestra sensibilidad interior "vivirá", quedará plasmada en ese objeto.

Explicaremos, más adelante, cuáles son esas herramientas, las definiremos, veremos cuándo usarlas y cuándo no, cuál conviene usar primero y cuál después, y en qué momento y "lugar" es más adecuado utilizarlas con vistas al objetivo final y según el estilo teatral que deberíamos construir.

Podemos definir, entonces, a la técnica como un conjunto de procedimientos objetivamente descriptibles que han adquirido una organización sistemática tal, que nos permiten demostrar que, aplicándolos, son verificables en la práctica. Es decir, usándolos, se obtienen resultados similares. Son, además, transmisibles. Puedo explicarle a otra persona cómo y cuáles son los pasos que me permiten fundir, por ejemplo, el bronce para después construir una estatua. Lo que no puedo trasmitirle es cómo será la belleza de esa estatua pues dependerá de la sensibilidad crítica de quien, con el bronce adecuadamente preparado, se expresará, se *objetivará*, diría Marx en los *Manuscritos Económicos Filosóficos de 1844* (Marx. 2004. 41) sobre el mundo construyendo, con libertad verdadera – porque es el resultado de un proceso de acumulación crítica -, una estatua bella que, a su vez, terminada y exhibida, multiplicará significados diferentes y sensaciones y conmociones particulares según quien la observe.

La creatividad es, entonces, un modo de expresión individual, que es único e irrepetible. Resume nuestra relación sensible con el mundo y no es trasmisible. Cada persona puede usar las diversas técnicas que ha aprendido y que domina no sólo en modo diferente y según su propia habilidad técnica, sino con una finalidad estética diferente – artística en el más interesante de los casos – que, una vez concretada en un objeto, sólo él pudo haber expresado. Entonces, no sería, a mi juicio, demasiado útil "mostrar" una experiencia de vida basada sobre mi propia carrera artística. Lo que me propongo es demostrar una técnica. Mi trabajo está dirigido a que, en un momento, mi presencia no sea necesaria. Será el actor quién, luego de haber aprendido la técnica de "fundir el bronce" construirá su propia "estatua" según su sensibilidad crítica, su relación perceptiva con el mundo y su historia de vida. Esto último, a mi juicio, no es necesario revelar a los demás participantes del espectáculo. Dejémoslo para una profunda conversación entre amigos en algún bar cercano al teatro.

La palabra trabajo es, en sí, un buen punto de partida para intentar describir al quehacer de esa persona que se dedica al oficio de construir situaciones teatrales - mientras lo hace construye su personaje - y que encarna figuras teatrales como resultado de ese hacer particular y específico que posee una propia autonomía. Esta tarea suele provocar en los espectadores que ese ente ficcional, esa creación en constante devenir, y ya encarnado, logre al final del recorrido, construir símbolos y herirlos de belleza.

La especificidad del trabajo del actor

Demostrar cuál es la especificidad del trabajo del actor será una de las metas fundamentales de nuestras inquietudes. Separar "la paja del trigo" como diría el lugar común. ¿Por qué? Intento responder con otra pregunta: ¿Por qué un escultor, o un pintor o, incluso, un cantante, no tienen necesidad de interrogarse al respecto?

Es que ellos poseen el material y el instrumento de su oficio fuera de sí: los colores, los pinceles, el cincel, las notas musicales, etc. Un afinado cantante – que posee el instrumento de su trabajo en el cuerpo – sabe, sin embargo, cuándo desentona. ¿Cuándo "desentona" un actor? ¿Hay "notas" que le hacen darse cuenta que está una octava debajo de lo requerido? No. No hay "notas" que puedan coagular el comportamiento humano ya contradictorio en sí, conflictivo, incómodo, en transformación, mutable, desleal, sucio, heroico, cobarde…"En una sola jornada de un hombre podrían sintetizarse todos los días de su vida", nos dice Borges con reveladora belleza.

¿Los personajes son, *a priori*? ¿O serán construcciones en continua transformación, elaborados mediante un proceso de trabajo?

¿Hay algo pre-existente que hay que "descubrir" como si fuera un pedazo de mármol a extraer de las entrañas de la tierra? ¿O no hay nada más que palabras – cuando las hay - colocadas en un papel que no siempre nos develan qué quieren los personajes sino precisamente al revés: hablan para no decir lo que desean, como el genial Chejov nos enseña? ¿Es en el texto en donde está el "mármol" en bruto que luego resultará la estatua que nos conmoverá? ¿O no hay nada concreto *a priori* y todo debe ser creado, incluso el "mármol"?

El actor, instrumento y a la vez instrumentista, será quien deba fabricar el instrumento y fabricándolo, lo sonará y ejecutará. De allí la dificultad de elaborar y describir técnicas objetivas para el trabajo del actor aunque se trate de una actividad artística entre las más antiguas en la historia de la humanidad. Las mismas palabras pueden significar cosas opuestas según cómo se emitan y en las circunstancias en las cuáles se pronuncien. Bien lo dice Hamlet: "Las palabras son prostitutas".

Hay que reconocer que, como seres humanos de este siglo XXI, necesitamos cada vez más certezas. Nos asusta no tener columnas en donde apoyarnos. Será por eso que no hay nada más conmovedor que un actor cuando recién comienza a ensayar. No tiene seguridades, carece de certezas. No hay una piedra a modelar, paisajes que pintar, colores que combinar, notas que respetar. A veces, no siempre, sólo cuenta con un texto y situaciones definidas por el dramaturgo. Pero esas palabras escritas y esas situaciones pueden ser construidas en miles de modos diversos según quien, o quienes las encarnen e, incluso, es comprobado que ese mismo actor cambiará de función a función y cada noche será distinta. Y si es necesario hacer un reemplazo en el elenco todo mudará, será distinto, siempre y cuando lo que pretendamos hacer sea un teatro vital y no alienado, o superficial, en donde las personas repiten clichés o modos estereotipados de expresar la naturaleza humana condicionada por el código del arte teatral.

¿La especificidad de su tarea será, entonces, aprenderse un texto de memoria, luego repetirlo con tonos creíbles y después sumar acciones que "llenen" su actuación para que el público no sólo escuche lo que dice? ¿Será decir razones como un buen abogado? ¿Es un orador? ¿Es un evocador en la medida en que puede lograr conmoverse y conmovernos, trayéndonos, en el momento de la representación, sensaciones y atmósferas del pasado? ¿Es un bailarín que mueve su cuerpo con destreza y belleza? Creemos que puede ser, además, todo eso. Pero la especificidad de su trabajo no es esa. La especificidad de su trabajo es hacer acciones. Por eso se llama actor o actriz. Por ello actúa. Un actor hace acciones. Por ello es actor. Y las acciones no son sinónimo de movimiento, conceptos que definiremos en su momento.

Ahora bien, las acciones que ejecuta un actor – o su represión - luchando por los objetivos de un personaje, ¿quién debe proponerlas? ¿El actor o el director? Rotundamente afirmamos que debe ser el actor quien propone lo que es específico de su trabajo. No concebimos a la acción como un "relleno" sino como el motor primigenio y prioritario concreto, una "chispa", que genera una nueva realidad que, a su vez ayuda a crear, a producir, lo que denominamos situación teatral y que trataremos de definir más adelante. Es a través de la acción que el actor comienza a objetivarse sobre el mundo con el fin de crear un objeto: la situación teatral.

Haciéndolo se construye "a sí mismo". Es decir, construye a su personaje y, de esa manera, se expresa libremente, se objetiva, en tanto ser humano, sobre la realidad.

¿Podemos afirmar que la especificidad del trabajo del actor es crear un personaje? La pregunta no deja de ser una abstracción pues ¿cómo "se crea un personaje"? ¿Pensándolo *a priori* cuando nos dan el libreto? ¿Tratando de determinar cómo es leyendo el texto e imaginando cómo reaccionaría, qué sentiría, cuál es su condición social, etc.? ¿Haciéndonos, en definitiva, ideas acerca de él?

A nuestro criterio no es "crear un personaje" la tarea específica del trabajo del actor pues un personaje es el resultado de un proceso de relación con los demás personajes, con su entorno y las circunstancias dadas – que ya están en el texto o que pueden ser agregadas en el proceso de los ensayos siempre y cuando no se contradigan con las señaladas en forma indudable por el objeto literario-teatral que, a su vez, funciona también como circunstancia dada – y con sus propios conflictos interiores.

En definitiva pensamos que "son las acciones las que hacen al personaje y no el personaje quien hace las acciones", como bien lo define el director y pedagogo argentino Raúl Serrano en su libro *Nuevas tesis sobre Stanislavski*.

Un personaje no existe. Son los actores los que le "dan vida". ¿Cómo lo hacen? ¿Imaginándolos y después "haciéndolos"? Si fuese así, ¿podría el actor encontrar (es decir, crear sin prejuicios) durante el procedimiento constructivo? Lo más probable es que se limite a tratar de acomodar la realidad de los ensayos a las ideas precedentes que no siempre coinciden y no suelen ser muy creativas pues son pensadas *a priori*. Deducimos que un personaje se elabora a través de acciones que ejecuta el actor no "porque sí", si no dirigidas a obtener objetivos propios del personaje (no los de su vida real personal) en el marco de una lucha concreta contra fuerzas opositoras que tratan de impedir que los logre.

Veremos, más adelante, cómo lograr que esas acciones no sean totalmente planificadas antes de ser efectivizadas por los actores y tengan la posibilidad de ser encontradas durante el proceso de construcción de la situación teatral. En un momento de la relación que se instaura con los otros, con el ambiente o con la lucha interna, las acciones se transformarán en re-acciones. Para ello la técnica de la improvisación – explicaremos en qué sentido usamos este término - será la herramienta adecuada de conocimiento, que el actor adquirirá, precisamente, accionando.

Profundizando nuestro razonamiento nos preguntamos: ¿el trabajo específico del actor es sólo el de un "accionador", quiero decir, el de alguien que sólo ejecuta acciones?

Resulta evidente que no. Un actor hace, dice, piensa y también imagina mientras trabaja. Debería ser un todo orgánico cuando actúa y no un ser fragmentado, como solemos serlo en la vida cotidiana. ¿Qué va primero? ¿Qué va después? Son preguntas que trataremos de responder a lo largo de este trabajo y que, veremos, puede modificarse según el estilo teatral a construir.

¿Cuál es, entonces, el objeto que un actor debe construir para ser tal, o sea, cuál es su tarea específica que lo distingue de otras actividades artísticas y humanas?

Nuestra hipótesis, sostenida por el trabajo previo de investigadores de la talla determinante del mencionado maestro argentino Raúl Serrano, es que el objeto de su trabajo es la construcción de una situación teatral que está compuesta por diversos elementos relacionados entre sí dialécticamente de una manera determinada y que están sujetos a un proceso de elaboración condicionado por una dinámica dialéctica y por reglas concretas de tiempo y de espacio. El gran aporte de Serrano a la historia de la técnica actoral radica en esta precisa reflexión.

Ahora bien, los pasajes para construir esa estructura base propuesta por Serrano, ¿no se modificarían según el estilo o género teatral que debemos poner en escena? Creemos que sí, que estos elementos se encastran en momentos diversos según el estilo que estamos intentando construir. Para poner un ejemplo: la importancia y riqueza de los textos de Shakespeare, concebidos como acciones verbales plenos de imágenes poéticas, no pueden encajarse en el mismo momento que en una obra de Tennessee Williams, por ejemplo, en donde lo que dicen los personajes es más cercano a un modo contemporáneo coloquial y cotidiano de expresión verbal.

Las dificultades del actor

Cuando el actor comienza su trabajo se encuentra frente a una superficie vasta y sin aristas. No hay nada concreto. Todas son ideas, imágenes, hipótesis.

¿Será necesario clarificar, antes de comenzar a "meter el cuerpo", adónde queremos llegar? ¿Es imprescindible determinar cómo es un personaje antes de comenzar a construirlo? ¿Es tímido? ¿Es alegre? ¿Es celoso? ¿Cuáles son sus características sicológicas? Creo que ello no es, para nada, eficaz. Es más, provoca que el actor se haga ideas parásitas (apariencias), que llene su cabeza de información y, cuando deba accionar, toda esta reflexión previa lo bloquee, lo condicione y tienda a disminuir su espontaneidad. Además… ¿qué significa, por ejemplo, la palabra "timidez"? ¿Cómo se es tímido? ¿Será igual la timidez que puedo sentir cuando me encuentro ante una persona que me gusta, a la timidez que siento cuando no sé cómo manejar los cubiertos en una cena de gala? ¿Hay "grados" de timidez? Podríamos emplear días y meses pensando al respecto sin llegar a conclusión alguna pues se trata de una reflexión con un punto de partida abstracto. En verdad no hay palabras que logren definir los estados de ánimo. ¿Cómo "es" estar triste, por ejemplo? No podemos describirlo con palabras. Son estados que se sienten. ¡Cómo, entonces, podemos pretender que un actor, antes de construir viviendo en el escenario, los conflictos de su personaje en relación a otros o al ambiente que lo rodea, parta de una idea de la tristeza o de la timidez! Lo más probable es que recurra al lugar común o al cliché. No vamos a partir de arquetipos pues ello nos llevaría a repetir comportamientos ultra-vistos.

Apostamos a lograr que la espontaneidad, mientras se actúa, sea lo que nos conduzca a encontrar un momento creativo que no habíamos previsto ni pensado antes de comenzar a construir sobre el escenario. Y es posible que ese momento, esa acción encontrada y, como tal no prevista, pueda ser una propuesta más alejada del mundo uniformado y aparente que nos rodea y enajena. Borges diría: "El arte llega". Se trata, entonces, de una producción nueva, de algo que antes no existía, de una nueva cosa, y no de la re-producción de la vida.

La cuestión se complejiza cuando nos preguntamos si el actor, como toda persona que transita las desventuras de una historia contemporánea alienante y dolorosa, puede partir con el "vaso vacío", es decir, desprovisto de pre-juicios, ideas, abstracciones y múltiples apariencias que aparecen como "reales" y que lo condicionan.

Es indudable que la realidad se ha des-realizado. Es decir, el grado de abstracción y de apariencia alcanzado por los objetos de consumo, se ha concentrado de tal manera que el "objeto" abstracto ha devenido material. Y la realidad se ha transformado en pura apariencia sobre otras apariencias como bien lo expresa Guy Debord en su ya clásico libro *La sociedad del espectáculo*.

¿Cómo hacer, metodológicamente, para que el actor, en relación a sus colegas, a los objetos que usa en la situación a construir, a la consideración de las circunstancias dadas como elemento ficcional y a sí mismo viviendo conflictos que no le pertenecen como persona real, logre *objetivarse* en el mundo, es decir expresarse con libertad, apartando la hojarasca de las apariencias, de los lugares comunes, de los clichés, que han devenido más reales que la propia realidad?

La única posibilidad, a nuestro juicio, es evitar el aislamiento del actor en el proceso de construcción de la situación a través de las acciones dirigidas a obtener los objetivos del personaje, acciones que, en la medida que se realizan en profundidad, van despejando lo "abstracto mentiroso", es decir las capas de apariencias sobre apariencias propias del sistema de alienación actual, para encontrar, creándolos con otros, o en relación con los objetos y con las circunstancias dadas, momentos, situaciones y emociones imprevisibles. Ese momento, no previsto, no imaginado (en tanto que la imaginación ya está contaminada por imágenes de un mundo de imágenes) es único, acontece "aquí y ahora", y es el resultado de una relación que, al comienzo de los ensayos, debería ser lo más primitiva posible. Quiero decir que, para reprimir el comportamiento y hacerlo más creíble, es necesario, antes, experimentar los impulsos y deseos más profundos, más "animales", que le hemos colocado al personaje como hipótesis de trabajo, como punto de partida, en modo tal de "limpiar la hojarasca" y permitir que el actor se "pierda" para que, construyendo situaciones imprevistas, logre encontrar (esta palabra es una metáfora pues un personaje se construye, en la relación con los otros, con los objetos y dentro de una lógica interna rigurosa) al personaje. Y logre construirlo, no sólo como consecuencia de su propia voluntad, sino también como resultado de las oposiciones contra las que debe luchar.

Todos sabemos que Hamlet muere al final de la obra. Pero Hamlet no lo sabe. Hamlet lucha por lograr sus objetivos, una vez que se ha decidido. Un actor "defiende" a Hamlet, es decir, es leal a sus objetivos, en tanto y en cuanto luche, mediante sus acciones, para alcanzarlos. Este "enamorado del presente", que es el actor, no anticipará el momento final hasta que efectivamente éste llegue para su personaje.

Suelo decir a mis alumnos, siguiendo a Serrano, que al comienzo de los ensayos, luego de haber conocido la obra y compartido la relación que ésta posee con la realidad y las circunstancias históricas en donde será representada, formulen, a la situación que deben construir, dos simples preguntas iniciales para comenzar: "¿Qué quiere mi personaje?" y "¿Qué se le opone?" Nada más. ¡Y al escenario! Allí les pido que, tratando de lograr los deseos de sus personajes, se abracen, se empujen, se toquen, se huelan, etc. a fondo, sin tantas mediaciones "civilizadas" (el límite, por supuesto, es no hacer daño físico al compañero), a efectos de construir la relación real, es decir, una relación única e imprevisible que dos o más seres humanos en ejercicio de su libertad y sin tantas ataduras, pueden construir. En este caso hablamos de seres humanos en proceso de construcción de un objeto artístico (no se trata de la exposición de sus vidas privadas) que, jugando en una situación ficcional, la viven como si fuera verdadera.

Trabajando en países muy diferentes – a pesar de cierta apariencia de similitud – como Argentina, Suiza, Italia, Alemania, Brasil, España y Perú y en ellos, en ciudades diversas que parecen pertenecientes a países diferentes y, a veces con actores provenientes de culturas muy distantes a la occidental, he llegado a la conclusión, a partir de la práctica, que la técnica propuesta debe hacer las cuentas con la realidad en donde opera. Quiero decir, para ejemplificar, que en todos los casos ha funcionado pero que, a veces, es necesario atenuar pasajes determinados, exasperar otros, modificar ciertas prioridades en el procedimiento, pues funcionan en un lugar y en otro suelen retardar la "apertura de puertas" hacia la obtención de momentos no alienados y se hace, por lo tanto, conveniente aplicarlas más adelante.

Enseñando en Argentina, en donde "meter el cuerpo", o sea, participar en los problemas sociales a través de comportamientos que pueden parecer para otras culturas desmesurados – pero que la misma realidad injusta y la suprema violencia ejercida desde el sistema y su poder, allí lo exige - se ha convertido en un "modo de ser". Para dar un ejemplo: en la práctica de la vida civil, entre tantas otros modos de protesta, las personas, ante dificultades de todo orden, suelen cortar con frecuencia la circulación en las calles o en las rutas, cosa que no sucede en otras realidades. Es un modo de hacer visible el reclamo aunque no siempre esa acción tiene la finalidad última y consciente de transformar radicalmente las relaciones sociales dominantes – causa principal de cada injusticia en este sistema - sino el de obtener la satisfacción del reclamo concreto y nada más. Este "poner el cuerpo" se traslada, sin dudas, al ámbito de una clase de actuación o a los ensayos de una obra teatral y puede generar momentos de real violencia y daño físico en una improvisación. Tal vez sea más conveniente solicitarle al futuro actor que cuando comience a improvisar, a accionar para construir la situación teatral, no se lance como una turba a luchar por los objetivos asignados al personaje, sino que tenga en cuenta aquello que el maestro Serrano define como "pre-conflicto" antes de accionar. Esto sería, la lucha interna entre lo que mi instinto desea – "mi animal" dice Serrano en el libro mencionado –, y lo que "debo" hacer por diversos condicionamientos, y que me contiene. De tal manera, evitaríamos la brutal lucha física que suele desencadenarse en las improvisaciones y que proviene, a mi juicio, de una realidad con menos mediaciones que circunda la vida del actor y lo condiciona, pues ese actor no vive su vida "incontaminado" en la burbuja de una sala de ensayos.

En cambio, enseñando en Suiza, por ejemplo, he decidido no solicitar esa conflictividad inicial antes de lanzarse a la acción transformadora, pues el ciudadano helvético habita en una realidad tan anestesiada y sutilmente represiva (en el sentido que el sistema legal-policial, consuetudinario y hegemónico cultural se opone a la libre expresión individual y social transformadora, propia de la libertad humana, de un modo tan eficaz que se ha internalizado en la mayoría de las personas, que piensan y sienten que viven en el país más libre del mundo) que tocarse, para el futuro actor, es ya un gran paso adelante. "Meter el cuerpo" suena, en Suiza, como algo que sólo en situaciones límites es necesario hacer. En tal caso, me parece que lo que buscamos, o sea "el encuentro inesperado sin hojarascas" entre dos o más voluntades humanas en el teatro como un modo de conocer haciendo, se verá más potenciado si no colocamos dudas precedentes en el sujeto – así sean dudas prácticas y no abstractas – y motivamos un decidido accionar aunque sea salvaje y brutal al comienzo. Después de esa "apertura de puertas" que, probablemente, se efectuó mediante el contacto físico – con el límite preciso del cuidado por el colega – o, al menos, por el uso de la acción verbal desaforada (en no todas las culturas la gente está acostumbrada a gritar) podemos incorporar la duda inicial entre lo que "mi animal quiere y lo que yo debo hacer."

No hay en estas palabras intento de valoración alguna de los diversos lugares en donde la vida me ha llevado para ejercer mi trabajo. Se trata, simplemente, de una observación que la experiencia me ha provisto y que me hace reflexionar sobre cómo la técnica – o las técnicas – no deberían aislarse del entorno social en la cual se trasmiten y ejecutan, más allá que he comprobado que, en el caso del método de las acciones físicas elementales, funciona, con algunas modificaciones y alteraciones procesales, al menos en ámbitos propios de la cultura occidental.

El proceso de los ensayos, a partir de las improvisaciones, logrará, a partir de la construcción de esa base de verdad que crea la relación, que el comportamiento de los personajes vaya reprimiéndose a través de la profundización de los conflictos, de la suma de otros nuevos y del *corsé* que el texto impone y que se va incorporando progresivamente en el caso de los estilos teatrales que lo permitan.

De tal manera que lo que verá el público el día del estreno será el resultado, la síntesis artística (en el mejor de los casos) de un largo proceso inicial de deconstrucción y un posterior proceso de construcción sobre esa realidad de-construida.

El actor comprenderá lo que ha construido si logra, *a posteriori* del momento de los ensayos, reconstruir todo el proceso. Pero… ¡atención!: reconstruirá sobre hechos acontecidos y no sobre ideas *a priori* abstractas y aparentes. Se trata, entonces, de proponer desde la pedagogía teatral, una metodología pensada para "no pensar". Por supuesto que el actor, mientras acciona, piensa. Lo que trato de expresar es que el pensamiento del actor en el momento de la lucha conflictual esté dirigido a la obtención concreta de un objetivo y no a consideraciones abstractas que suelen inmovilizarlo o atenuar la potencia de sus actos. Para ser más precisos, si el actor se lanza a la relación con sus oponentes, a una suerte de ping-pong impredecible, en un momento no accionará sino que re-accionará a lo que hace el oponente y viceversa.

¿Por qué digo para "no pensar", usando esta expresión como un modo de parálisis? Porque la mente es una gran castradora. Bien lo dice Hamlet en el célebre monólogo: "La conciencia hace de todos nosotros unos cobardes".

En verdad no se trata de "no pensar". Se trata de "hacer pensando y pensar haciendo", según palabras de Serrano, con una finalidad concreta a conseguir. Y de estar abierto a modificar mi táctica según aquello que las fuerzas que se me oponen, ejecutan. Durante la construcción de la situación a partir de acciones dirigidas a tal fin y, como resultado de las que me lleguen del oponente en un sentido contrario a los deseos de mi personaje, es muy posible que ya no piense ni medite demasiado pues deberé re-accionar de inmediato para no ser vencido. Es justamente allí que se hará más posible "encontrar".

El pensamiento, que está influenciado por cientos de valores que, conscientes o no, nos atraviesan, suele provocar, en un santiamén, decidir qué si y qué no, nos está permitido hacer y qué no lo está. Centinela de la cultura y de una civilización determinada (con lo cual es necesariamente represiva) el pensamiento suele guiarnos a lo que hacen otros y no a hacer lo que nosotros elegimos íntimamente hacer. "Hacer por sí mismos. No ser hechos". "Hablar por sí. No ser hablados" podría ser una buena síntesis para expresar lo que, al menos en el teatro, se hace necesario preservar y recuperar para encontrar momentos creativos y genuinos; o sea: momentos no previstos. Es, ante una crisis, que se encuentran soluciones nuevas. "Cada muro es una puerta", bella frase del director argentino Víctor García, que nos ayuda, con belleza, a reflexionar al respecto. Es ante una gran oposición que puedo crecer. Borges escribía que "la arcilla de los poetas es el dolor". Hay más posibilidades de crecer cuando entramos en crisis.

El criterio de verdad escénica

No hay dudas que, si existió un hombre que marcó un antes y un después en la historia de la técnica de la actuación, tal persona fue Konstantin Stanislavski. El gran maestro ruso, no siempre comprendido y cuyos estudios y conclusiones fueron muchas veces dogmatizadas por quienes conciben sus grandes aportes técnicos como cuestiones inmóviles y no sujetas a cambios – a veces realizados por él mismo con relación a su propio trabajo con una gran honestidad intelectual – ha ofrecido al teatro, creemos que por primera vez –, aunque de un modo no demasiado claro y sistemático – una serie de principios esenciales y fundamentales que condicionaron la técnica actoral, desde los primeros años del siglo XX, hasta hoy. Trataremos, de aquí a poco, de ofrecer una síntesis de sus aportes y de su recorrido pedagógico para intentar aclarar algunas cuestiones que, a nuestro juicio, fueron desvirtuadas y que, por ello, son poco, o mal conocidas. Las investigaciones de Raúl Serrano son iluminantes al respecto.

Lo que no todos comprenden es que Stanislavki vivió, la mayor parte de su vida, en una época en donde la vanguardia teatral era el naturalismo y el realismo como estilo teatral que se rebelaba contra un teatro ejecutado de un modo artificial y ampuloso.

Por lo tanto sus investigaciones están condicionadas por el estilo teatral al cual él adhería y que, consideraba, era la nueva forma en que lo teatral debía expresarse. Sin embargo, la crítica de sus discípulos, sobre todo Mejerhold y Vagtangov, la Revolución de Octubre de 1917 en Rusia, la construcción de la URSS y la esperanza que se abrió en grandes masas de toda la humanidad (luego traicionadas por el fenómeno del estalinismo), provocaron un giro "copernicano" de sus primeras aseveraciones.

Esta situación ofreció dejar sentadas las bases para la elaboración de una nueva técnica en el trabajo del actor que le permitiera afrontar otros estilos teatrales alejados del naturalismo y del realismo fotográfico. Las producciones artísticas del Teatro del Arte de Moscú, casi todas ellas cercanas al realismo y dirigidas por el gran maestro ruso, han llevado a pensar a muchos teatristas que sus métodos de trabajo (como el lector observará, no hablo de uno) han sido "superados" en la medida en que el realismo ha ido perdiendo espacio en el teatro contemporáneo.

En verdad, para cancelar algo es necesario tener algo para cancelar. Desde ese punto de vista son muy pocos los que, luego de Stanislavski, han ofrecido sistematizaciones técnicas concretas para describir procedimientos demostrables en el trabajo del actor.

Es también necesario señalar que los conflictos humanos se expresan en el teatro de diferentes modos. Llamaremos a esa diversidad: estilos. Podemos trasmitir la conflictividad humana a través de tragedias, farsas, comedias, dramas, etc. Cada estilo, con sus propias características, amerita técnicas particulares para ser construido.

Stanislavski lo percibe bien cuando expresa, durante los ensayos de *Tartufo* de Moliere, última dirección de su existencia, en el marco de una obra que no pertenecía al estilo realista-naturalista: "Para un arte de tal naturaleza es necesaria una técnica especial" (Toporkov 107)

Con precisión señala que no se trata de una técnica, sino de técnicas que están condicionadas por el estilo que es necesario construir. A veces, en una misma obra, podemos encontrar estilos diferentes, cosa muy común en el teatro de Shakespeare, por ejemplo. Pues bien, se hacen necesarias técnicas diferentes para construir en cada estilo. Es obvio que no construiremos una pieza de Tennessee Williams con la técnica de las máscaras de la *Commedia dell'Arte*, ni a la inversa. El sentido de verdad escénica se alteraría pues, en el mejor de los casos, podríamos pensar que una propuesta bizarra del tipo no es más que una apropiación ocurrente del texto del autor estadounidense transformado de tal manera que pertenecería más a los realizadores escénicos que al dramaturgo.

Así como un escultor que desea trabajar el mármol seguramente necesitará herramientas aptas para ello (un cincel o un martillo neumático) o, si desea modelar la arcilla, usará sus manos o sutiles instrumentos aptos que le permitan hacerlo con mayor eficacia, un actor deberá usar herramientas técnicas adecuadas que le permitan construir estilos diferentes.

Es por ello que afirmamos que la verdad escénica es la verdad que el estilo teatral que transita, le está marcando. Hacer una farsa de *Edipo* puede ser una posibilidad transgresora pero, seguramente, se construirá otra cosa y no una tragedia, con lo cual si observamos que Edipo ejecuta saltos acrobáticos, se expresa en forma ampulosa y hace muecas expresivas hacia el público para hacerlo reír, no nos resultará verdadero, creíble ni trágico. Y pensamos que nadie reiría si, en una obra de la Comedia dell'Arte por ejemplo, Arlequín actuara como Stanley Kowalsky, de *Un tranvía llamado deseo.*

Entonces el criterio de verdad escénica en el teatro está condicionado por el estilo. Lo "real", lo que hace que el espectador crea que lo que observa es verosímil, lo determina el respeto por el código del estilo, más allá que éste, como dijimos más arriba, pueda modificarse incluso en una misma obra. Pero así sea en este caso, el cambio de escena o de situación dentro del mismo texto, deberá ser construido según el estilo de cada momento.

En el caso del teatro de Brecht, que para nosotros es un quiebre en la historia del teatro contemporáneo, será necesario comprender a qué etapa de su creación pertenece la obra que tratamos de escenificar. No es lo mismo *La ópera de dos centavos,* propia de su llamada fase épica, que *Los fusiles de la Señora Carrar,* texto vecino a un teatro aristotélico, o al momento de las llamadas piezas didácticas, o a *El cerco de yeso del Cáucaso,* obra elaborada cerca del final de su vida, etapa en la que a él le gustaba denominar a su teatro como realista dialéctico y no más épico.

Por otro lado es necesario reconocer que, a diferencia de otras artes, el punto de partida que posee un actor para comenzar a construir una situación teatral, no puede ser otro que el de una gran cercanía al comportamiento realista pues sólo cuenta con las características de su cuerpo, sus ojos, sus brazos, sus piernas, etc. y con una distancia determinada con sus colegas, condiciones de espacio determinadas, etc. Un actor no puede volar (más allá de que, a través de arneses y sogas, los técnicos logren hacer que se eleve del piso pero él, de por sí, no puede hacerlo). Un artista plástico puede comenzar su trabajo pintando un niño que come luz. El grado de abstracción de su arte y las herramientas usadas – las pinturas y el pincel - se lo permiten.

La representación de los conflictos humanos en las condiciones de la escena puede adquirir, como dijimos, multiplicidad de formas y estilos. Ninguno es "mejor" ni más válido que otro, pero pensamos que el teatro es uno de los quehaceres artísticos más cercano a las expresiones temporales y espaciales del hombre. Posee el desafío de su inmediatez y de su localización espacial. Así sea que representemos una obra de Esquilo, estrenada miles de años atrás, siempre la fagocitaremos en el "aquí y el ahora" de nuestro presente. Ponerla en escena no tendría otro sentido. Por ello es un clásico, pues nos "habla" hoy a pesar de haber sido escrita hace tanto tiempo. De allí que afirmamos, con nitidez, que el teatro es lo opuesto al museo. No hay otro camino en el arte escénico, que la continua mutación. Así digamos las mismas palabras que Shakespeare escribió hace tanto tiempo, ellas adquirirán un sentido determinado de acuerdo con las relaciones que, en el presente, los hombres están estableciendo entre sí.

En cuanto a la "presión" del lugar en donde se representa una obra, es indudable que, más allá de que hay comunes denominadores que ligan a todos los seres humanos, la forma en que se expresan los sentimientos, la relación con el tiempo, los acontecimientos locales - y las urgencias que ellos provocan – son diferentes, a pesar de la creciente unificación del mercado a nivel global.

Podemos asegurar, pues lo hemos vivido, que un niño brasileño, por ejemplo, se aburre si una obra de teatro infantil dura más de una hora. No sucede lo mismo con un niño alemán. Representar una obra teatral en una favela o en una villa miseria en Sudamérica, en donde sus habitantes padecen la desgracia de expresarse sólo con 400 vocablos, no es lo mismo que representarla en un teatro del centro de Londres.

Creemos, por otra parte que, para reformular creativamente la figura de un caballo colocándole, por ejemplo, un ojo en el vientre o diseñándolo con líneas sintéticas y estilizadas y colores alejados del modelo real, es necesario, antes, conocer el caballo tal cual es y lograr reproducirlo así sea para después "destruirlo". No se puede modificar lo que no se conoce, cuestión que muchas denominadas "vanguardias" olvidan con frecuencia. Es por ello que considero que el punto de partida pedagógico para una sólida formación actoral debe ser el realismo pues nos permite construir situaciones con un criterio de verdad más cercano a la experiencia de vida del futuro actor, más allá de que luego razonemos críticamente sobre la representación de la apariencia alienante de ese "mundo real". De todos modos, para hacer consciente de que se trata de apariencias convertidas en "realidad", es preciso transitarlas, deconstruirlas y reflexionar, en la práctica, sobre ellas. Luego de este momento basal, fundante, que le permite al actor tomar contacto con las contradicciones de su realidad más cercana y con el modo de expresarla y cuestionarla críticamente, pensamos que se abren múltiples caminos estilísticos y estéticos en donde el actor podrá romper, si lo desea, con el realismo y transitar otros estilos que lo expresen de manera más completa y total.

En nuestro caminar artístico hemos trabajado sobre múltiples estilos, desde la tragedia a la comedia musical. Todos son válidos, pensamos. La cuestión es que sean construidos con la verdad que el estilo requiere y con la vitalidad (organicidad es la palabra justa pues define con precisión el compromiso total del actor - corporal, emotivo y racional - con la situación a construir) que ese momento único de encuentro con el público, que es la representación teatral, amerita. Más allá de nuestro recorrido artístico personal lo que importa aquí es la demostración de un procedimiento técnico que nos permitirá construir la situación teatral partiendo del realismo para acercarnos a otros estilos teatrales.

3- EL APORTE DE STANISLAVSKI Y SUS DIVERSOS MOMENTOS

La larga vida artística y pedagógica del gran maestro ruso nos permite admirar su fecunda producción y su indudable honestidad intelectual que lo llevó a colocar "patas para arriba" el denominado "Sistema" que lo había llevado al éxito y a la fama.

No es fácil renunciar al soborno de esta última. Stanislavski, en los últimos diez años de su vida, y con más claridad entre 1934 y 1938, año de su muerte, munido de un coraje extraordinario y una gran honestidad intelectual, colocó en discusión lo que él mismo había aseverado y dejó sentadas las bases de lo que se denominará el Método de las acciones psico-físicas elementales.

Podemos afirmar, siguiendo la publicación del actor ruso Vasili O. Toporkov, en su libro *Stanislavski en los ensayos. Los últimos años* publicado por Ubulibri, Milán, en 1998, que tal proceso de transformación radical comenzó a fines de los años 20.

En 1928 ya podemos "oler" los vientos del cambio, a través de los comentarios de este actor que trabajó con el maestro ruso desde 1927 hasta el fallecimiento de Stanislavski, en 1938. Ese proceso está registrado por Toporkov durante los ensayos de *Los pródigos* de Kataev (1928), de *Las almas muertas* (1932) versión de Michael Bulgakov del poema novelado de Gogol y, finalmente, con la iluminante descripción de los ensayos de *Tartufo* de Moliere estrenado en 1939, poco tiempo después del fallecimiento de Stanislavski.

Resulta evidente que se trata de un progresivo abandono crítico de los principios técnicos que hicieron famoso al director ruso en todo el mundo - conocido como el "Sistema" y basado en la memoria emotiva -; encaminado en la dirección de dejar sentadas las bases de un nuevo método de trabajo del actor, mucho más objetivo y basado en la contundencia concreta de la acción física.

Trataremos de sintetizar el recorrido de Stanislavski con el objetivo de crear un marco referencial sin la pretensión de detenernos demasiado en ello. Muchos investigadores lo han realizado con óptimos resultados pero no es la finalidad de nuestro trabajo abordar en sí tal temática histórica, sino tratar de presentar los principios de una técnica que reconoce su origen en el último y genial aporte de Stanislavski: el método de las acciones psico-físicas elementales. A partir de esos principios y de los aportes valiosos de investigadores de la talla de la rusa María Knebel y del maestro argentino Raúl Serrano, intentaremos trasmitir nuestras propias reflexiones.

Konstantin Sergeevic Alekséyev – tal su verdadero nombre ya que "Stanislavski" es un seudónimo tomado del nombre artístico de un viejo actor polaco al que conoció en París en sus años juveniles – nació en Rusia en 1863 en una familia acaudalada con inclinaciones artísticas. Fue nieto de la actriz francesa Marie Varley, quien llegó a ser muy conocida en su época.

En 1877 Konstantin Sergeevic dio sus primeros pasos en el teatro fundando una compañía familiar junto a sus numerosos hermanos y a sus primos. Al poco tiempo se trasladó a París a efectos de ocuparse de negocios familiares. En la capital francesa actuó en grupos de aficionados y frecuentó gente de teatro. Fue allí que eligió el seudónimo con el que se lo conoce. En 1888 regresó a Moscú y fundó la "Sociedad de Artes y Letras" con el objetivo de remozar al arte dramático ruso y ofrecer puestas en escena de calidad. En 1897 se reunió con el dramaturgo Ivánovich Nemirovich-Dánchenko – quien presidía una Sociedad similar llamada "Filarmónica de Moscú" – y decidieron fusionar ambas instituciones en una nueva: el "Teatro de Arte de Moscú asequible a todos". El nombre indica, ya, la finalidad de la nueva agrupación.

A partir de ese momento las inquietudes de Stanislavski se profundizaron en la búsqueda de un modo de actuación sobrio y verosímil, lejano de la afectación y el estereotipo artificial que reinaba en el teatro de la época y repudiando el rol del actor-estrella y de las *"prime donne"*.

Los antecedentes teatrales más inmediatos con los que se encontró Stanislavski provenían: a) del neoclasicismo del siglo XVIII, en donde reinaban las tres unidades aristotélicas y se imponía la sobriedad y la exposición clara de la situación teatral; b) del romanticismo, que a partir de la mitad del siglo XIX y hasta bien entrado el XX, se rebeló contra el neoclasicismo. El romanticismo trataba de expresar las pasiones individuales de los personajes acentuando el rol del actor protagónico y fomentando la aparición de los "divos" de la actuación; c) del melodrama, propio del romanticismo tardío, en donde las situaciones patéticas y un modo de actuación "sobre la línea" era lo que prevalecía en los espectáculos, d) del naturalismo, surgido a partir de la teoría literaria de Emile Zola en 1881, que influyó en el teatro provocando la exigencia de que la realidad de la vida se expresara en el escenario "tal cual es", como una fotografía. Es con el naturalismo que el rol del director cobra una importancia determinante pues será su mirada la que intentará homogenizar la puesta en escena.

Stanislavski adherirá, paulatinamente, a una propuesta estética que intentará alejarse del naturalismo a través del realismo, o sea, mediante la producción de un objeto artístico – la puesta en escena – estilo que descubrirá aspectos escondidos de la realidad y no se limitará a la reproducción de sus expresiones más epidérmicas, como lo hace el naturalismo. Es de destacar que este último constituyó una revolución total en el arte teatral de la época,

Stanislavski vivió y produjo en momentos de cambios muy dinámicos en su patria: la Rusia pre-revolucionaria de los Zares, la Revolución de Octubre y su posterior traición a partir del afianzamiento del estalinismo como fenómeno estrangulador de los principios revolucionarios. En la época de su madurez artística y pedagógica tuvo que vérselas con la imposición del realismo socialista zdanoviano. O sea, del "arte proletario" oficial impuesto por el poder burocrático, y con la censura feroz de otras experiencias artísticas. No olvidemos el aterrador final de uno de sus discípulos predilectos, Vsevolod Meyerhold, asesinado por el estalinismo.

Será Bertolt Brecht quien, años más tarde, dará forma dramatúrgica a esa pretensión con lo cual, como veremos más adelante, los caminos de ambos hombres de teatro tenderán, en tiempos diferentes, a unirse, sobre todo con las experiencias concretas de Brecht con los actores del Berliner Ensamble a su retorno en Alemania y a la práctica más frecuente de la dirección a partir de 1949 y hasta su muerte en agosto de 1956.

Stanislavki contará con la fortuna de trabajar con un dramaturgo que señalará un antes y un después en la historia de la dramaturgia universal: Antón Chejov.

Podemos deducir que son tres los momentos de elaboración pedagógica por los que atraviesa Stanislavski a lo largo de su vida como maestro de actores: 1) Una fase inicial en el cual, influenciado por la filosofía oriental – no nos olvidemos que en 1881 se graduó en el Instituto de Lenguas Orientales "Lázarev" -, utilizaba técnicas del yoga y teorizaba sobre el prana y la energía universal, con el objetivo de lograr un acercamiento íntimo, relajado y profundo del actor, en la perspectiva de "entrar en el personaje" de una manera comprometida, relajada y verdadera, 2) La más conocida y difundida de sus etapas en donde pone en práctica lo que se denominará "El Sistema de Stanislavski", basado en la memoria emotiva y en la sensorialidad y 3) El "Método de las Acciones Psico-físicas Elementales" usado progresivamente en las últimas puestas en escena entre los años 1934 y 1938, proceso que comienza a insinuarse ya en 1928 y que Toporkov describe minuciosamente en su libro *Stanislavski en los ensayos. Los últimos años.*

Tomaremos los dos últimos momentos para crear un marco histórico que nos permita reflexionar al respecto del trabajo del gran maestro ruso pues el primer momento "oriental" de Stanislavski lo juzgamos como una etapa de inquietudes y de preparación para los momentos siguientes.

La memoria emotiva y la sensorialidad. El "Sistema".

Stanislavski se preguntaba por las causas que provocaban que un actor alcanzara, en una función determinada, elevados niveles de verdad escénica, se emocionara y se conmoviera, y por qué, en otras funciones, tal estado de ánimo no llegaba a producirse. Con minuciosidad seguía las representaciones de los grandes actores y actrices de su época y trataba de extraer conclusiones de sus observaciones.

Estudiaba, también, los aportes de los estudios sicológicos de la época. Las investigaciones de la sicología experimental del francés Ribot, en ese sentido, le fueron muy útiles. El maestro ruso comprobó que ninguna persona se emociona o conmueve por voluntad propia. Es decir que la emoción es la consecuencia de algo que la provoca: un recuerdo, un abrazo, una imagen, etc. Es más, observando con atención el trabajo de los actores, pudo concluir que cuando ellos buscaban emocionarse sobre el escenario, lograban el resultado opuesto y debían recurrir a los clichés y a la representación descriptiva, exterior, de esas emociones.

Por lo tanto, si la finalidad era lograr que los actores vivieran las circunstancias de los personajes mientras actuaban como si fueran propias, se trataba de formular una técnica que provocara que la emoción arribe, no porque el actor tratara de llegar a ella voluntariamente, sino en modo indirecto. Algo debería provocarla.

Stanislavski, en ese momento de su tarea pedagógica, reflexionó acerca de que lo único concreto que posee un actor es su pasado como persona. Es decir, cada uno de nosotros va acumulando, a lo largo de su vida, hechos y emociones que van moldeando la personalidad. En el presente somos el resultado de todos esos hechos y momentos. Cargamos una "mochila" de eventos que nos han dejado marcas, algunas conscientes y elaboradas, otras no. De todos modos, poseemos una memoria corporal que no olvida y también una memoria emotiva que puede no recordar cotidianamente pero que, estimulada por determinados factores, surge a la luz y nos trae, al presente, sensaciones y emociones que se conectan con esos momentos del pasado.

Hemos dicho que el hombre aprehende la realidad a través de los sentidos y que el desarrollo del género humano es la historia de la evolución de sus sentidos. Podemos, entonces, aseverar que, al menos, contamos con imágenes sensoriales táctiles, auditivas, visivas, gustativas y olfativas a disposición en nuestro bagaje emotivo. Camino por una calle, por ejemplo, y paso por una frutería. El olor de las mandarinas, sin que me lo proponga, me "transporta" a un momento de mi niñez en el cual mi madre me pelaba esa fruta en un lejano invierno de mi ciudad natal. Tal recuerdo "llega" a mí y me emociona. Hubo algo que lo provocó: el olor de las mandarinas. Lo mismo sucede con otras imágenes – llamémosle así – provenientes de otros sentidos: el ruido de las tazas de café en un funeral, la sensación de frío al tocar el cadáver, el olor de las flores, el gusto del café diluido de ese funeral, la palidez del difunto, etc. Ahora bien, un funeral ocurrido en el pasado, para seguir con el ejemplo ya expresado, es un evento enorme, pleno de decenas de imágenes sensoriales. ¿Debo recordarlas a todas juntas? ¿Debo recordar "el" funeral en general? La respuesta es no. Lo que debería hacer el actor, para poner en práctica la memoria emotiva y llegar a la emoción, es precisar detalles de tal evento seleccionándolos con minuciosidad. No recordar las flores en general, sino una en particular. "Re-verla" en mi interior con precisión. Ello me acercaría a la emoción. Puedo "traer aquí y ahora", su olor, o su forma y color, o su textura. Obviamente este procedimiento requerirá un alto grado de introspección. Se trataría, entonces, de utilizar ese bagaje emotivo a través de técnicas de ensimismamiento, concentración y aislamiento y, aplicándolas, "llegar" al estado de ánimo deseado para el personaje.

En ese momento de sus reflexiones, Stanislavski logró grandes resultados con sus espectáculos pues podían verse, sobre el escenario, personajes que lloraban, reían, se emocionaban con verdad y, por lo tanto, trasmitían al público, tales sensaciones. Todo lo contrario a un teatro afectado y ampuloso que tendía a describir los estados de ánimo y no a vivirlos.

Sin embargo, cabe una pregunta: ¿quién se emociona?, ¿el actor o el personaje?

Indudablemente que, en este caso, se trata del actor pues debe apelar a fragmentos de su vida emotiva para llegar a determinados estados de ánimo. Se produce, entonces, una disociación en el momento en que está trabajando sobre el escenario. Por un lado debe estar dentro de sí, recordando su pasado y trayendo al presente, y precisándolas mediante las imágenes sensoriales, momentos emotivos de su propia vida; y, por otra parte, debe interrelacionarse con su partenaire, decir un texto que no le pertenece, entrever, sin proponérselo, detrás de las bambalinas a un técnico que observa la escena, etc. Conviven así, en modo contradictorio, dos realidades diferentes: el mundo interior de cada actor y su pasado de persona real con el mundo de la ficción teatral que posee leyes propias y convenciones particulares. Tal situación no deja de provocar una tensión en su trabajo pues el actor teatral no puede detener el desarrollo de la acción dramática para darse el tiempo interior de encontrar las imágenes sensoriales. Puede ser distinto en el cine, en donde el actor, si posee una ética, puede darse el tiempo de ensimismarse, de "encontrar" la imagen emotiva que le sirve y luego llorar – sin recurrir a gotas que le provoquen la caída de lágrimas – ya que el sistema de producción cinematográfico permite grabar las escenas sin la presión de la secuencia temporal que el teatro posee.

No por otro motivo se impuso este primer momento stanislavskiano, el de la memoria emotiva, en los EEUU debido a la explosión de la industria cinematográfica en ese país en los primeros treinta años del siglo XX. No por otra razón se concretó la difusión mundial del método que exaspera el uso de la memoria emotiva, creado y promovido por Lee Strasberg – tan usado por los más famosos actores de cine del siglo XX – que, a nuestro juicio, puede ser útil para la pantalla pero no lo es tanto, o no lo es siempre, en el teatro, actividad que posee otras exigencias y otras características.

El problema se presenta cuando dicho método introspectivo, apoyado por la formidable maquinaria de legitimación universal que representa el hecho de hacerlo desde el centro del imperio, se convierte en algo absoluto y aplicable a la teatralidad como una verdad absoluta. Ya nos ocuparemos, más adelante, de precisar opiniones diversas al respecto, aunque ellas se hayan producido y elaborado en zonas no centrales del mundo.

Quienes hemos leído los libros de Stanislavski podemos observar la importancia que, en esos años, el maestro ruso daba a los ejercicios de relajamiento y concentración que podemos recoger es su *El trabajo del actor sobre sí mismo*.

Es indudable que el actor necesita estar relajado y lo más lejano posible del estrés y de las tensiones de la vida cotidiana para ejecutar su trabajo en condiciones más favorables. Asimismo ayuda a su trabajo el hecho de estar concentrado. ¿Qué significa esta palabra: concentración? Significa achicar el mundo de la percepción al "aquí y ahora" concreto de lo que está pasando en este presente. Significa precisar los sentidos que estoy usando para que sea más eficaz la percepción de lo que quiero profundizar. Es por ello que solemos cerrar los ojos cuando queremos escuchar música, por ejemplo.

Todos conocemos los ejercicios recomendados por Stanislavski para ser ejecutados en el camarín en los momentos previos a la actuación: relajarse sentándose en una silla, individualizar las diferentes partes del cuerpo realizando un recorrido imaginario por él. O, para concentrarse, imaginar círculos concéntricos que van de lo más amplio y general de la realidad a lo más concreto y cercano del camarín. Todo ello puede servir pues crea una atmósfera de tranquilidad que, seguramente, ayudará a un resultado más satisfactorio en el momento del hecho teatral. Pero suele suceder que, cuando el actor se encuentra detrás de las bambalinas listo para salir a escena, su corazón comienza a latir con más fuerza, se pregunta sobre si su trabajo gustará al público, repasa mentalmente los primeros parlamentos de su personaje, escucha las reacciones del público, etc. Es decir, entran en juego otros factores de presión que no son los de la vida cotidiana. Son propios del hecho teatral, específicos, pertenecen a ese momento único de encuentro con el público que asiste al teatro. Es entonces cuando los ejercicios realizados en el camarín sirven relativamente pues, si bien pueden predisponer al actor a estar más relajado y concentrado, no lo "cubren" en el momento, en sí, de la actuación.

El teatro, en un nivel menos complejo y controlable suele ser, como la vida, impredecible. No hay función igual a la precedente, ni la habrá. No hay público igual al anterior así sea que concurran los mismos espectadores pues ellos mismos estarán viviendo otro momento de sus vidas. Las reacciones del público se modifican función a función. Y no sólo eso: los colegas que comparten un momento artístico con el actor, o sea el momento de la representación teatral, suelen ofrecer distintos estímulos y reacciones, no siempre iguales. Es inevitable que así sea si estamos hablando de un teatro vital y dinámico y no de una representación anquilosada y mecánicamente repetitiva, cosa imposible por otra parte, pues si quisiéramos repetir una escena exactamente como la vez anterior, jamás lograríamos hacerlo pues nosotros mismos ya no somos los mismos.

Otra cuestión observaba Stanislavski: usando la memoria emotiva los actores tendían a aislarse de sus colegas durante la obra pues estaban buscando dentro de sí las imágenes que le provocaran los estados de ánimo requeridos. Es decir, construían una relación mediata con el partenaire, indirecta, no inmediata. Se trataba de islas que flotaban sobre el escenario, ensimismadas, que se comunicaban con el otro en modo accesorio. Lo principal era encontrar dentro de cada uno el estímulo que provocara el estado de ánimo para después accionar o decir el texto, con lo cual la acción era una consecuencia de la emoción.

En esta fase de su trabajo el maestro ruso, al comenzar los ensayos, apelaba a las lecturas de mesa del material literario a representar (eso es un texto teatral antes de ser construido en el escenario). Los actores y el director leían repetidamente este texto tratando de encontrar en él tres líneas: la de las imágenes, las del pensamiento y la de las acciones del personaje. Posteriormente, ya en el escenario, debería aparecer, con "verdad", una cuarta: la de las emociones.

Se trataba de un análisis *a priori* en donde se preveían las acciones, sus reacciones, cuáles estados de ánimos eran necesarios, la línea interna del personaje, el subtexto, las características sicológicas... en definitiva se planificaba cómo "es" el personaje. Y, además, como consecuencia de tales lecturas, el actor incorporaba, a su memoria, el texto escrito por el dramaturgo. Luego de un tiempo prolongado de lectura de mesa, recién se pasaba al escenario con la cabeza del actor plena de información. Pero solía suceder que, sobre el espacio teatral, todo lo que se había planificado solía no servir para poner en pie un tipo de actuación espontánea y que permitiera encontrar-crear durante los ensayos. Los actores trataban de acomodar lo que habían pensado o asimilado intelectualmente en el análisis de mesa a lo que vivían y encontraban sobre el escenario durante los ensayos.

Veremos luego cómo el propio maestro ruso, al final de su vida, dio vueltas, como un guante, su sistema y lo modificó tan radicalmente que podemos hablar de dos métodos distintos con un mismo fin: la vivencia orgánica sobre el escenario.

Por otra parte, una vez "identificadas" en la lectura de mesa las tres líneas a seguir para la construcción del personaje, no quedaba claro cuál se aplicaba primero, cuál después, y como consecuencia necesaria, aparecería la cuarta, es decir la emoción. ¿Qué debo hacer? ¿Primero pienso, o imagino o acciono? Convivían tres momentos – y la eventual aparición de un cuarto - que confundían al actor y lo llevaban, muchas veces, a bloquearse pues no sabía qué era lo más adecuado en cada momento. Se trataba de una suerte de presión no deseada pero que provocaba en el actor una preocupación por lograr el "todo" al mismo tiempo. Por lo tanto, una excesiva simultaneidad metodológica, como bien lo observa Serrano.

Veremos cómo, con el método de las acciones físicas, Stanislavski logrará despejar las dudas colocando a la acción como el elemento prioritario y motor del proceso de construcción de la situación teatral.

El método de las acciones físicas elementales

Como adelantamos, el revolucionario método de las acciones físicas elementales se comienza a delinear en los últimos años de vida del maestro ruso.

Con seguridad lo percibimos, trasmitido por la misma pluma de su autor, en un capítulo del libro *El trabajo del actor sobre el personaje* (editado en Rusia en 1957, a veinte años de su muerte), título que ya establece toda una diferenciación con el principal libro de la etapa anterior: *El trabajo del actor sobre sí mismo*.

En el nuevo libro, en donde el propio Stanislavski señala el cambio metodológico, precisa un objeto diferente de estudio para el actor, pues en libro anterior tal objeto sería su propia personalidad. Ahora se trata, claramente, de un objeto a construir, no ya el trabajo sobre "sí mismo", sino "sobre el personaje".

En *El trabajo del actor sobre el personaje* en la edición de Laterza Editores, Roma. 2010, hay un capítulo, el tercero, (páginas 207-222) en donde se hace referencia a un ensayo, digamos novelado – como suelen ser sus aportes publicados - , en el cual el personaje del director Tortsov (o sea el propio Stanislavski) pide al actor Nazvanov que interprete la entrada a la pieza de un hotel del personaje Jlestakov de *El Inspector General* de Gogol.

El actor expresa su perplejidad pues afirma que no recuerda bien el texto de Gogol, a lo cual Tortsov-Stanislavski responde que ello es mejor. Nazvavnov se bloquea pues, ante la insistencia del director para que ingrese a la habitación, responde que no sabe qué es lo que tiene que hacer. Tortsov le pide que, si bien no sabe *todo*, realice las pequeñas acciones físicas (diríamos "elementales") que se usan para entrar a un cuarto de hotel partiendo de sí mismo, es decir, de cómo las haría él. Ante la respuesta positiva del actor, le solicita que luego que entre a la pieza y observe que su criado está acostado, increpe a Osip y después le pida que salga para procurarle algo de comer. En este fragmento podemos entrever las características revolucionarias del nuevo método que produce un cambio radical con relación al primero.

Extraigamos algunas conclusiones: en primer lugar el director no le pide al actor que conozca en profundidad la obra que debe representar (¿y los análisis de mesa?) y, es más, expresa que no conocerla en su totalidad es más conveniente con lo cual asevera que es inútil llenarse la cabeza de ideas antes de empezar a accionar.

Luego le pide que entre en el cuarto ejecutando acciones físicas elementales (pequeñas) y que las ejecute partiendo no de una abstracción (el personaje) sino de sí mismo. Es decir: cómo las haría el propio actor, pero en las circunstancias del personaje, no como las ejecutaría en su vida personal (no olvidemos que el teatro es un "juego en serio", jugamos a construir y vivir situaciones ficcionales).

Stanislavski expresa y repite un concepto muy importante: "De las pequeñas cosas a las grandes cosas". Es decir: de las pequeñas acciones a las grandes acciones que significarán, veremos más adelante, abstracciones metafóricas, símbolos, que será lo que el espectador, con fortuna, admire. No es pensar en la definición abstracta de los celos con lo que el actor que interpreta Otelo llegará a sentirlos, sino a partir de la acción física concreta elemental que consiste en tocar la mano de Desdémona con el objetivo de determinar si sus palmas sudan, pues en la época de Shakespeare se consideraba que tal circunstancia era una prueba de incomodidad y nerviosismo y por lo tanto una señal de un posible engaño. Esta situación nos llega desde el propio texto del autor inglés pero, quizás, un actor podría proponer, para construir la misma situación teatral – enriqueciéndola - la acción de observar con detención y profundidad si, en el vestido que endosa Desdémona, hay un cabello de un hombre, o si huele a tal, o si sus ojos tratan de evitar la mirada inquisidora de Otelo. Tales acciones elementales, ejecutadas en profundidad concentran al actor-Otelo en un objetivo concreto a conseguir: determinar si es traicionado o no (¿en dónde quedaron los círculos concéntricos del camarín para concentrarse?). Y es por ellas que este actor, que está trabajando para construir al moro de Venecia, sentirá la desconfianza que provocan los celos, es decir, una desconfianza producida "aquí y ahora" – no "traída" del pasado del actor-persona sino producida en el presente del momento teatral – con lo cual comenzará a nacer la subjetividad de Otelo, que no es única, que tendrá tantos pliegues y matices tan diferentes como actores lo encarnen.

Estas acciones físicas elementales, precisas y dirigidas con el fin de alcanzar objetivos concretos y deseados, no pueden no provocar en el partenaire, sensaciones, reacciones, estados de ánimos, etc. Es de esa circunstancia, construida partiendo de acciones físicas elementales en conflicto, que se irá creando la relación teatral – única pues son esos actores-lúdicos con su personalidad irrepetible – entre los personajes con verdad escénica y con ello, la construcción de la situación que el texto insinúa y que podemos enriquecer, sin traicionarlo, con nuestro trabajo. No es pensando en "qué" son los celos que la construiremos, sino accionado sin tantas vueltas.

Luego Tortsov solicita al actor Nazvanov que, una vez que haya entrado en el cuarto, descubra a su sirviente Osip en la cama, después que lo rete y posteriormente que lo obligue a buscarle comida. Es decir un plan de objetivos concretos a conseguir (llamaremos *"bisagras"* a los momentos de pasaje en donde termina un objetivo y nace uno nuevo) sin consideraciones abstractas ni intelectuales.

Hay, sí, que tener en cuenta algunas circunstancias dadas por el texto que debemos respetar: Osip es el sirviente de Jlestakov, es tarde y el patrón tiene hambre. Estas circunstancias, que condicionan la acción, producen que el actor-Jlestakov se comporte de un modo y no de otro, pues si Osip fuera de una condición social equivalente a la de Jlestakov no estaría obligado a acatar sus órdenes, y si Jlestakov no sintiera hambre no mandaría a su sirviente a procurarle comida.

Lo importante de señalar es que este actor - creado por el relato de Stanislavski - ha descubierto que posee, técnicamente, un camino concreto para construir la situación y puede identificar pasajes procesales para hacer su trabajo. No parte de un "todo" complejo y simultáneo (no se pregunta por las líneas del pensamiento, de las imágenes y de las acciones, ni de "cómo es" Jlestakov), no sabe el texto de memoria pues no recuerda la obra y se enfrenta con problemas que debe resolver "aquí y ahora" con la oposición de un partenaire que defenderá los objetivos de su propio personaje. Se ha determinado, sí, en forma contundente que hay algo de lo cual es imprescindible comenzar: las acciones. Nacerá una lucha y, en ella, el actor-Jlestakov deberá encontrar los medios más adecuados para vencer. En la medida en que se encuentre con un oponente débil que acata sin la mínima resistencia sus órdenes, su trabajo será más apagado y con menos posibilidades de crecimiento y de riqueza expresiva. Si, en cambio, Jlestakov enfrenta a un Osip que, sin violar las circunstancias dadas que lo condicionan, ya que es su sirviente, opone mayor resistencia para ir a buscar comida, seguramente provocará en el actor-Jlestakov nuevas tácticas no pensadas antes de comenzar la improvisación.

Probablemente el día del estreno el público no verá una resistencia demasiada encarnizada de Osip en la exteriorización de la acción y en relación a su patrón pues no puede hacerlo dada la relación social entre los personajes pero, si se ha trabajado correctamente en los ensayos, los espectadores observarán y sentirán, la represión de lo que desearía hacer Osip, es decir, no ir a buscar comida a esa hora.

Creemos que para llegar a la represión del comportamiento y de la acción es necesario primero, en el comienzo de los ensayos, experimentar los deseos, y luchar, a través de la acción transformadora, por los objetivos de lo que el personaje quisiera efectivamente hacer. También los objetivos ocultos que, incluso, el propio actor puede proponer sin traicionar los objetivos generales del personaje, y los que, podemos suponer, existen como deseos escondidos de los personajes y que no siempre están expresados en el texto hablado de la obra.

De allí el pedido que suelo dirigir a mis alumnos y a los actores que han trabajado conmigo – sin olvidar las condiciones del lugar en donde me toca trabajar y a las que hice referencia anteriormente - de comenzar los ensayos y las primeras improvisaciones por el comportamiento más primitivo y brutal con la limitación de no hacer daño al colega. Ya habrá tiempo, durante el trabajo de los ensayos, de sumar conflictos, circunstancias dadas, incorporar el texto escrito por el dramaturgo, etc. para que el comportamiento se reprima y, con ello, se logre una actuación más "civilizada" y, por lo tanto creíble según el estilo a construir que, en este caso analizado, es dentro del estilo realista.

La comprobación de que se trata de un nuevo método y no de una adecuación del método anterior, se expresa en la forma en que el mismo Stanislavski, al final de su vida, denomina en diferentes artículos a su nuevo descubrimiento técnico: *"nueva forma de abordar el papel", "nueva y feliz característica de este novel método", "nuevo secreto"*, etc.

Como afirmamos anteriormente, tal transformación está también registrada por Vasili Toporkov en sus anotaciones sobre estas tres obras que, como actor, ensayó con el maestro ruso, entre 1927 y 1938.

Se trata de un proceso gradual – lo constatamos en el relato de cómo trabajó Stanislavski en cada una de ellas – en el cual se va precisando el abandono casi total del método anterior y en la aparición de las acciones físicas como forma excluyente de trabajo actoral.

En *Los pródigos* de Kataev (1928) Stanislavski observa al actor Toporkov: "Usted se encadena a algo pre constituido que le impide percibir orgánicamente lo que sucede alrededor. Usted interpreta un estereotipo y no una persona viva" (Toporkov 31).

Cuando el maestro ruso expresa que no conviene "encadenarse a algo pre constituido" está, ya, poniendo en discusión la oportunidad de los análisis de mesa. Además le pide al actor que esté atento a lo que sucede "aquí y ahora" y no a lo que ha pensado o imaginado antes. "Mi método consiste en dejarse fascinar por las sensaciones del momento. Yo hoy, aquí, ahora, accionaré..." (Toporkov 108).

Si ello no es así, se observa que el actor está construyendo un "estereotipo" y no una actuación *orgánica*.

Según Toporkov, Stanislavski señala durante los ensayos de *Las almas muertas*: "El arte comienza cuando no hay aún un personaje, decía Konstantin Sergeevic. Estoy yo en las circunstancias dadas por el texto" (Toporkov 108).

Más adelante indica: "No piense en la réplica, en la entonación, ellas llegarán solas, piense en su comportamiento". (Toporkov 34).

En esta frase podemos ver que "el comportamiento", las acciones físicas concretas, comienzan a tener absoluta prioridad sobre el decir del actor y que éste será una consecuencia del hacer.

Y en cuanto a la acción verbal expresa: "Las palabras y la entonación son el resultado de sus pensamientos, de sus acciones" (Toporkov 34).

Es evidente que, en este momento de pasaje, aún Stanislavski está influenciado por el modo de anterior de construcción. Ello se evidencia cuando opina que las palabras son el resultado, además de las acciones, de los "pensamientos". No es que no sea totalmente así, pero ésta observación se realiza en el momento inicial de los ensayos según lo relatado por Toporkov. Una cosa es el pensamiento durante la escena, durante la improvisación. Ello es inevitable pues siempre el actor piensa. Lo importante es que piense, en sentido concreto, qué táctica está usando "aquí y ahora" para alcanzar el objetivo de su personaje, si ella es eficaz o no, en la relación con su oponente y no en abstracciones como qué debería sentir el personaje y qué no.

Cuando el actor está encaminado concretamente a luchar por los objetivos de su personaje mediante la improvisación para construir la situación teatral, el pensamiento está sometido a la presión del "aquí y ahora" y a la finalidad de la acción. Otra cosa es pensar antes de la escena y prever un resultado, o hacerlo durante la improvisación como una actividad separada de la acción física. Es decir, el peligro puede radicar en tratar de aplicar simultáneamente las líneas del pensamiento, de las imágenes y de las acciones decididas con anterioridad y no las de las acciones con prioridad absoluta, que deben ser *encontradas* aquí y ahora como producto de la lucha conflictual y no ser planificadas de antemano.

También podemos ver la diferencia con el antiguo método en relación a la concentración que en la etapa precedente aparece como algo desligado de la relación escénica como un antecedente para actuar con eficacia después o, en el mejor de los casos, como una necesidad para traer una imagen sensorial al presente del hecho teatral. Tal diferencia se expresa en la frase de Stanislavski: "Dirigir la auténtica atención y la concentración a la ejecución del objetivo escénico concreto" (Toporkov 41).

Como vemos, la concentración se ejecutará sobre la lucha por alcanzar la finalidad del personaje, materializada a través de las concretas acciones físicas – o de su represión – y no de una concentración anterior, o *en sí*, interior y desligada de la relación escénica concreta.

En los ensayos de *Las almas muertas*, de Gogol, (1932), Stanislavski observa a Toporkov, que interpretaba al personaje de Chichikov: "No piense, accione a continuación" (Toporkov 59), ante el bloqueo que sufría el actor pues buscaba razones y justificaciones en su cabeza. Le señala, además: "No piense en el personaje ni en los recuerdos" (Toporkov 86).

Aún más, Stanislavski sostiene, según el testimonio de Torpokov: "De nosotros quería acciones, no razonamientos" (Toporkov 110).

Toporkov, a su vez, señala como una conclusión del trabajo con Stanislavski, ya en 1932: "Consideraba a la acción como el único e irrefutable fundamento del arte del actor. Todo lo demás él lo rechazaba despiadadamente" (Toporkov 62).

También escribe una observación decisiva que nos hace reflexionar sobre cómo comenzaba a tomar forma el nuevo método desde el punto de vista del ordenamiento procesual, cuestión que antes aparecía como hacer "un todo" al mismo tiempo. Dice Toporkov: "Sabía que el actor no podía hacer todo inmediatamente, que era necesario respetar los tiempos del crecimiento" (Toporkov 63).

La motivación de organizar los ensayos de *Tartufo* en 1938, pocos meses antes de su muerte, están muy bien sintetizada por Torkopov: "Para difundir sus nuevas ideas". (Toporkov 103)

Con relación a los ensayos de mesa que tanto había usado Stanislavski con el antiguo método, señala: "Es imposible alcanzar la plena comprensión del futuro personaje estando sentados en una mesa" (Toporkov 114).

Con respecto a la, ahora, definitiva importancia y prioridad de la acción, Stanislavski expresa, según Toporkov: "El elemento fundamental de nuestro arte es la acción, espontánea, orgánica, productiva y oportuna" (Toporkov 145).

Se trata, sin dudas, de un nuevo y revolucionario método de trabajo y no de una continuación del anterior.

Este actor relata, durante la última obra que dirigió Stanislavski, lo siguiente:

> Ahora en la base del nuevo sistema estaba la acción física y el director rechazaba todo aquello que pudiera ofuscar o confundir este concepto, Si alguno de nosotros le recordaba los métodos que él había adoptado en el pasado, fingía ingenuamente de no entender. Una vez alguien le preguntó:
>
> -¿Cuál es la naturaleza del estado emotivo? Konstantin Sergeevic, con una expresión de asombro, le preguntó a su vez: -¿Estado emotivo? ¿Y qué es eso? Jamás lo he escuchado.

No era verdad. Fue Stanislavski mismo quien introdujo ese término. Sin embargo, en esa ocasión renegaba de lo dicho pues le impedía de concentrar y dirigir nuestra atención hacia el canal deseado. Temía que cualquier mirada al pasado pudiera obstaculizar el camino hacia la meta. (Torpokov 109)

¿Es necesario aclarar más sobre el radical cambio operado en el modo de trabajar de Stanislavski y en su rotundo rechazo al primer método, o "Sistema", por él mismo elaborado años antes?

Como vemos, las nuevas investigaciones de Stanislavski provocan un cambio rotundo y notable pues en el primer método, el llamado "Sistema" tan difundido y glorificado en los EEUU con el nombre de "método"– aunque sumamente exasperado años atrás en el Actor's Studio -, se trata de lograr primero la emoción a través de la memoria emotiva para luego accionar, mientras que en el método de las acciones físicas se trata primero accionar para, luego, arribar a la emoción que será su consecuencia y que será escénica, es decir, un nuevo tipo de emoción diferente a la de la vida. Las diferencias metodológicas son enormes.

Ahora bien, ¿qué significa la emoción escénica? Se trata de un tipo de emoción que aparece como consecuencia de la relación interactiva de los sujetos y que está condicionada por las reglas del juego teatral, de la convención teatral. Así como un deportista siente frustración y se emociona con suma tristeza porque no puede lograr su objetivo a causa de que las reglas del juego que está practicando se lo imponen, del mismo modo un actor puede encontrar un tipo de emoción que sucede en el escenario y que no es la emoción de la vida. Es una emoción condicionada por la legalidad del arte teatral.

Muchos alumnos me preguntan: "Pero…en situaciones extremas sobre el escenario, por ejemplo, mi personaje debe matar con un puñal a otro. Yo sé que el puñal es de plástico, que se plegará cuando haga contacto con el cuerpo de mi colega, entonces… ¿cómo puedo emocionarme cuando mi personaje "hunde" el puñal?"

La pregunta es atinente. Por supuesto que no se puede asesinar a un actor todas las noches ya que no sólo tendríamos serios cuestionamientos de conciencia sino también complicados problemas con la policía. Pero lo que sí se puede es tener las *ganas* de asesinar al personaje que se me opone y realizar la acción de clavarle el puñal con la suficiente energía como para que él y yo podamos sentir que la voluntad de asesinar existe. La consecuencia de esa acción, en la realidad, será que el puñal se pliegue, pero en la convención de la teatralidad, creemos que el asesinato se ha producido porque hemos efectuado la acción en profundidad. Si se acciona en profundidad, es imposible no sentir algo. Es una consecuencia, diríamos, "matemática". Lo que hay que cuidar es que lo que se sienta sea coherente con los demás componentes de la situación que estamos construyendo y que, además, está condicionada por el texto.

El nuevo método abrió las puertas, además, para la construcción de otros estilos teatrales, cuestión tan requerida por los mejores discípulos de Stanislavski pues, a partir de ese momento, se hacía posible construir una farsa, por ejemplo, partiendo de la materialidad transformadora de la acción y no del ensimismamiento introspectivo.

Con absoluta conciencia de la provocación he dicho muchas veces que la diferencia entre el método de la memoria emotiva y el de las acciones físicas, ambos innegables aportes stanislavskianos, son similares a las que existen entre la masturbación, en el primer caso, y hacer el amor, en el segundo. Crearme una burbuja de estímulos ensimismándome es una posibilidad para llegar al placer. La otra posibilidad es que mi cuerpo y el de mi partenaire, a través de la acción, establezcan una relación profunda y transformadora, jugando al ping-pong, entre ambos. Lo primero me lleva al aislamiento. Lo segundo a la relación.

Sucede a menudo observar a actores que buscan sólo dentro de sí los estímulos para "entrar" en la situación. En cambio, veremos que, cuando ello lo permite, es muy interesante buscar en el colega los estímulos que potencian las fantasías. En este caso veremos actores-personajes conectados, en relación, "haciendo el amor" en escena y ligados por un invisible hilo que los une así sea para odiarse, si la obra lo requiere.

Yo soy mi pasado y mi presente. Soy la suma de las acciones que me han constituido, de las decisiones que he tomado y de las que no he tomado. Me "llevo" a mí mismo. Por lo tanto mis acciones y mis reacciones hacia el hacer del otro serán la consecuencia, a veces inconsciente, de las experiencias vividas.

Acontece a menudo que aquellos actores que reflexionan y quieren prever demasiado antes de subir a escena, cuando deben superar un momento imprevisto en los ensayos, se bloquean o proponen soluciones remanidas porque no pueden sortear la crisis de lo impredecible. Es por eso que propongo, repito, partir hacia la construcción del objeto de nuestro trabajo lo más vacío que sea posible. Podemos llenar un vaso cuando no contiene nada. La excesiva información, al comienzo de los ensayos, no suele ayudar en este primer momento. Creo que un actor deber ser una persona informada y preparada intelectualmente. Lo que me pregunto es sobre la oportunidad en la cual los datos intelectuales, o sea, la información histórica, sicológica, social, etc., de la obra y los personajes (que es absolutamente necesaria) deben entrar en juego en el proceso creativo del actor. Estoy convencido, pues la experiencia me lo ha demostrado, que es más eficaz que advengan después de la primera fase constructiva, o sea, de la improvisación.

Considero que no hay una sola forma de aprender. La razón suele ser el arma propuesta por una cultura racionalista que descarta otros caminos. ¿Por qué razonar al comienzo? ¿Sobre qué? Quizás en la vida, que es mucho más compleja que la preparación de una obra teatral y en donde arribamos a determinadas situaciones como consecuencia de miles de pequeños hechos que se fueron tejiendo en el pasado, la razón juegue un rol de preservación, de control, de convivencia civil. Pero en el teatro, en donde nos encontramos con un ser irreal, con una ficción, con un puñal de utilería con el cual mi personaje debe matar ¿en dónde encontraré la motivación que me sale de las entrañas para asesinar? Un personaje no existe. Es humo. Lo que sí existe aún es mi ajetreada humanidad. ¿Por qué pasar primero por el filtro de la razón y no por el instinto verdadero que lleva a mi personaje a querer eliminar a su antagonista? ¿Qué sentido tiene preguntarse, al comienzo, los "por qué", o sea las causas, de ese deseo? ¿No será más efectivo proponerme los "para qué", o sea las finalidades que me llevan a accionar *"hacia delante"*, hacia la transformación del oponente y también de mí mismo, como bien lo propone Serrano? Valorar y moralizar el deseo de matar, por ejemplo, ¿qué sentido podría tener si mi trabajo como actor es colocar mi cuerpo, la totalidad de mi ser, al servicio de los deseos del personaje que he aceptado interpretar y no de lo que "yo haría" en esas circunstancias?

Si los actores condicionaran su trabajo a valoraciones morales de los personajes a interpretar y se apoyaran solamente en sus propias experiencias emotivas, sería muy difícil encontrar actrices que interpretaran a Medea. Creo que para construir la conducta de un personaje, el "cómo va siendo", es decir en continuo cambio, resulta necesario partir de sus deseos más elementales, más animales, más primitivos, quizás más verdaderos y aún no reprimidos por la cultura. Siempre hay tiempo para la represión. Pero para reprimir es necesario primero desear. Si no: ¿qué reprimimos?

Valiéndome del ejemplo del mármol resultaría absurdo pedirle a un escultor que está comenzando a esculpir una estatua que ese pedazo todavía en bruto nos emocione como el *David* de Miguel Ángel Buonarroti. Pero ese escultor está trabajando sobre algo firme: un buen pedazo de mármol y, además, sobre un objetivo a conseguir que él imaginó antes y que es voluntario y consciente. Primero golpeará con fuerza, irá quitando las zonas menos favorables. Luego se ocupará de lo más sutil. El mismo material lo irá guiando y él irá modificando su idea inicial – pues no es una araña que realiza instintivamente su quehacer; el escultor ha imaginado antes el producto final - a la realidad práctica que se le opone y a las sorpresas creativas que va encontrando durante el proceso de trabajo. Él irá encontrando, en la dificultad que el mármol le ofrece, nuevas ideas, nuevas formas que tal vez antes no había pensado, no había imaginado. De esa relación surgirá el objeto creado que quizás, en el camino constructivo, se ha ido enriqueciendo aún más de lo que él había previsto al comenzar.

Con el comportamiento humano podríamos proponer algo similar: partir de los instintos más gruesos y, luego de haberlos recorrido, reprimirlos de manera tal que nuestra "estatua" comience a devenir más sutil, más contradictoria, menos lineal, más conflictiva. Espero que resulte una buena imagen la de la hojarasca que es necesario apartar para tocar la tierra con las manos. Hay tiempo para que el suelo se cubra nuevamente de hojas pero debajo de ese manto muerto hay tierra firme que es necesario re-encontrar, más aun en estos tiempos.

El fin último del trabajo del actor es la belleza, como el de cualquier otro artista, pero como no tiene notas que lo guíen al comienzo, no posee una partitura que debe respetar a rajatablas (el texto será, para nosotros, un punto de partida para organizar los primeros ensayos y luego un ulterior puerto de arribo en donde surgirá connotado por la complejidad de la conducta y como emergente de otros elementos a tener en cuenta) y aún no ha construido y vivido las circunstancias conflictuales del personaje, el método de las acciones físicas le pedirá que privilegie la acción, así sea esta primitiva y brutal – sin lastimar ni hacer daño a los colegas – con la condición de que ese hacer llegue, sin dudas, a transformar a su partenaire, al entorno y a sí mismo. Serrano dice: "Transformando, me transformo". Y tiene razón.

No será la belleza, en esta primera etapa, nuestra preocupación. Crear belleza será un momento posterior de nuestro recorrido. Ahora, de lo que se tratará, será de construir la *relación* con los demás, con el entorno y con él mismo, a través de la acción transformadora. Entonces centraremos, para no atosigar a nuestro actor con demasiadas exigencias al comienzo de su trabajo, en el esfuerzo en accionar. Por ello, dijimos, se llama actor. Es cierto que un juglar, un contador de historias, también es un actor pero seguramente la utilización del relato y de la acción verbal dirigida a obtener un objetivo, es un recurso estilístico en donde la palabra es un tipo de acción.

En la vida podemos decir que son los actos, los hechos, los que verdaderamente "hablan". Más allá de la idea que puedo hacerme sobre mí, de la imagen que creo que otros se hacen de mí, son las acciones que realizo en mi vida (o las que no realizo) las que me determinan como persona. Pero puedo ejecutar muy pocas acciones cuando apenas he nacido: succionar el pecho de mi madre para alimentarme, llorar cuando siento algo para me socorran, etc. Poco a poco crezco y ese abanico de posibilidades, que son las acciones, se alarga. Gateo, toco todo lo que puedo, investigo este nuevo mundo, comienzo a caminar. Entretanto, va configurándose en mí una estructura sicológica de relación con los demás y con el mundo. Un personaje no tiene esa posibilidad. No existe. Sólo hay, al comienzo del trabajo, palabras escritas, símbolos lingüísticos sobre un papel, si es que los hay. A veces el personaje no dice ni una palabra. No posee un pasado que se ha ido acumulando a lo largo de los años.

El Rey Lear es un anciano cuando comienza la obra de Shakespeare. ¿Cómo puede un actor "llenar" de vida a ese personaje al cual llega en un momento crítico del mismo? ¿Es necesario construirle un pasado que no será otra cosa que imaginarlo? Es por ello que será la acción el hilo conductor, el arma fundamental, que provocará el "nacimiento" del Rey Lear y también su pasado. Serán las acciones que el actor ejecuta, según los conflictos planteados y los objetivos propuestos para vencer, los que construirán al anciano rey. ¿Puede construirlo pensando? Creo, firmemente, que no. Es una abstracción plantearnos "cómo es" Lear. Lear no es; será en transformación según las acciones que el actor haga para construirlo y las oposiciones que deberá vencer, o de las luchas en las que será derrotado.

Digo seguido a mis alumnos que el personaje no sabe cuándo va a morir, el actor sí. Ahora bien, ¿debe el actor luchar por los objetivos de Teobaldo condicionándolo al hecho cierto del momento de su muerte? Cuando Romeo y Teobaldo combaten, el actor que lo interpreta debe luchar para ganar, para "quitarle la vida" a su antagonista. Será vencido y así debe ser, es imprescindible que así sea, esas son las circunstancias dadas por la obra, porque estamos ensayando *Romeo y Julieta*, que termina como termina. Ahora bien, nada quita que en la escena del combate, el actor que interpreta a Teobaldo luche por vencer. Seguramente será una escena más gozable por el público.

Pienso que un teatro interesante es aquel en el cual se enfrentan dos, o tres fuerzas equivalentes, o cuántas sean, y todas luchan por vencer. En el fútbol, "pasión de multitudes" (que tantas veces devienen jaurías bestiales) es más interesante ver un partido entre Alemania y Argentina que entre aquella y Luxemburgo. ¿Por qué? Porque se enfrentan dos equipos parejos, fuertes y no sabremos hasta el minuto 90, y probablemente hasta los penales quién será el ganador. Esto es lo que llena el estadio y provoca que millones de personas estén "pegados" al televisor. Es posible que muchos hinchas asistan al partido con Luxemburgo – espero que las personas de teatro de ese país no se sientan mal si leen estas palabras – pero seguramente no generará el interés y la expectativa del ejemplo anterior. A no ser que Luxemburgo logre armar una potente escuadra o el equipo alemán haya bebido varios barriles de cerveza antes del partido. Ahora bien, si a los dos minutos de juego Alemania señala dos goles, a los quince minutos otros dos y al final del primer tiempo otros dos, es muy probable que una parte del estadio comience a despoblarse y el partido pierda interés porque un contendiente señaló seis goles, cifra no imposible pero, sí, muy difícil de remontar. Al contrario, lo apasionante sucede cuando llegamos al final de partido y no sabemos quién será el ganador. Cada jugada, cada centro al área, será un suspiro para todos: para quienes quieren que esa maldita pelota entre en el arco rival o para quienes anhelan que algún defensor la cuelgue de las estrellas.

Borges, a quien no le atraía el fútbol, proponía que le entregaran una pelota a cada jugador y con veintidós pelotas en campo, asunto terminado. Su humor era corrosivo e inteligente pero no creo que los estadios se llenen con esa condición que hace, lamentablemente y por factores del todo económicos y de válvula de escape social, transformar a personas en bestias durante un partido de fútbol. No es ese nuestro objetivo con el teatro, pero sí la pasión y el interés que debería provocar cada representación teatral hasta que el telón o un apagón señalen el final. "¿Cuál, de las fuerzas en lucha, ganará?" debería ser el pensamiento y el sentimiento de los espectadores desde que se ponen en acto los conflictos en juego. Aunque el espectador haya leído ya la obra y sepa cómo va a terminar, si la elaboramos profundizando cada momento, con los personajes que luchan profundamente por sus objetivos para no ser derrotados, es muy probable que ese instruido espectador se olvide del final y si no lo hace, goce con las alternativas durante el combate entre intereses contrapuestos y parejos.

Ese "¿qué va a pasar?", fundamental para mantener la intriga en los espectadores, resulta esencial conseguir para quienes hacemos este oficio. De lo contrario ejercitamos este oficio, sí, pero lo hacemos adhiriendo al por nosotros llamado "Teatro de la Nuca". Así denomino al teatro aburrido, el peor de los pecados que una persona de teatro puede cometer. Lo llamo "De la Nuca" porque, a medida que se desarrolla la pesada obra, que es como un collar de melones, comenzamos a ver la parte posterior de la cabeza de los espectadores que abandonan el teatro, aburridos.

Crear tensión es nuestro trabajo. Saber administrarla y *"guiar"* al espectador por un recorrido aparentemente impredecible es nuestra principal tarea. Tenemos que ser verdaderos mentirosos. Tomemos un ejemplo extraído de un oficio con rasgos similares como lo es el de un mago. Imaginemos una función de magia en donde va a "cortarse" el cuerpo de una mujer (no he visto nunca que hicieran lo mismo con el de un hombre) introducida en una caja. Una vez que la ayudante está allí, el mago toma el serrucho, pasa las manos por los afilados dientes del mismo y antes de comenzar a "cortar" a la mujer, hace un momento de pausa. Se detiene como meditando lo "peligroso" de lo que va a hacer. La atención del público crece. Luego parece que toma aire, se decide y comienza a hacerlo. En un momento pareciera que el cuerpo de la ayudante le ofrece cierta dificultad. Se detiene y provoca otra pausa. ¿Seguirá adelante? Finalmente, "decide" continuar y termina su tarea con el final conocido. Ahora bien: ¿Para qué se detuvo al inicio y en un momento de su tarea?: para crear en el espectador la tensión implícita que pasa por las preguntas "¿lo hará o no lo hará?", primero y "¿se animará a seguir o no?", después. Esas pausas son las que generan el "peligro" de la situación y la tensión que debe provocar la misma en los espectadores. Sin ellas no hay interés de parte del público, pues si vamos a ver un ensayo del mismo número horas antes de la función, observaremos que los ejecutores, mago y ayudante, se comportan de manera diferente: prueban los accesorios, ella se introduce en la caja "sin temor", el mago levanta el serrucho y no mide la peligrosidad de los dientes ni se detiene, la ayudante le hace algún comentario cotidiano, comprueban que todo funciona y se van del lugar. No se generó tensión alguna. Realizan una actividad sin oposición, es decir, como un mero movimiento. Nuestro trabajo será, entonces, crear tensión, interés. Seducir con un constante: "¿Qué va a pasar?". Si esa pregunta no está implícita en la relación espectáculo-espectador seremos aplicados discípulos del "Teatro de la Nuca".

El método de las acciones físicas es la aplicación del materialismo dialéctico al trabajo específico del actor. Se propone una tesis a la cual se le opone una antítesis y de cuya lucha, surge una síntesis que será una nueva tesis que producirá una nueva antítesis…y así sucesivamente. Hemos aclarado que, en la medida en que se establece la relación conflictual entre los sujetos, la antítesis y la nueva síntesis-tesis pueden transformarse en re-acciones no meditadas ni previstas.

El método de la memoria emotiva es una aproximación idealista, no dialéctica, al trabajo del actor en donde se crea a partir de ideas, de recuerdos, de imágenes que accesoriamente están relación con el mundo del "aquí y ahora" del escenario. Se trata de actores que están solos, buscando en su pasado y dentro de sí mismos, la emoción.

Con precisión, el gran maestro ruso despeja cualquier duda cuando, al final de su vida, señala: "No deben preocuparse por el sentimiento: llegará solo, como resultado de vuestra concentración sobre la acción en las circunstancias dadas" (Toporkov 137).

Para el primer método (y para la exacerbación posterior de Lee Strasberg) la relación con el partenaire, el ping-pong dialéctico, es accesorio. En el método de las acciones físicas esa relación es substancial.

Sin ello no hay teatralidad vital y dinámica posible, sino islas que se expresan en monólogos separados.

Como podemos razonar, el método de las acciones físicas aleja al actor de la sicología. Lo dota de una técnica específica para su oficio en la cual se trata de producir una realidad estética específica y no de reproducir la realidad de la vida.

Lamentablemente no es mucho el material escrito que Stanislavski nos ha dejado sobre su último y revolucionario método; algunos artículos, alguno que otro capítulo en alguno de sus libros pero nada de sistemático y organizado. A decir verdad tampoco lo había hecho sobre el método anterior pues esos principios se expresaron generalmente en publicaciones que, metafóricamente, relataban las experiencias entre un director (él mismo) y actores de ficción, operación que le servía para trasmitir sus conclusiones técnicas obtenidas de su propia práctica pedagógica y artística. Encontramos allí indicaciones importantes, principios a seguir, pero no un conjunto sistemático y organizado de manera tal que resulte más eficaz su trasmisión técnica.

Sin embargo es tal su importancia en la historia del teatro – y precisamente de la técnica actoral – que los aportes del gran maestro ruso son fundamentales para quien desee profundizar en el difícil arte del actor.

4- UNA ESCALERA DE COMPLEJIDADES

Trataremos de describir, a partir de ahora, las etapas que, pensamos, son ineludibles para una sólida formación actoral, a partir de la aplicación de esta técnica concreta.

Tal escalera – tomamos la imagen para señalar la idea de "subir peldaños" en una tarea cada vez más compleja – que propondremos no partirá, en el caso de este libro, de lo que debería ser la base de cualquier recorrido por las diversas técnicas de formación actoral, es decir, el trabajo propedéutico de preparación en donde se suelen realizar ejercicios de desinhibición, de estímulo al juego y a la espontaneidad, de imitación, de concentración, etc. Todos ellos son de una gran importancia para preparar el "terreno" a fin de profundizar, posteriormente, el trabajo del futuro actor en la adquisición de una técnica determinada.

Lo que nos parece importante señalar es que tales ejercicios – que la gran mayoría de escuelas y academias ponen en práctica correctamente – no deberían estar aislados de lo que después se experimentará. Decimos esto porque es muy común encontrar realidades pedagógicas en donde se proponen ejercicios que no tienen relación alguna con los objetivos finales a conseguir en un nivel más avanzado. Los alumnos, cuando finalizan el recorrido pedagógico total, no encuentran la relación de lo que aprendieron en las etapas superiores, con los ejercicios que hicieron en la primera fase. Por ejemplo, que una pareja de alumnos se pase un bastón aumentando progresivamente la distancia que los separa, no debería tener como objetivo realizar un juego de acrobática habilidad, sino el de ir generando cada vez más confianza en el compañero, el de trabajar para el colega – no para sí mismo - y hacerlo como un modo de generar una relación con el otro, cuestión que se modificará al cambiar la pareja pues el alumno deberá adaptarse a los ritmos, miedos, prevenciones o audacias que su nuevo compañero le presente, durante la sencilla acción de pasarse un bastón. Esto será importante para el futuro trabajo en una escena: estar con el otro, trabajar en función del otro, no de sí mismo, crear una relación particular según quien tengo en frente, etc.

Tampoco nos detendremos en la fase de trasmisión del primer método stanislavskiano pues trataremos de concentrar el presente trabajo en el método de las acciones físicas elementales y su evolución y aplicación.

Nos parece, sin embargo, que no debe ser la memoria emotiva una técnica desdeñada y no trasmitida. Al contrario. Creemos que es de suma utilidad, no sólo porque ayuda a "re-ver", durante el proceso formativo, la relación sensorial de los alumnos con una realidad que suele devenir cotidiana y aparente en la cual casi nadie se detiene, sino que además puede ser de gran ayuda para construir situaciones teatrales particulares – escenas que requieran de una soledad evocativa, por ejemplo – o para acometer otros lenguajes actorales como los del cine y la televisión.

Cuando expresamos que nos parece interesante "des-familiarizar" lo que se ha anquilosado a partir del "uso" cotidiano, hacemos referencia a la relación del actor con sus sentidos. Este momento formativo, abordado a través de la ejercitación de las imágenes sensoriales, permite "remover" sensaciones que ya no se sienten – valga la redundancia – porque han sido cubiertas de una capa de apariencias que cubren las cuestiones más esenciales. "Volver al origen" es una buena frase que sintetiza este momento. Es decir "re-crear". Volver a poner en movimiento la capacidad de asombro ante lo que ya no vemos nos parece de fundamental y revolucionaria importancia.

Desde ese punto de vista, proponer ejercicios sensoriales que provoquen en el alumno cuestionamientos a su modo de relacionarse con sus sentidos es muy positivo. "No hay nada más difícil que derrotar al hábito", señalaba Lenin, con razón. Ejercitamos, en ese período, tareas con diferentes imágenes sensoriales: auditivas, táctiles, gustativas y visuales.

El ejercicio de darse una ducha – sin agua, obviamente - es un ejemplo emblemático pues permite al alumno traer, "aquí y ahora", las sensaciones que suele percibir mientras se baña: el agua que cae en su cara y en su cuerpo, la temperatura de la misma, el olor del jabón, el ruido del agua cuando sale de la flor de la ducha, la sensación del shampoo en su mano, etc. Poco a poco, sumamos el elemento emotivo en el trabajo preciso con esas imágenes a efectos de que no se trate sólo de un trabajo "en sí" con ellas sino que éste adquiera un valor afectivo. Por ejemplo: proponemos una escena cuya circunstancia dada es abrir, luego de décadas, un baúl en donde se encuentran objetos – el trabajo con los objetos nos parece fundamental – que pertenecieron a la niñez de un personaje, suele servir para que el alumno sume la experiencia sensorial afectiva propia. Si sumamos otra circunstancia dada, por ejemplo que se trata de la última vez que el personaje verá esos objetos y que debe elegir uno para llevárselo de recuerdo, la tensión evocativa y emocional seguramente aumentará.

Es de destacar que no sólo recurrimos a las imágenes sensoriales que proceden directamente de imágenes vividas efectivamente por el alumno sino también a aquellas que él no ha vivido y que suelen estar lejanas de su experiencia, pero que se pueden construir a partir de una síntesis de imágenes sensoriales apelando a la imaginación del actor que produce una situación no vivida.

Esta etapa preparatoria suele cerrarse allí. Hemos aclarado que no nos detendremos en ella pues nos interesa avanzar sobre el "corazón" de lo que tratamos de describir, es decir el método de las acciones físicas elementales y su aplicación posible en distintos estilos y autores teatrales. Los siguientes peldaños pedagógicos de esta "escalera" metafórica están organizados a partir de la trasmisión de los elementos fundantes del método y se desenvuelven hacia un trabajo más complejo con autores y poéticas particulares que nos irán llevando, veremos, a la aplicación de una técnica que, a medida que el estilo a elaborar va cambiando, comenzaremos a denominarlas "técnicas", en plural, pues irán mudando los procedimientos a efectos de ser efectivos "medios" de construcción de las poéticas requeridas.

He usado la palabra "medio" para definir a las técnicas. Es que de ello se trata. Son el "cómo", el modo, con el cual construyo un estilo determinado y no el "fin" del trabajo del actor. Esto es muy importante aclara puesto que resulta muy común que el medio fagocite al fin. Es decir: suele suceder que cuando nos encontramos a practicar una técnica precisa y concreta, que nos aporta resultados eficaces y nos abre puertas expresivas, comenzamos a confundir su cometido, encontramos las tan ansiadas certezas – en un mundo que carece de ellas – y tratamos de acomodar nuestro trabajo artístico a esa "verdad revelada". No es así. Jamás el trabajo técnico debe suplantar la finalidad de un artista que es el goce estético. Es más, la técnica es el resultado del trabajo del hombre y no al revés. Es el hombre quien produce la técnica y no la técnica al hombre. Por supuesto que hay una relación dialéctica entre el cómo y el fin. Es claro que, en este libro, tratamos de expresarnos de un modo didáctico para trasmitir lo que deseamos con la mayor sencillez posible (tal vez lo más difícil en la escritura sea expresar cuestiones de cierta complejidad de un modo simple) con la probabilidad de que, en el procedimiento técnico, "vivan" los elementos estéticos que condicionan, a su vez, al procedimiento.

Lo importante de señalar en esta reflexión sobre el poder de la técnica es que ella nos debe ofrecer libertades para la creación, no condicionamientos dogmáticos. La realidad escénica suele ser mucho más rica que los caminos técnicos que conocemos. Además pensamos que el estudio, la práctica y el desarrollo de las técnicas actorales, pese a la antigüedad del arte teatral, está en pañales, probablemente por la dificultad de precisar el objeto que el actor debe construir al no poseer nada tangible para hacerlo.

No es difícil observar cómo grandes maestros de actores, conocedores y eficaces pedagogos, suelen elaborar débiles montajes escénicos pues, muchas veces tratan de acomodar el "fin" (la belleza) al "medio" (la técnica). La finalidad del hombre de teatro, como la de cualquier otro artista, es la belleza – no nos limitamos a meros planteos esteticistas "limpitos" pues la belleza puede ser también suciedad y contradicción – y la comunicación, a través del goce estético, con otros seres humanos que asisten al hecho teatral. No nos confundamos.

Me ha tocado trabajar con actores y actrices que no poseían una formación técnica sólida con este método pero que sí sabían construir con mucha más eficacia y espontaneidad que actores preparados "académicamente". Cultivaban la técnica sin saberlo. Y a la inversa, he trabajado con actores muy preparados técnicamente pero que estaban tan pendientes de aplicar el procedimiento que perdían espontaneidad y quedaban atados a un "deber hacer" técnico que, en vez de abrirle puertas, se las cerraba. Esto no significa que no hay que conocer. Al contrario, nuestro trabajo está dirigido a la investigación y al conocimiento que permitan llevar a la conciencia del actor los pasos necesarios a seguir para realizar su trabajo con más facilidad y eficacia. Pero advertimos que (y no es poco común) la personalidad humana, condicionada por múltiples factores históricos, suele producir el denominado "miedo a la libertad", es decir, el temor a tener que decidir y construir el objeto de trabajo propio a partir de decisiones y procesos conducidos por el propio actor y no por "gurúes" o directores "iluminados". Resulta más fácil, para algunos, que alguien les diga "cómo es" el personaje y qué hacer para construirlo. Delegan su libertad creativa en otros y con ello alienan su capacidad humana. Un artista, si bien ejercita una forma específica y autónoma de trabajo humano, no debe perder de vista que el arte es un reducto de la libertad humana a diferencia del trabajo alienado. El trabajo que, debería distinguirnos de los animales, "animaliza" al hombre al enajenarlo en el proceso productivo pues el modo de producción de la sociedad capitalista le ofrece sólo el conocimiento de una parte, de un fragmento, de la construcción de la totalidad del objeto y no el todo, quitándole así la conciencia de la completitud del proceso.

En otro orden de cosas, aunque relacionado con lo que veníamos diciendo, la irrupción de internet en la contemporaneidad es un ejemplo de la tendencia a la fragmentación y al aislamiento pues recibimos, a través de la red y en la soledad de nuestras casas, un sin fin de informaciones sobre la "realidad", pero perdemos, cada vez más, la conciencia de la totalidad. No se trata, pensamos, de negarnos a los avances tecnológicos.

Todo lo contrario. Lo que tratamos es de reflexionar sobre el modo de usarlos, de manera tal que estén al servicio de la libertad del hombre y no de su esclavitud enajenada.

Es por ello que resulta tan importante en la actividad teatral reflexionar sobre el método, sobre el modo de producción, sobre el "cómo" se construye el objeto a efectos de que el actor, en este caso, no se aliene durante el proceso constructivo.

He observado en muchos directores y profesores de teatro, que se consideran de ideas progresistas y hasta expresan su adhesión a proyectos revolucionarios que, cuando trabajan con los actores, ejercen el poder de tal manera que, prácticamente, los convierten en títeres de sus ideas. Los enajenan. Indican qué hacer y qué no, "cómo es" el personaje y "cómo no es", subvierten el proceso constructivo y solicitan que el actor, al comienzo de los ensayos y antes de que construya la relación con los demás, con el entorno y con su propia elaboración subjetiva del personaje a partir del juego interactivo y dialéctico de estos elementos, le proponga escenas bellas y creativas. Tales directores, en verdad, son prisioneros esquemáticos de ideas pre-concebidas. Tratan de amoldar y acomodar lo que han pensado en sus casas a, tal vez, una realidad más rica ofrecida por el trabajo de los actores – también seres creativos - que es impredecible y que debería ser encontrada durante los ensayos. Son aquellos directores que llegan al primer ensayo con la puesta en escena "bajo el brazo" y tratan de conducir el proceso de trabajo sólo en la dirección que ellos han imaginado y decidido *a priori*.

Suelo decir a mis alumnos, tal vez excediéndome en mi rol de enseñante, que en la vida una de las cosas más importantes de alcanzar es no aburrirse. Pues bien, creo que tal actitud de algunos directores teatrales que ya han decidido todo antes de empezar a ensayar, cometen ese "pecado" pues no debe haber algo más aburrido en el arte que no dejarse sorprender por los cambios, por los aportes de otros que renueven lo pensado por uno mismo, que nos "den vueltas" y nos abran puertas inesperadas, que nos iluminen con cuestiones no previstas. El teatro, lo recordemos, es un hecho colectivo. No un coto de caza de *vedettes* brillantes que detenten un poder ilimitado. Es verdad que el director tiene su rol y sus responsabilidades, no lo negamos. Ya veremos, más adelante, cuándo y en qué momento del proceso productivo, se hacen indispensables sus aportes y decisiones. No creemos en el "asambleísmo" en el teatro. No. Cada rol (actor, director, escenógrafo, iluminador, etc.) debe prevalecer en momentos determinados según un proceso que va de la nada al todo. Con acierto Peter Brook señala que su trabajo parte de "una intuición sin forma". El trabajo con los actores y con todo el grupo productivo irá dando forma artística a esa intuición inicial. No hay otra posibilidad si queremos objetivarnos libremente sobre el mundo, pues los seres humanos – los que no están sometidos a un proceso de trabajo alienado –, como expresa Marx, nos hacemos una idea del objeto a conseguir antes de fabricarlo a diferencia de las abejas que pueden construir una colmena con precisión pero que no la han imaginado antes, como sí lo haría un arquitecto. Durante el proceso constructivo esa intuición inicial, esa idea originaria puede enriquecerse y, a veces, también cambiar, como resultado de un juego dialéctico de oposiciones. Por lo tanto el "cómo", el "medio", el método de producción de un objeto teatral, debería servir para humanizarnos y no para alienarlos siendo el arte una de las pocas fortalezas de resistencia a la enajenación de las actividades humanas.

Para ser coherentes también podemos afirmar que cuando un actor o un director, en camino hacia la construcción de una obra de teatro, sólo apuntan al "cómo" y convierten a la técnica en un fin "en sí", de alguna manera también se alienan pues pierden de vista la finalidad de su hacer y del proceso constructivo que es el objeto estético. Parcializan, pues, el todo.

Volvamos a la "escalera" pedagógica que proponemos. Se trata, ya encaminados a la descripción del procedimiento técnico, de señalar los diversos momentos a transitar, o sea, los diferentes "peldaños a subir" y a fundamentar porqué esos y no otros.

Esas etapas son:

a)- La noción de situación teatral, o estructura dramática, aporte iluminador de Raúl Serrano, a cuyo trabajo hemos tratado de aportar algunas reflexiones propias.

b)- El trabajo técnico sobre escenas del teatro de Tennessee Williams pues pensamos que se trata de una poética autoral que, dentro del realismo no fotográfico, permite, a partir de un objeto textual más complejo y elaborado, construir situaciones teatrales de gran sensibilidad, elaborando personajes con una cierta complejidad sicológica.

c)- El trabajo técnico sobre una escena de una obra de Antón Chejov pues estamos convencidos que es en el teatro de este gran dramaturgo ruso en donde el actor comprende la especificidad de su trabajo. Tal aseveración surge de la constatación de que, en el teatro chejoviano, partir del texto teatral no nos sirve demasiado para construir la situación teatral, pues los personajes suelen escapar, a través de la palabra o de las acciones de fuga, de lo que realmente desean. Por lo tanto no expresan en palabras, en buena parte de las obras, lo que quieren. Tal circunstancia coloca al actor ante lo específico de su trabajo dado que no puede determinar, leyendo, "cómo es" su personaje. Los conflictos no surgen con evidencia de la mera lectura del texto chejoviano y, por lo tanto, será el actor quien a través de su trabajo debe crearlos. Tal situación lo coloca ante su oficio de manera clara y contundente. Consideramos firmemente que un actor o una actriz que no han transitado Chejov, de alguna manera, están "incompletos" desde el punto de vista formativo.

d)- El trabajo técnico sobre una escena del William Shakespeare pues, más allá, de la indiscutida importancia de este autor para la historia del teatro, se trata de colocar al actor frente a un nuevo "problema" que, en el teatro shakesperiano, es la acción poética verbal. El "cómo decir" pasa a ser fundamental y modifica el procedimiento técnico hasta entonces transitado. Como veremos en este caso, la construcción de la situación a través de las acciones físicas no es complejo, sino todo lo contrario. Los personajes dicen qué quieren o es demasiado evidente lo que desean. El desafío para los actores radica, en este caso, en "cómo decir" largos textos poéticos con pasión y orgánicamente sin recurrir a la declamación retórica exterior y sin vivencia. En esta etapa de trabajo sobre escenas propias del teatro isabelino apuntamos a la aplicación de una técnica que, sin contradecir a la anterior, se convierte en diferente pues el procedimiento a usar está condicionado por un estilo diverso.

e)- Una reflexión sobre los puntos de contacto entre el método de las acciones físicas y el teatro de Bertolt Brecht pues consideramos que la importancia del autor y director alemán en el teatro del siglo XX es fundamental ya que, de ella, se derivan múltiples propuestas estéticas que recorren, hasta la actualidad, el arte teatral contemporáneo. Hemos encontrado, durante nuestra permanencia de investigación en el Berliner Ensamble al final de los años 80, numerosos puntos de contacto entre el trabajo de Stanislavski con su método de las acciones físicas elementales y la última etapa de Brecht en cuanto director, diluyendo así la supuesta y exagerada contradicción entre ambas técnicas. Trataremos de establecer los nexos existentes entre los modos de trabajar de ambos hombres de teatro al final de sus vidas.

f)-Una descripción de las diferentes etapas por las que pasó el gran dramaturgo alemán, aspectos de su vida y de su creación teatral con el objetivo de dar un contexto más profundo que nos permita comprender o aproximarnos a su recorrido técnico y artístico.

g)-El análisis de la construcción de una escena de una obra de Brecht tratando de describir el proceso total que proponemos para el caso de la aplicación del método de las acciones físicas a una propuesta que se aleja del drama burgués.

Como el lector advertirá, hemos repetido la palabra "técnica" en las etapas y objetivos propuestos. No es este un libro de crítica literaria sobre la poética de los mencionados autores sino que pretende ser un estímulo, a partir de reflexiones realizadas sobre la práctica, para acometer la superación de las técnicas aquí descriptas en el convencimiento de que la crítica práctica y teórica es el camino ineludible a través del cual ampliaremos el bagaje de herramientas concretas que los actores usarán para hacer su trabajo de manera más libre y jamás enajenada.

5- LA ESPECIFICIDAD DEL TRABAJO DEL ACTOR Y SU OBJETO A CONSTRUIR. SU COMPOSICIÓN Y SUS RELACIONES INTERNAS

El dibujo de un auto.

Suelo, en mis clases, desplegar la figura de un automóvil y mostrarla a mis alumnos.

-"¿Qué ven?" pregunto.

Algunos sonríen por lo "obvio" de la interrogación y, creo, hasta sienten cierta vergüenza ajena en contestar. Insisto.

-"¿Qué ven?", insisto.

Los más participativos, para no ser maleducados, responden lo esperable: "La figura de un auto"

-"¡Perfecto!", estimulo yo. Y prosigo: "¿Cómo es?"

Con dudas, pues parecen preguntas de un estúpido, algunos lo describen: "Tiene cuatro ruedas" (risas), "cuatro puertas", "un baúl", "un motor", "es rojo", etc., etc., etc.

-"¡Perfecto!", acuerdo. Y agrego lo siguiente: "Ustedes han descripto con cierta precisión este dibujo que representa a un automóvil y han enumerado algunas de sus partes, es decir, de sus elementos y componentes. Pero no me dijeron cómo se construye un auto ni cuál es la relación entre esas partes."

Nunca falta alguno que, con provocador sentido del humor, me dice:

-Bueno... venimos aquí para ser actores, no mecánicos."

-"Es verdad. Pero no es necesario ser mecánico para razonar y comprender cuáles son las etapas ineludibles y necesarias para construir un auto y de qué depende su correcta construcción y la necesaria relación armónica entre sus partes", retruco.

Suele producirse un silencio en el cual, seguramente, alguno de mis alumnos se preguntará si no estará perdiendo el tiempo en mis clases de actuación.

-"Veamos...", rompo el silencio. "Si desprendo las ruedas y las dejo en aquella esquina de esta habitación, luego extraigo el motor y lo deposito en aquel otro ángulo de la pieza, después extraigo el tanque de nafta y lo coloco en la tercera esquina de este lugar y, por último, quito el chasis y lo apoyo en el cuarto ángulo de esta sala, ¿podrían ustedes pensar que, usando uno solo de esos elementos por separado, sería posible que el auto funcione y hacer, con él, un paseo?"

-"Y... ¡No!" expresa el alumno bromista. "A no ser que el chasis sea mágico, como la alfombra". Y estalla una carcajada general.

-"Nuestro amigo tiene razón. Macedonio Fernández, el maestro de Borges, decía que lo imposible es el imposible", respondo yo. "Pero, en la realidad más cercana podemos decir que no es posible desplazarse sólo sobre las ruedas, o sólo sobre el chasis, o sólo con el motor. Es decir, usando sólo uno de los elementos en sí, por separado. Podemos guiar un auto si esos elementos están reunidos de determinada manera. Podemos sacar una primera conclusión: estos elementos separados no tienen la propiedad que tienen juntos. Unidos conforman este objeto particular llamado auto que posee la facultad de desplazarse por el suelo ¿verdad?"

Ante la aceptación general del razonamiento, prosigo:

-"Bien. Pero estos elementos que componen un auto ¿están unidos arbitrariamente? ¿Puede estar el motor en el lugar de las ruedas o el tanque de combustible en el lugar del volante?

La respuesta general es obvia.

-"Podemos, entonces, extraer una segunda conclusión: entre estas partes o elementos que componen un auto se generan nexos de necesidad recíproca, relaciones impostergables. Ahora bien, ¿para construir un auto cómo debemos proceder? ¿Será posible colocar los tornillos que unen a los diversos componentes antes que acercar y juntar, por ejemplo, el chasis con las ruedas?", avanzo.

-"No", responde alguien. "Primero hay que colocar ambos elementos en una posición que lo permita y después, colocar los tornillos para que los una con firmeza".

-"Correcto", acepto. "Con lo cual podemos sacar una tercera conclusión: entre los elementos que componen un auto no sólo hay relaciones precisas, o sea, nexos de necesidad entre ellos, sino también hay relaciones temporales y espaciales. Hemos descripto un antes y un después y también hemos determinado que los tornillos deben ser ajustados en un determinado lugar, uniendo a los otros elementos, porque si no los coloco en los lugares justos, de conexión, no tendría sentido alguno pues no ligarían nada. ¿Qué sentido tendría intentar colocar un tornillo en el neumático? Ninguno. Para comprender cómo está construido un auto hemos tenido que realizar un trabajo analítico pues no podíamos ver estas relaciones desde una descripción fenomenológica del objeto. Esta reflexión nos sirve para acercarnos, desde la simplicidad del ejemplo, a entender que ninguna estructura está sobre la superficie de los fenómenos. Tenemos que "sumergirnos" para encontrar sus nexos de necesidad y para entender los "mecanismos" temporales y espaciales que la constituyen, Además podemos comprender que una estructura no es la mera suma de sus elementos. En una estructura existen relaciones determinadas entre esos elementos que la constituyen como tal y esos elementos, separados, distanciados entre sí, no poseen la facultad que poseen unidos.

Y entonces, para entrar más precisamente en la técnica de la actuación, pregunto:

-"¿Cuáles son, entonces, los elementos que componen la estructura dramática o situación teatral, al menos en el teatro occidental? ¿Puedo definirlos para conocerlos? ¿Y cuáles son las relaciones que existen entre ellos a efectos de construir la situación -"nuestro auto" – conociendo cuál va primero, cuál después y en qué lugar debo colocarlos? Es decir: ¿Cuáles son sus nexos de necesidad, su relación procesal, para construir una estructura o situación teatral sólida?"

De tal manera he probado de acercarme, en mis clases, a una definición sencilla de estructura o situación teatral – usaremos ambos términos como sinónimos – pues, partiendo del aporte de Raúl Serrano, pensamos que el objeto que un actor debe construir es, precisamente, esa situación o estructura, que está compuesta por determinados elementos relacionados entre sí por nexos temporales y espaciales de necesidad y reciprocidad. Es verdad que una estructura es también dinámica y se produce, o reproduce a sí misma, a través de contradicciones que surgen entre sus elementos, pero me parece que partiendo de un ejemplo tan sencillo para la comprensión puedo, luego, complejizar el razonamiento. Otras veces he colocado un ejemplo más complejo: el del cuerpo humano como estructura. Trataba de explicar el proceso de formación del mismo durante la gestación (qué se forma primero y por qué, qué después y por qué, etc. estableciendo una relación causa-efecto) y la relación entre los órganos y los miembros que lo componen.

Lo importante de destacar aquí, más allá de los ejemplos más o menos felices, es que se propone que la especificidad del trabajo del actor es la construcción de una situación o estructura teatral. No es sólo su personaje. No es una interpretación literaria del texto. No es una evocación constante de su pasado como persona física.

Esa situación o estructura, dijimos, posee determinados elementos. ¿Cuáles son? ¿Cuántos son? ¿Cómo son? ¿Cuáles son sus nexos? ¿Cómo los construyo? ¿Cuál va primero? ¿Cuál va después? A partir de la enumeración y definición de cada uno ellos, estableceremos sus nexos y su recorrido procesual a efectos de describir el procedimiento que nos ocupa teniendo en cuenta que el actor, cuando comienza a ejercer su trabajo, se encuentra ante un mundo escindido – real y ficticio – que él unirá y construirá a través de su hacer dirigido a obtener objetivos de su personaje. En este camino descriptivo, repito, nuestro guía será, indudablemente, Raúl Serrano. A su imprescindible aporte sumaremos otras opiniones que corroboran tal dirección.

La importancia de la acción

Hemos señalado que un actor se llama tal porque actúa. Es decir, hace acciones. Ahora bien: ¿qué son las acciones? ¿Acción y movimiento son sinónimos?

Para comprender qué es una acción trataremos de establecer lo que la diferencia de un movimiento a través de un ejemplo: Imaginemos a una persona perdida en la inmensidad de la foresta amazónica. Está solo y no sabe cuál es el lugar poblado más cercano. No posee agua ni alimentos. Para preservar su vida comienza a caminar en una dirección elegida al azar pues no sabe si su salvación está al este o al oeste, al sur o al norte. En este caso, el extraviado realizará, al caminar, movimientos, pues no sabe hacia dónde va. Su finalidad, que es salvarse, no está dirigida hacia un lugar concreto, en la dirección adecuada y elegida conscientemente. En cambio, si esta persona sabe que el lugar habitado más cercano está hacia el este y camina hacia esa dirección, realizará una acción al caminar pues hacerla lo acerca al objetivo que es preservar su vida. En el primer caso hará *movimientos*, en el segundo hará acciones.

Es posible que, para recuperar fuerzas y así poder llegar al más próximo centro poblado, se siente a descansar y permanezca, por un tiempo, inmóvil. En este caso, el hecho de permanecer inmóvil es también una *acción* en tanto y en cuanto la acción de quedarse quieto sin moverse, para recobrar energías, lo aproxima al objetivo.

Stanislavski distingue a la acción del movimiento y la define, cuando ha cambiado radicalmente su modo de trabajar, durante los ensayos de *Tartufo*, expresando:

> Sería un gran error considerar la acción física como un simple movimiento plástico que representa la acción. No es para nada así: la acción física es una acción concreta y coherente dirigida a alcanzar un objetivo; en el momento de su realización, la acción deviene sicofísica. (Toporkov 110)

Como vemos acción y movimiento no son sinónimos.

Lo que la acción debe poseer, para ser tal, es un punto de partida consciente y voluntario (de allí sus características sicofísicas), pues se parte de una voluntad consciente que, a través de las oposiciones con las que se encontrará el actor luchando por los objetivos de su personaje, irá encontrando acciones, reacciones, estados de ánimos, etc. no pensados ni previstos. Irá construyendo su personaje y entonces surgirá paulatinamente una nueva subjetividad que vivirá mientras él actúa, ni antes ni después. Stanislavski solía decir: "de lo consciente a lo inconsciente".

Es decir, el actor tiene un objetivo concreto. Un "puerto" adónde llegar. El movimiento puedo no tenerlo. La acción debe, necesariamente luchar por transformar la realidad en la que me encuentro. Al luchar por transformarla me construyo, yo mismo me transformo. Por ello Stanislavski afirma que durante la realización de la acción esta deviene "sicofísica". Es decir que la acción debe tener una finalidad transformadora, más allá que tenga éxito o no. El movimiento puede carecer de finalidad, no sabe si transforma o no, no es, necesariamente, un comportamiento dirigido conscientemente a lograr un objetivo transformador determinado.

Ahora bien, esa persona extraviada realiza sus acciones no en un lugar abstracto. Las hace en la foresta amazónica enfrentando oposiciones concretas como podrían ser la enmarañada textura de la vegetación, lo resbaloso del piso, la distancia que le falta recorrer hasta el poblado más cercano, su propio cansancio, etc. No camina en un ordenado parque señalizado. Esta persona realizará acciones porque su hacer se opone a fuerzas que le vienen en contra de sus objetivos, y lucha, con la mejor táctica posible, para vencer esas dificultades. El movimiento puede no tener oposiciones. A veces se ejecuta "en sí", como podría ser el elegante desplazamiento de un bailarín que realiza tal comportamiento porque es bello en sí mismo, no porque se enfrenta a fuerzas oponentes. La acción, al ser ejecutada por el trabajo del actor, "construye" en alguna medida, la fuerza que se le opone pues le "da vida", la pone "en acto", le da sentido, genera los polos de la lucha. En el ejemplo mencionado la intrincada foresta ya existe. Es la lucha, a través del hacer de la persona extraviada por superar las oposiciones de la geografía del lugar la que genera a las ramas como oponentes.

Suelo usar, en mis clases, el ejemplo de un ring de box en el cual debo combatir contra Mike Tyson. Estas son las desfavorables circunstancias dadas que me tocan: combatir contra él, que está entrenado y en la mejor de sus condiciones físicas. Si no subo al ring y uso lo que los chinos llaman la mejor táctica para sobrevivir, es decir, escapar del estadio, no hay combate posible. Mike Tyson seguirá allí hasta que se aburra, compruebe que soy un inteligente cobarde y vuelva a su casa. Será mi acción de subir al ring y prepararme para el match lo que comenzará a poner en acto el futuro combate. Y cuando suene la campana que indica que comienza la pelea, deberé darme una táctica para enfrentar a Mike Tyson (probablemente escapar, no del ring, porque en ese caso la convención del deporte llamado boxeo, finalizaría en el momento en que salto las cuerdas hacia la platea buscando la puerta más cercana), tal vez evitando, en lo posible, la pelea directa pues él es más fuerte, y accionando en consecuencia.

Quiero decir que no es concebible la acción en el teatro sin una oposición que también la constituya como tal. No es concebible la acción sin conflicto y, a su vez, el conflicto condiciona las acciones que haré. He allí los nexos de necesidad que unen a estos dos elementos de la situación teatral: la acción construye al conflicto y el conflicto condiciona a la acción. El movimiento, o sea el comportamiento sin finalidad transformadora, no genera conflictividad.

Hemos señalado que una acción puede ser tal sin movimiento y lo mismo será una acción en la medida en que sea consciente y voluntaria y que tenga una finalidad tendiente a transformar. Por ejemplo: quiero darle un beso a una bella joven, me acerco a ella y le aproximo mi rostro. Ella, que está mirando hacia otro lado, no reacciona y no gira su rostro hacia mí. Permanece inmóvil. Es decir, rechaza mi beso. No hizo nada, no se movió pero accionó pues quedarse quieta modifica mi objetivo, derrotándome. Deberé buscar otras tácticas para besarla. Por lo pronto recurrir a la más sabia táctica entre las 36 propuestas por los chinos en su filosofía de la guerra: escapar.

Un actor hace acciones, no movimientos, aunque a veces deba hacerlos en tanto y en cuanto sean acciones. Los movimientos en sí aparecen, a veces, como vicios teatrales como podría ser "abrir la escena para que se limpie" o moverse "para que la escena no sea demasiado estática" y también, a veces, como imposiciones estéticas del director o como falta de dominio, por parte del actor, de una técnica de construcción que al transformar, lo va construyendo como personaje.

Siguiendo el ejemplo más arriba mencionado, el de la construcción de un auto, un movimiento sin finalidad transformadora en el teatro, equivaldría a colocar un tornillo en la parte de goma que roza el piso. Es decir, no conectaría elementos.

La acción – y la represión de la misma - es realizada por un ser humano – el actor – que, siendo consciente de las características de su trabajo específico – la construcción de una situación teatral a partir de la técnica de la improvisación en dinámica transformación hacia la construcción del objeto estético – ha colocado objetivos a su personaje que se oponen a objetivos de otros personajes, o al espacio físico-

circunstancias dadas adversas, o sea el ambiente, o a su propia lucha interna. Es en ese transitar de lucha y transformación en el que el actor comenzará a construir la situación y al hacerlo, se "hará a sí mismo" – o sea a su personaje -, conocerá, haciéndola, a la situación pues no podía hacerlo a partir de la lectura del texto, ya que su objeto de trabajo no es la literatura o la crítica literaria sino la elaboración de un objeto específico que es la situación teatral en donde lo no verbal es lo que no existe *a priori*.

El actor, a través de la acción (o de su represión), construye lo que no hay. Crea el contexto, no el subtexto, propio de hipótesis en la lectura literaria del texto.

Podemos decir que las acciones equivalen a los tornillos del auto en el ejemplo utilizado. Ligan elementos. Sin los tornillos las ruedas no podrían girar y el auto desplazarse. Sin las acciones ningún otro elemento de la situación teatral se pondría en movimiento constructivo. Pero no olvidemos que las acciones no se hacen "porque sí", se hacen según las fuerzas que se oponen y deben ser ejecutadas en el momento y en lugar justo, cuestión que a partir de las improvisaciones, iremos encontrando, no *a priori*.

Diferencia entre acción y movimiento

Pido a un alumno que se coloque una campera. Simplemente que la endose. Este lo hace. Pido que lo haga varias veces. Luego de algunas repeticiones los demás participantes de la clase comienzan a aburrirse. Detengo el ejercicio y ahora le pido que se coloque la campera con la finalidad de irse de esa habitación sin ser escuchado por su pareja que duerme en la habitación continua. El alumno, tratando de no hacer ruido, se coloca la campera de un modo conflictual. Lo hace despacio, cuidando los detalles, tratando de no hacer ruido con el cierre, etc. ¿Qué pasó? ¿Por qué ahora la escena es más interesante que hace unos minutos? Porque ahora, con su acción, el actor ha construido una fuerza opositora que no se ve, pues su mujer está en la otra habitación y pertenece a las circunstancias dadas, pero que se opone a su objetivo de irse. Le "llega", desde afuera, desde la pieza vecina, una fuerza que se le opone y que, si se despierta o lo oye, modificaría la situación en sentido negativo para los objetivos del personaje que quiere irse sin ser escuchado.

En la fase anterior del ejercicio, cuando el alumno se colocaba la campera sin oposición, realizaba movimientos, no acciones.

Me pregunto: ¿A quién le puede interesar cómo alguien se endosa una campera? Puede ser que al hacerlo por primera la vez lo haga de un modo particular que, quizás, trate de dar signos descriptivos de "cómo es" mi personaje – técnica que criticamos si se trata de construir en el estilo del realismo pues me lleva a los *clichés* o comportamientos remanidos -, pero estoy seguro que no genera el mismo interés que el peligro de que el personaje sea descubierto por su mujer cuando lucha por no hacer ruido para poder salir.

Volvamos al ejemplo del extraviado en la foresta, no es lo mismo caminar solo, en un parque confortable sin la oposición de una enmarañada y hostil vegetación que con la presencia de ella. Una persona que camina solamente por el placer hacerlo y que recorre varias veces el parque sin oposición alguna, quizás capture nuestra atención en las dos o tres primeras idas y vueltas pues podríamos admirar su elegancia al caminar pero, luego de un poco de tiempo, comenzará a aburrirnos y nos preguntaremos qué hacemos allí observando cuán elegantemente camina esa persona. Es más, quizás lamentemos que no se canse con más rapidez. Será más interesante, por ejemplo, si ese caminante compite con otro para llegar antes a una meta, o compite consigo mismo para superar un tiempo determinado y establecer un nuevo record. En ambos casos, el caminante debe luchar contra fuerzas que se le oponen. Al caminar, acciona. En el caso anterior, camina por caminar, hace movimientos.

Esta reflexión nos lleva a pensar sobre las causas y las finalidades de una acción. O sea podemos diferenciar entre los "porqué" (causas) y los "para qué" (finalidades), conceptos muy bien clarificados por Serrano. Lo que nos interesará en el método de las acciones físicas son los "para qué", la finalidad de la acción, no tanto los "por qué" – las causas, pues luchar para alcanzar la finalidad u objetivo, para un fin determinado, me lleva hacia "adelante", hacia la transformación de la realidad y hacia la construcción de una situación que antes no existía en la cual me construyo a mí mismo, quiero decir, al personaje que me toca interpretar. En cambio las causas me ofrecen razones, motivos, están en el pasado y no me sirven tanto y en modo concreto para el acto en sí. Pueden justificarlo o no, pero ello pertenece al terreno especulativo. Importará más lo que se construye hacia delante pues es lo que debo conocer haciéndolo – no existe *a priori* - ya que antes de accionar sólo conozco, intelectualmente, lo que los personajes dicen, a veces lo que hacen cuando se trata de acciones de enorme significación como matar a otro, por ejemplo, con lo cual la obra se consuma, pero no puedo comprender nada más pues todavía no lo he vivido. No he construido la situación, el contexto, en el marco, por supuesto, de la convención teatral que posee – no lo olvidemos – su propio grado de realidad ya que en ella se siente, se odia, se ama, etc. y lo asombroso es que, al salir de escena, tales sentimientos desaparecen.

Sigamos con el ejercicio de la campera.

Ahora le pido al alumno que se coloque la campera elaborando una lucha interna entre irse o quedarse. Es decir, el personaje duda. Pero no tomemos a la duda como una abstracción. Bajemos a tierra y coloquemos los polos del conflicto interno en cuestiones concretas: una parte de mí quiere, brutalmente, irse. Pero se le opone, por ejemplo, que esa persona que dejaré, está enferma y no es el momento para hacerlo. La acción de colocarme la campera estará contaminada por esta circunstancia dada que, sin embargo, opera adentro de mí, como lucha interna, más que en los motivos o causas de la duda. Concretamente colocándome la campera tomo una decisión: irme. No haciéndolo, me quedo. La tensión entre mi deseo "brutal" que quiere irse a cualquier costo y mi deber hacia esa persona que duerme en la habitación continua, son los adversarios que combaten dentro de mí. Para que el ejercicio sea útil es necesario operar tratando de que ambas fuerzas sean parejas: es una necesidad muy grande importante para mi personaje irse, por un lado. Por el otro, ella está muy enferma, no con una gripe pasajera. Es decir, agrando los oponentes de la lucha. No combatirá este Mike Tyson "interno", en este caso, contra mi débil humanidad sino contra un púgil tan entrenado y potente como él.

El alumno trabaja. Con cuidado, para no hacer ruido levanta la campera, pero se detiene. No sabe si seguir adelante o volver a apoyarla en el sofá en donde la prenda estaba. Se inmoviliza. Aparecen pequeños comportamientos en esa inmóvil movilidad. Decide seguir adelante, coloca un brazo en una manga, parece que va continuar pero vuelve a detenerse. Intenta quitársela, parece que ha desistido en su objetivo de irse. ¡Pero no! Ahora, con rapidez, enfunda en brazo en la manga derecha y cuando está por hacerlo con la izquierda, vuelve a detenerse...

No importa qué decisión tomará nuestro fugitivo esposo influenciado o no por el sabio arte de los chinos. La cuestión es que el alumno, a partir de la elaboración de acciones contaminadas por un conflicto interno, ha logrado generar, en quienes lo miran, el interés por saber qué decisión tomará el personaje pues han asistido a un combate, en este caso interior, entre dos "púgiles potentes".

Para terminar con este ejercicio le solicito, ahora, a una alumna que suba al escenario y que, inmediatamente, luego que el alumno entre en escena para colocarse la campera e irse (ahora sí, estará totalmente determinado a hacerlo con lo cual no elaborará ningún conflicto interno, ni tampoco con el ambiente), se oponga a este objetivo de su partenaire y trate de impedir que se coloque la campera. Nada más. No les solicito que preparen nada, que organicen la escena antes de hacerla ni nada parecido. Pregunto al muchacho:

-"¿Qué quiere tu personaje?". "Ponerse la campera para irse", me responde. Perfecto.

-"¿Qué se le opone?". "Ella, cuando entre". Perfecto. Nada más.

Ahora pregunto a la actriz: "¿Qué quiere tu personaje?". "Que él no se ponga la campera y así se queda", me responde. Muy bien.

-"¿Qué se le opone a tu personaje?" le pregunto a la actriz. "Este estúpido que quiere irse" dice ella un poquito ya enojada. Perfecto.

-"Nada más", digo yo. "Ahora improvisen la escena pero olvídense de lo que civilmente es permitido o imaginado por ustedes ante una situación similar. Traten, simplemente, de lograr sus objetivos cuidando de no hacer daño al compañero. Basta".

La improvisación comienza: el actor entra raudamente y trata de levantar la campera del sofá. Ingresa inmediatamente en escena la actriz que, se lanza sobre la campera y trata de quitársela, mientras se emiten frases propias de una intensa discusión. Él logra mantener la campera en sus manos e intenta, de todos modos, alejarse de ella para poder colocársela con rapidez. Ella lo sigue y bloquea la acción. Él, que es más fuerte físicamente, logra enfilar un brazo. Ella comprende que no es a través de la fuerza que se opondrá con éxito al objetivo de su marido. Lo abraza calurosamente y le ruega que no se vaya. Este cambio de táctica que propone ella provoca que él dude más y detenga la línea de acción que llevaba adelante. Un brazo está sin enfilarse en la manga correspondiente. Ella, al parecer, ha *encontrado* que, a través de un modo tierno y persuasivo, se aproxima más a su objetivo. Profundiza aún más ese camino. Lo acaricia y trata, suavemente de sacarle el brazo de la manga ya endosada. Él duda aún más pero, repentinamente, decide no dejarse vencer tan fácilmente y la aparta. Ella siente el rechazo y vuelve a abrazarlo intensamente para inmovilizarlo, él...

Tampoco quiero escribir cómo terminará esta escena porque he visto diversas resoluciones interesantes en la medida en que se enfrentaban dos Mike Tyson potentes. A veces, cuando ello no ocurría y había un actor mucho más determinado y decidido que otro, la escena era menos interesante pues un "púgil" colocaba en nocaut a su adversario en el primer minuto de la escena.

En el caso descripto, con dos interesantes alumnos en lucha por construir la situación teatral y la relación, los hemos visto finalizar la escena agitados, ella enrojecida, él traspirado. Y riendo, pues en definitiva se trata de un juego, con verdad, pero un juego al fin, la actriz bromea: "Pero te costó, imbécil". "Sí", responde él. "Sobre todo cuando me abrazaste con ternura, Ahí sentí que me querías".

Nadie les preguntó si habían vivido una situación similar en su pasado, en tanto personas de carne y hueso, ni que se ensimismaran para encontrar dentro de sí imágenes sensoriales que los emocionaran. Simplemente accionaron con objetivos concretos contra fuerzas que se les oponían. Y llegaron a la emoción escénica. "Ahí sentí que me querías", dijo él. Durante la escena ella "lo quería" como pareja. Una vez terminado el ejercicio, vuelven a ser dos compañeros que comparten clases de actuación.

Lo importante es que los alumnos ejerciten y comprendan la diferencia entre acción y movimiento. En el último caso hemos trabajado elaborando, prevalentemente, un conflicto con el otro. Se trata de observar cómo la acción de ponerse una campera, en tanto y en cuanto existan fuerzas que se opongan, sea que estas provengan del ambiente – lugar físico más circunstancias dadas -, de una lucha interna de fuerzas equivalentes – conflicto interno – o de la oposición de otro, se ha ido modificando y ha ido cobrando interés tanto para quien la hace como para quien la observa.

En conclusión: las acciones generan conflictos, los movimientos no necesariamente, y los conflictos a construir condicionan las acciones pues, en el último de los ejercicios, si la actriz no hubiese accionado sobre la campera para que su partenaire no salga, éste se la hubiera colocado y, sin oposición, se hubiese ido.

Las acciones son, entonces, conductas que parten de decisiones conscientes y voluntarias del actor, que poseen una finalidad transformadora y que se ejecutan en el presente del momento teatral. No son evocadas o descriptas. Deben suceder "aquí y ahora" y ser realizadas en profundidad para generar algo en el partenaire, y en el actor mismo que las ejecuta. No se trata de introducir sólo la punta de los tornillos uniendo el chasis y las ruedas pues, tal condición no ofrecería la seguridad que el desplazamiento del auto requiere. Hay que colocarlos en profundidad, enroscándolos completamente, hasta el fondo, a efectos de que el auto pueda moverse con seguridad y a la velocidad deseada.

La acción transformadora sin movimiento

Pido a dos alumnos que suban al escenario y a uno de ellos le solicito que se siente en una silla y que adopte una posición – la que él desee – de inmovilidad total. El objetivo de su personaje será no reaccionar a lo que hará el otro sujeto de la improvisación que posee un objetivo contrapuesto: hacerlo reaccionar de cualquier modo (provocándole risa, temor, etc.) con la única limitación de no hacerle daño físico. Quién cumple este último rol está en pie y puede hacer lo que quiere con el objetivo declarado, acciones físicas y verbales. Aclaro a la clase que no valoraremos como reacción a los movimientos o desplazamientos que se puedan observar en el alumno que no debe reaccionar y que pueden ser provocados por el hacer del oponente.

La lucha comienza. El alumno que debe resistir se ha preparado aferrándose con ambas manos a la silla en la que se ha sentado. Ha fijado su mirada en un punto fijo del horizonte y ha colocado sus piernas firmemente apoyadas en el piso.

El otro actor comienza a circundarlo. De pronto, le grita cerca de un oído.

El actor en la silla no aguanta y ríe. Primera improvisación terminada. Con satisfacción el alumno que ha vencido, sonríe.

Me dirijo al que no debe reaccionar pidiéndole que resista más, que trate en lo posible de ser un Mike Tyson de la "no reacción". "¿Para qué?" me pregunta otro alumno que está, en la clase, observando el ejercicio. Le respondo: "Para que el compañero pueda crecer". Me refiero, señalándolo, a quien ha vencido en el "primer round".

El ejercicio recomienza. El actor sentado en la silla ha modificado algo. Comienza su trabajo colocándose ambas manos sobre las orejas para tapárselas y cierra los ojos. Es decir, ha comprendido de la primera improvisación, cuáles son sus puntos débiles.

Su antagonista intenta, gritando como antes, hacerlo reaccionar. Esta vez no lo consigue. Le gira en torno, le grita desde otro lugar, desde diferentes distancias. Nada. El actor-activo se detiene y se rasca la cabeza. Yo, sin que él se de cuentas, hago una señal a los demás alumnos significando que no olviden ese momento, que se ha rascado la cabeza.

De pronto el actor-activo toca a su oponente y lo mueve, lo zamarrea. Éste no reacciona de ningún modo pese a que su cuerpo ha sido movido por su oponente pero, como habíamos convenido, no hay transformación. El actor-activo vuelve a detenerse y ahora se rasca la nariz. Vuelvo a señalar, a los alumnos-observadores, este momento.

El actor-activo se acuclilla y comienza a desatar la zapatilla de su oponente. Este tampoco reacciona. Se la quita y se la aproxima a la nariz. El actor-pasivo no reacciona. El actor-activo la deja y se saca él ahora una de sus zapatillas. Hace lo mismo para que sea olida por el adversario. Nada. El actor-activo se aleja más de un metro y observa a su oponente que sigue en la misma posición, con los ojos cerrados y los brazos levantados para taparse ambos oídos, inalterable como al comienzo de esta improvisación. El actor-activo lleva una mano a su frente y la desliza sobre ella con cierta rapidez y en cortos movimientos mientras observa a su antagonista. Vuelvo a hacer notar este detalle a toda la clase. El actor-activo, con decisión, se aproxima a su oponente y, como éste tiene los brazos levantados, comienza a hacerle cosquillas en las axilas. Notamos el gran esfuerzo que hace el actor-pasivo para no reír. El actor-activo se da cuenta de ello y profundiza la acción. El actor-pasivo no aguanta más y ríe. Segunda improvisación terminada. Pido postergar las conclusiones del ejercicio para después y les solicito a ambos alumnos que construyan la situación, improvisándola, por tercera vez.

Ahora el actor-pasivo se prepara plegándose sobre sí y colocando la cabeza lo más próxima posible a sus rodillas con los ojos cerrados. También cruza sus brazos y coloca sus manos cubriéndose las axilas.

La improvisación comienza. El actor-activo se encuentra ahora con un oponente que parece un armadillo. Pero no se ha tapado los oídos. Entonces el actor-activo se aproxima y le grita. Esta vez no hay reacción. Algo le dice al oído en voz muy baja pero el actor-pasivo resiste y no reacciona. Ahora vuelve a hacerle cosquillas en las axilas pero tampoco obtiene resultados. El actor-activo vuelve a retroceder y camina alrededor de su oponente. Es evidente que busca por donde "entrar". Mientras lo hace muerde sus labios y se refriega, con una mano, la parte superior del muslo. Lo hago, con sutileza, notar a los demás. En un momento, el actor-activo se detiene a unos dos metros de la silla y se queda inmóvil, observando a su oponente. El tiempo comienza a pasar. Un minuto, dos, tres...el silencio en la clase es total. Ninguno de los dos actores se mueve "no vuela una mosca" en la clase. Pasan cinco minutos, la tensión es enorme. Entonces el actor-pasivo levanta su cabeza y dice: "¿Ya terminó el ejercicio?". El actor-activo da saltos de alegría y celebra. Todos reímos. Y yo comprendo que todo lo que puedo prever sobre el trabajo de los alumnos o de los actores es poco y que, en verdad, son ellos quienes me enseñan.

Saquemos algunas conclusiones de este ejercicio propuesto para demostrar que la acción no es sinónimo de movimiento.

En la primera improvisación la determinación del actor-pasivo por defender los objetivos de su personaje fue débil y bastó una acción verbal (el grito) realizada con energía para que reaccionara. El compañero "débil" no trabajó para su oponente. Es decir, no se opuso con determinación y, por lo tanto, no lo ayudó a crecer. Con lo cual podemos establecer que la forma de ayudar al colega es oponerse a sus objetivos en profundidad, ser Mike Tyson pues, de ese modo, puedo hacerlo entrar en crisis. Es esa la manera verdadera de ayudarlo para que él *encuentre* nuevas acciones y tácticas para tratar de vencerme y así, a la vez, pueda yo también crecer. De la crisis surge el crecimiento. Sin crisis no hay crecimiento posible.

En la segunda improvisación el actor-pasivo cambió la acción física inmóvil porque entendió cuál era su punto débil. Estoy seguro que si se hubiera enfrentado con otro alumno en la improvisación anterior - que también lo hubiera hecho reaccionar pero de otra manera - habría adoptado una nueva posición para protegerse según el "punto débil" descubierto.

Pues bien, ahora, en la segunda improvisación, el actor-activo trata de usar la acción que lo hizo vencer anteriormente. Grita, pero no obtiene su objetivo. Se detiene y se rasca la cabeza. ¿Qué es eso? ¿Cómo debemos "leer" esa acción? Como veremos más adelante, al clasificar los diferentes tipos de acciones, se trata de una acción "sublimada". Son acciones que "aparecen" como consecuencia de una crisis interior – en este caso el no saber qué hacer para modificar al otro - , y no tienen un origen voluntario, consciente. Son descargas del cuerpo que no sabe cómo accionar. ¿Para qué se rascó la cabeza? ¿Para atenuar una picazón? No nos parece plausible pues tampoco la acción tenía esa finalidad. ¿Para arreglarse el cabello? Tampoco. Se trata de una acción sublimada que esconde, a través de movimientos, diríamos, ilógicos, tensiones internas. Son desahogos inconscientes del cuerpo que expresa su incomodidad de esa manera. Con lo cual podemos decir que son acciones aunque confinantes a los movimientos pues no tienen un origen consciente. Es por ello que solicito a mis alumnos cuando trabajan en el escenario que no masquen chicles mientras actúan porque al hacerlo el cuerpo descarga en esa acción sublimada que no se puede observar, las tensiones que transitan por el cuerpo del actor.

Durante las demás improvisaciones de este ejercicio notamos que aparecieron otras varias: rascarse la nariz, apartarse, tocarse la frente, refregarse el muslo, etc. Todas son consecuencias de la crisis que sufre el sujeto al encontrar una fuerte oposición y no poder proponer aún soluciones para lograr su objetivo. Estas acciones-movimientos, que tienen un origen inconsciente, comienzan a pertenecer al personaje pues la situación que los actores están construyendo partiendo de sí mismos – no existe otra posibilidad -, pues el actor-persona no tiene motivos "reales" (de su vida personal, me refiero) para ponerse nervioso ante la fuerza del oponente y sublimar su comportamiento. Tal sublimación aparece como consecuencia de los conflictos que, en la situación del personaje (situación que él mismo está construyendo), se presentan y se elaboran en el marco del juego o convención teatral a partir de la improvisación instrumentada por el trabajo específico que un hombre, el actor, ejecuta a través de hechos concretos, o sea las acciones.

En cuanto a las acciones en sí, es decir, las acciones físicas directas que realizó el actor-pasivo y que tienen, por supuesto, un origen consciente como sacarle la zapatilla al oponente para que la olfatee o sacarse la suya con el mismo objetivo, son consecuencia de una acción sin movimiento ejecutada con determinación por el actor-pasivo. Su oponente no hubiese llegado a hacerlas si, como la primera vez, ante el primer grito, el actor-pasivo hubiera reído.

Es decir que el actor-activo fue transformado por una acción carente de movimiento con lo cual podemos demostrar que acción y movimiento no son sinónimos, más allá que muchas acciones se ejecuten a través de ellos. Jamás el actor-activo habría llegado a encontrar la acción de hacerle cosquillas en las axilas a su oponente si la escena no se hubiese dado como se dio, en modo imprevisible y con la táctica de oposición presentada por el actor-pasivo. Es por ello que no es conveniente planificar las escenas antes de hacerlas. Dejemos espacio para que, en la lucha de objetivos contrapuestos, los actores *encuentren* acciones no pensadas con anterioridad, pues no se podían prever ya que no puedo adivinar lo que hará mi oponente. Lo que sí debe ser muy claro antes de empezar es, al menos como hipótesis, "qué quiere" mi personaje y "qué se le opone".

En la tercera improvisación, el "armadillo" propuesto por el actor pasivo más el aprendizaje de las improvisaciones transcurridas, provocaron que al actor-activo entre en una crisis mayor. ¡Mejor aún! En un momento se alejó. ¿Para qué se alejó? Para tomar distancias del conflicto, quizás para no darle una patada a su oponente que estaba venciéndolo y, haciéndole daño, obligarlo a reaccionar. Ejecutó una acción consciente de fuga. Es decir, para no patearlo, se alejaba, Lo vimos nervioso, inquieto, desasosegado, pues no lograba encontrar la acción transformadora justa. ¡Y al final la encontró y la ejecutó del modo menos previsible y creativo! Propuso, él también, una acción sin movimiento ubicándose en un lugar para nada visible por su oponente. Y simplemente esperó que el otro reaccionara. No se movió ni hizo rumor alguno. La tensión que se creó, la conflictividad que se instauró sin necesidad de movimiento alguno fue enorme. Puedo imaginar – además lo sentí, porque esos estados se trasmiten – la tensión conflictual interna en el actor sentado con los ojos aun cerrados ante la situación creada. Nada se movía a su alrededor, no escuchaba rumor alguno, el oponente parecía haberse ido, etc. Hasta que no aguantó más y reaccionó.

Como vemos no hay una sola acción para lograr un objetivo. Hay muchas posibles y las encontraremos dependiendo de la oposición que nos brindan – ¡menos mal! – las fuerzas que se nos oponen. El "no", para nosotros, es muy positivo porque es crítico, porque coloca al otro en crisis, porque lo ayuda haciéndolo crecer. La antítesis es una negación de la tesis, la síntesis – o sea la nueva tesis – será una negación de la negación.

Es tal, pues, el movimiento dialéctico que tomamos de Hegel y de Marx – en un sentido nada abstracto según éste último - y que aplicamos al trabajo específico del actor.

Finalidad de la acción como medio de construir la relación

Hemos sostenido que la acción para ser tal, necesariamente, debe tener una finalidad, un objetivo a conseguir, y que tal fin debe intentar transformar al otro, al ambiente o a mí mismo. O a los tres tipos de oponentes, simultáneamente. Depende de la escena pues en ella pueden convivir todos de conflictos.

Acabamos de señalar que no existe solo una acción para lograr un objetivo. Existen cientos y muchas de ellas se encontrarán durante la improvisación, según la potencia, la cualidad y las características de las acciones que me vienen en contra y que no se han previsto. Es indudable que cuando un actor comienza a improvisar una escena no puede evitar imaginar las primeras acciones que realizará al hipotetizar sobre los objetivos de su personaje y sobre las fuerzas que se le oponen. Pero esas primeras acciones previstas en su mente son el puntapié inicial para comenzar el juego y se irán modificando de modo imprevisto según lo que va sucediendo en el trabajo a partir de las propuestas que se oponen a sus objetivos.

He señalado antes un término que suelo usar en mis clases y que, me parece, es bastante ilustrativo de lo que quiero expresar: jugar al ping-pong con el otro, con el ambiente o con los polos de la lucha interna que atraviesa al personaje. ¿Qué significa esto?

Que así como sucede en el tenis de mesa en donde arrojo, con la paleta, la pelota al otro campo, no puedo prever adónde volverá pues mi oponente puede enviarla a la izquierda, a la derecha o pegada a la red, en el centro de la mesa de juego. Puedo, sí, hacer el saque de manera tal que mi intención sea obligarlo a devolver hacia un lugar particular para luego responder con más eficacia. Pero no es seguro que mi oponente lo haga. Tal vez cuenta con recursos tales que responde de una manera que yo no había previsto y coloca la pelotita en un lugar que me sorprende. La idea es que yo hago "ping" y debo estar atento al "pong" de quien está jugando frente a mí. No es que hago "ping, ping, ping, ping" – como si estuviera arrojando la pelota contra una pared mecánicamente – pues, en ese caso, adoptaría una actitud absolutamente esquemática e imposible de ser transformada con lo cual sería imposible construir la relación estructural. La llegada del "pong", en la construcción teatral a partir de la improvisación, al no ser previsible, amerita poner en práctica lo que Serrano llama "procesar" que consiste en darme el tiempo para "meter adentro", elaborar, procesar, lo que sucede y reaccionar, sobre todo al comienzo de las improvisaciones. Podríamos imaginar un ping-pong en cámara lenta, en el cual no es que pienso demasiado y me bloqueo por pensar. No. Lo que hago es, en segundos – aunque quizás sucede más velozmente en el tenis de mesa por sus características – es tomar lo que viene del adversario, no cerrarme esquemáticamente en los objetivos de mi personaje. Y, una vez elaborado orgánicamente, responder según esa elaboración. De tal manera mi respuesta será más rica pues no seré un "tanque de guerra" que avanza sin mirar a los costados.

Podría creerse que en este planteo existe una contradicción con lo afirmado anteriormente sobre la re-acción que permite encontrar quitando la hojarasca de las apariencias sociales con las que todas las personas – también los actores – convivimos y nos enajenan en la realidad. Pero no es así, pues la respuesta accionada (o reprimida, que también es un tipo de acción) que yo ofrezco, luchando, no por mis objetivos personales sino por los que les coloqué a mi personaje, se realiza en el marco de una convención, de un juego que me permite, sin temor a castigo social alguno, expresarme con libertad, y en cuya dinámica no puedo prever lo que hará mi oponente, pues estoy construyendo la situación, analizándola activamente, con lo cual es posible que me olvide de mí, que me pierda en el juego y así pueda encontrar. Entonces, comenzará a aparecer una subjetividad que ya no es la mía, sino la de un ente que, como producto de mis acciones y de la relación que vamos construyendo – y que, a su vez, va "construyéndome" – me llevará – nos llevará – a construir un objeto teatral objetivándonos en él. Siempre será el actor, en cuanto persona real, quien se expresará en la construcción de la situación y de un personaje ya que éste, en cuanto tal, no posee existencia real. Para que la construcción de ese otro – el personaje - se realice también es necesario elaborar, meter adentro, lo que sucede mientras sucede, aunque no podamos sacar en ese segundo todas las conclusiones razonadas que esos hechos nos provocan y que, seguramente, serán objeto de un análisis crítico e intelectual posterior. Pero es necesario registrarlos "aquí y ahora", tanto en el cuerpo, porque este posee una memoria kinestésica que me permitirá acumular experiencias concretas, prácticas, durante el proceso de los ensayos, como en la conciencia. Si sólo dejamos la elaboración crítica razonada para después, es posible que mi mente engañe, cubra de apariencias lo que pasó y que se produzca una nueva "capa de hojas sobre la tierra" que será necesario remover nuevamente. Además, al ser el teatro una construcción colectiva, la opinión de los demás sobre la escena, así sea correcta desde el punto de vista técnico, puede condicionar demasiado las posibilidades expresivas del alumno. A veces la represión entra no "en sí", no viene "directamente" desde la realidad enajenada de afuera, no se introduce desde "la vereda del teatro", sino que vive internalizada en quienes observan una escena teatral y la analizan sólo de un modo racional, pues no tienen otro modo de hacerlo ya que se trata de alumnos en clases de actuación que ejercitan, para aprender, su capacidad crítica sobre los elementos técnicos de la situación, y no de espectadores de un hecho teatral ya construido. Es por ello que resulta tan importante en la valoración de las escenas o en los ejercicios teatrales

1) Cuidar que las opiniones no sean estéticas, sobre todo al comienzo de las improvisaciones y de los ensayos, pues se está trabajando sobre la construcción de la situación y no todavía sobre un objeto estético. Es decir, no tendrá relevancia opinar desde afuera: "Me gustó la escena" porque en esa afirmación se oculta un juicio de valoración estético que puede condicionar al actor que todavía está buscando construir la relación estructural, es decir: está construyendo "el auto", aún no es el momento de "pintarlo". El actor podría preguntarse: "¿Por qué le gustó?", "¿Por qué le gustó a esta persona y a esta otra, no?" La valoración estética, y así debe ser dada la característica polisémica del arte, es eminentemente subjetiva. A unos les gusta el rojo, a otros el verde. ¿Qué es "mejor"? Imposible responder generalizando. Para algunos es mejor el verde, para otros el rojo.

2) Cuando la opinión "de afuera" apunta, en este momento del trabajo, a cuestiones técnicas por supuesto que debe ser escuchada y valorada. Pero, como tratamos que los actores sean propietarios de sus trabajos, con la humildad necesaria que significa escuchar y sopesar lo que nos dicen, es necesario hacer un filtro crítico propio, pues *cómo* uso la herramienta depende de mí en tanto y en cuanto soy yo – y mi compañero de escena en el caso que lo hubiere – quienes estamos construyéndola. No todas las personas usan una pinza del mismo modo y con la misma habilidad. Hay un procedimiento común para usarla, claro, condicionado

por las características y por la finalidad del instrumento, pero puede haber modos diversos de maniobrar con ella.

La cuestión es que el análisis o valoración posterior ayude a que el alumno, o el actor, reflexione sobre lo que pasó en la escena pues él estuvo dentro, pero intentamos que ese "estar dentro" durante la improvisación no sea, a su vez, enajenante, y no deje exclusivamente a los demás, a los que observan, el registro de lo que pasó. El actor vivió la escena orgánicamente, es decir, con su cuerpo, su emoción y también su razón, aunque ella se materializó en propuestas y respuestas que fueron apareciendo en el momento de la improvisación, con lo cual logró no pensar en lo que, con anterioridad, había pensado. Los demás la observaron críticamente y también la vivieron pero de otro modo, desde otro lugar.

Se trata de elaborar, aunque parezca paradójico, un teatro que desenmascare lo que la realidad alienada, "de afuera, de la vereda del teatro", vela y oculta. Es decir, se trata de develar, revelar, la realidad enajenada, de correr los telones de apariencias que nos impiden ver las causas y los efectos de las relaciones y de los acontecimientos, lo que subyace - y que no vemos cotidianamente – en la producción de una mercadería, por ejemplo, y en los motivos que provocan que nosotros mismos seamos mercaderías sin darnos cuenta de ello.

Con razón, a nuestro juicio, Peter Brook expresa que "en el teatro se hace necesario hacer visible lo invisible". Marx observó, con agudeza: "Si la apariencia y la esencia de las cosas coincidiera inmediatamente, toda ciencia sería superflua". Pues, claro, ¿qué se investigaría si las causas estuvieran sobre la superficie de los fenómenos? Todo estaría a la luz. Y en el arte también sucede algo similar.

En ese sentido no importa el estilo que construyamos – que se realizará, tal vez, modificando pasajes en la construcción de nuestro "auto" metafórico - pues el posicionamiento crítico e ideológico es claro. Es cuestionador del *statu quo* y, tal vez por ello, poco tendiente a la legitimación de la "fama" y del "éxito" económico y de la vanidad narcisista, con lo que el sistema trata de extorsionar y anestesiar a quienes trabajan construyendo objetos estéticos o artísticos.

Finalidad, acciones y modos

Hemos afirmado que la acción para ser tal debe, necesariamente, poseer una finalidad. Veamos ahora, en detalle, esta cuestión a través de un ejemplo cuyo objetivo será individualizar tal finalidad, para comprender de qué se trata. Este ejemplo todavía no relacionará a la finalidad con su necesaria intención transformadora propia de su ejecución en relación a la construcción de los conflictos.

Pido a un alumno que suba al escenario, que elija una acción y le coloque tres finalidades distintas. Este lo hace y elige golpear un pie sobre el escenario. Propone sobre el escenario:

a)-Golpea el pie sobre el escenario para matar a un insecto. Perfecto.

b)-Golpea el pie sobre el escenario para seguir el ritmo de una música. Perfecto.

c)-Golpea el pie en el escenario para medir si la madera es resistente. Perfecto.

Nuestro alumno ha cumplido con creces con lo solicitado pues, según la finalidad elegida, la misma acción se ha transformado. De este ejercicio podemos extraer una primera conclusión: la acción sufre la presión de su finalidad. Es ésta la que la condiciona. Por ello una acción, para ser tal, no puede carecer de finalidad. Segunda conclusión: lo importante del ejercicio es el "para qué", la finalidad, y no el "por qué" o la causa pues, en el primer caso, la acción me lleva "hacia delante", a transformar, en el segundo puede detenerme en lo que la motivó, en el pasado.

Ahora le solicito que elija una finalidad y que trate de concretarla a través de tres acciones distintas. El alumno elige que la finalidad será descansar.

a)-Con la finalidad de descansar, se sienta en una silla. Perfecto

b)-Con la finalidad de descansar, se acuesta en el piso. Perfecto.

c)-Con la finalidad de descansar, se apoya en la pared. Perfecto.

Ha realizado tres acciones distintas con la misma finalidad: se ha sentado, se ha acostado y se ha apoyado. Podría hacer muchas más si se lo hubiéramos solicitado. Con ello demostramos que no existe una sola acción para lograr un objetivo, cuestión que, a veces, los actores imaginan leyendo el texto que, de alguna manera se lo sugiere sea en la acotación dramática, sea en las propias réplicas. Y suele ser común que tal elección esté contaminada por lo más próximo, por lo más visto, es decir por el modelo impuesto a seguir. Recordemos que en la medida en que los modelos se repiten sin crítica sobre ellos, tienden a degradarse. De allí que resulta tan patético observar espectáculos que tratan de ser construidos a imagen y semejanza del modelo original. Para entendernos: si quiero hacer una comedia musical sería más auténtico y genuino hacerlo en modo crítico en el marco de la realidad en donde opero y no como una copia de un producto de Broadway. Siempre el teatro, para ser vital, debe apropiarse críticamente, del modelo precedente, debe "fagocitarlo" y hacer la propia "digestión", es decir, se debe filtrar. Shakespeare debería ser "fagocitado" para seguir vigente pues si quiero hacer teatro isabelino como lo hubiera hecho Shakespeare, sería imposible y, si fuera factible, sería para exponerlo en un museo. Desde ese punto de vista puede decirse que mi aproximación al teatro no deja de tener características "caníbales".

En una reflexión menos general, tal repetición de modelos se da en modo más pequeño cuando, por ejemplo, un alumno mira su reloj para hacer ver que el tiempo pasa y que su personaje está apurado.

Ahora trato de avanzar, partiendo del mismo ejercicio, sobre los modos de la acción. Veamos: le pido al alumno que, con la finalidad de descansar, realice las tres acciones que él ha propuesto de modos distintos. O sea, que conserve la finalidad y las acciones pero que proponga modos diversos de hacerlas sin traicionar la finalidad que es lo más importante de respetar.

El alumno propone:

a)-Se sienta con la finalidad de descansar pero ahora lo hace girando la silla y colocando el respaldar sobre su pecho. Perfecto. Ha cambiado el modo pero ha respetado la finalidad y ha ejecutado la misma acción: sentarse.

b)-Se acuesta sobre el piso para descansar, como lo hizo anteriormente, pero en vez de hacerlo boca para arriba ahora propone acostarse boca para abajo. Ha respetado la finalidad, ha respetado la acción – acostarse – pero ahora lo ha hecho de un modo diverso.

c)-Se apoya en la pared para descansar pero en vez de hacerlo con la espalda lo hace de costado apoyándose con el hombro. ¡De acuerdo! Ha respetado la finalidad, ha ejecutado la misma acción – apoyarse – pero ha propuesto otro modo.

Extraigamos algunas conclusiones:

1)-Que la finalidad es un "norte" que nos orienta y nos dirige como si fuera la cima de una montaña, cúspide a la que queremos llegar.

2)-Que las acciones que realizamos para concretar esa finalidad pueden ser decenas. Nos encontramos en la altura media de la metafórica montaña.

3)-Que los modos en los que ejecuto esas acciones pueden ser centenares sin perder de vista que quiero llegar a la cima. Los modos estarían ubicados en la base de la montaña y son muchos más que las acciones pues son distintas posibilidades de ejecutarlas.

Tenemos, entonces, la imagen de una montaña cuya cima es la finalidad, cuyo camino hacia la cima son las acciones que realizo para llegar a ella y cuya base, más ancha, son los modos diferentes en los que hago las acciones.

Cuando un alumno comprende que para alcanzar una finalidad determinada no sólo cuenta con una acción sino con decenas de ellas y que estas pueden ser ejecutadas en centenares de modos distintos pueden abrirse puertas expresivas interesantes.

Uno de los peligros más complejos de resolver en el espectáculo teatral es cuando, ya estrenado y luego de múltiples funciones, las acciones elegidas – ya metafóricas, concepto que más adelante veremos – comienzan a anquilosarse. Tal vez un modo de "llevar aire" a tal situación pueda ser cambiar el *modo* de la acción pues, de tal manera, no cambio la acción por otra – pues algo significa - y no traiciono la finalidad que produce el conflicto ya construido.

Ante la preocupación sobre la "mecanización" sin vida de la acción, Stanislavski, en 1938, respondía a las preguntas de sus actores: "Si los sentimientos no llegan como antes, vuelvan a las acciones físicas y serán ellas quienes les restituirán los sentimientos perdidos" (Toporkov 112).

Distintos tipos de acciones

Raúl Serrano clasifica a las acciones en 1) directas, 2) autónomas o de fuga, 3) verbales y 4) sublimadas. Compartimos tal clasificación y remitimos al lector a las publicaciones del maestro argentino de manera tal de profundizar en el tema de un modo más exhaustivo y con mayor propiedad.

Nos limitaremos a realizar algunas reflexiones y consideraciones propias sobre esta cuestión.

Las acciones directas son aquellas que poseen una relación inmediata entre la finalidad deseada por el personaje y lo que éste hace para alcanzarla. No hay mediaciones.

¿Mi personaje quiere salir de esta habitación? Me encamino hacia la puerta, la abro y salgo. ¿Mi personaje quiere agredir a su oponente? Tomo a mi partenaire de las solapas y lo empujo. ¿Mi personaje quiere besar a otro? Me aproximo y lo hago. Son las acciones que hacemos en la vida cuando somos niños, cuando bebemos demasiado o cuando hemos perdido la razón. Los niños, hasta que la cultura imperante en su medio se impone como represión del comportamiento, corren hacia nosotros para abrazarnos si les gustamos, como así también escapan cuando no les gustamos. Nos abrazan o nos rechazan sin mediaciones. Hacen, continuamente, acciones *directas*. Los adultos también las ejecutamos pero, como suele suceder con los personajes al menos en el realismo y en otros estilos cercanos, solemos ponerlas en práctica cuando la situación ha llegado a determinado clímax. No es que, apenas vemos a una persona que nos gusta, intentamos besarla de inmediato. Llegamos a ello luego de un cierto rodeo.

Como en la vida las acciones directas suelen aparecer en las escenas teatrales en los momentos en que se definen los conflictos de la obra, en donde todo lo que se reprimió antes ("estirar la cuerda del arco" es una apropiada metáfora) estalla y entonces salto sobre ella y la beso, para seguir el ejemplo mencionado.

Son el tipo de acciones que transforman con mayor potencia pues están dirigidas, en modo inmediato, a lograr el objetivo. No olvidemos que una acción *directa* puede ser también no reaccionar y quedarme quieto pues el oponente desea lo contrario. Si esa mujer permanece inmóvil y no responde a mi beso, es claro que me sentiré transformado por el rechazo, no seré igual a antes de hacerlo. No es que ella no "hace" nada. "Hace" no respondiendo con sus labios.

Las acciones directas suelen ejecutarse con mucha asiduidad durante las primeras improvisaciones. Los objetivos son gruesos y las acciones para intentar alcanzarlos suelen ser primitivas y burdas. Se proponen, fundamentalmente, transformar al otro, al ambiente o definen un conflicto interno. Pero, digámoslo, son verdaderas en tanto y en cuanto expresan los deseos más elementales de mi personaje. Ya llegará el momento de refinarlas, pero para ello debo ejecutarlas antes. No se puede reprimir lo que no se desea y como el teatro no es la vida y los personajes no poseen un pasado de persona real, es necesario transitar por esta fase gruesa, primitiva, para crear sus deseos más profundos. Y también para construir - esto es muy importante - la relación basal con mi colega. Sobre esa base de verdad, porque es lo que los personajes efectivamente desean, trabajaremos progresivamente sobre la represión del comportamiento. El público el día del estreno no verá lo que hicimos al comienzo de los ensayos, observará comportamientos ricos de contradicciones, de quereres no consumados, de fugas e intentos frustrados (será la etapa en la que los personajes "estiran la cuerda del arco", es decir, generan tensión) hasta que se produzca el estallido final. Una suerte de "tao en el amor". Al comienzo de las improvisaciones se eyacula – permítaseme la provocación – más o menos velozmente. A la escena construida luego de un proceso de represión – y por lo tanto de construcción de tensiones – se llega al momento de mayor clímax luego de un proceso de acercamientos y rechazos.

Es que, en verdad, lo que suele apasionar es el proceso, el durante y, sobre todo, el momento previo al final. Bien decía Borges que "el placer estético es la inmediatez de una revelación no revelada" tal vez influenciado por quien fuera uno de sus más grandes maestros, Macedonio Fernández, para quien la belleza de una estatua radica en el brazo que le falta, pues es aquello lo que podemos imaginar. Lejos de esa delicadeza y con mayor brutalidad podemos decir que una vez que Mike Tyson ha descargado su golpe demoledor que ha provocado la caída de su rival y vemos a éste extendido sobre la lona, la pelea ya ha sido definida. No hay nada más que esperar o imaginar.

Ya fundamentamos sobre la necesidad de ejecutar estas acciones *directas* al comienzo de las improvisaciones como una forma de limpiar "a la tierra de hojarasca" entendiendo por tal las capas de represiones y apariencias a las que la realidad alienada externa nos somete. En el teatro podemos hacer ciertas cosas que no nos están permitidas en la vida. Podemos ser más libres pues no existe riesgo de castigo social alguno y podemos, también, remover los velos que ocultan las relaciones aparentes que frecuentamos en la vida social por necesidad, a veces ya tan internalizadas que ni nos preguntamos si verdaderamente deseamos que sean así o no. El teatro que nos interesa tiene que remover. Debe ser un corrosivo removedor subversivo. Remueve las múltiples capas del maquillaje social para llegar a la carne poniendo así en discusión el tipo de relaciones instituidas. Sub-vierte. Da vueltas. Si no... ¿Para qué hacemos lo que hacemos?

Las acciones de fuga – o autónomas, llamadas así por Raúl Serrano en su importante aporte a la técnica actoral a través de sus investigaciones – consisten en las acciones que hago para no hacer lo que verdaderamente desea mi personaje. Serrano las denomina autónomas porque, a través de ellas, el actor trata de autonomizar su comportamiento, trata de alejar al personaje del conflicto que lo presiona, de autonomizarse de él. Se realizan como consecuencia de una represión consciente del deseo del personaje. Para no besarla cambio una silla de lugar. Para no atacarlo, cierro una ventana. Es decir, mi personaje desearía besar al personaje que tiene enfrente, en el primer caso, o darle una patada al sujeto que lo incomoda, en segundo, pero como no puede hacerlo por las limitaciones que las circunstancias dadas le imponen, o por la oposición del lugar en ambos personajes se encuentran o porque no es el momento más conveniente y sé que, si ejecuto una acción directa ahora, es posible que sea contraproducente para los objetivos de mi personaje, huyo del conflicto haciendo una acción que nada tiene que ver con lo que el personaje quisiera realizar.

Son acciones, el lector aceptará, que como adultos realizamos el 90% del tiempo de nuestra vida útil. Escapamos. Huimos de nuestros deseos más elementales. Reprimimos lo que, visceralmente, deseamos. Hay una lucha constante entre esos impulsos y la represión de los mismos.

Todas las formaciones sociales que conocemos hasta el momento, según lo que la historia nos enseña, han debido recurrir, necesariamente, a la represión del comportamiento para permitir la vida de relación en sociedad, sea a través de la policía, de la educación a-crítica, de los hábitos y costumbres instaurados, de los aparentes cambios en las modas que son sólo aparentes pues nada cambian, etc. La aparición del Estado, en cuanto órgano de dominación de una/s clase/s por otra/s, fue, sin embargo, un salto progresivo en la historia de la especie humana, pues antes de su constitución podríamos clasificar como salvaje el comportamiento humano. El Estado regula estos comportamientos y los reprime de muchas maneras y formas. Desde la represión física directa hasta la apariencia de una vida libre, "respetuosa y civilizada". No es verdad que "La ley es igual para todos". El Estado es un órgano de dominación de clases. Así de claro aunque las apariencias de la historia – y sus órganos mediáticos – puedan condenar a mis palabras como "viejas". Se trata, y disculpe el lector la digresión, de una joven vejez. El oxímoron trata de expresar que, no por "vieja", una idea deja de ser necesaria. Es "vieja" la idea que un asesinato no quede impune, pero es necesario que así sea. El Estado y sus funciones "no pasan de moda". Y aclaro que no me refiero sólo al Estado que regula las relaciones sociales en las sociedades capitalistas sino también al Estado estalinista que hasta hace no mucho imperó en medio mundo. En ese caso, al existir todavía clases sociales, era lógico que existiera. Lo que no era "necesariamente lógico" era que se transformara en un aparato burocrático y represivo. Por supuesto que hay razones históricas que explican tan degeneración. Pero, claro, la revolución que se hizo en octubre de 1917 – y que tanto influyó en la historia contemporánea y no poco en las investigaciones del propio Stanislavski – no se realizó para instaurar una burocracia contra-revolucionaria que restauró, hace unas pocas décadas, un capitalismo salvaje, sino todo lo contrario. Quienes la condujeron al comienzo, se propusieron tomar el poder como un camino para, en un lejano futuro, transformar al Estado en un mero administrador de relaciones diferentes entre hombres individualmente libres, no agrupados ya, en clases sociales antagónicas. Esa tragedia de sueños derrotados, como otras, está expresada con belleza desgarradora por Albert Camus: "Comenzamos luchando por la libertad y terminamos fundando una policía". Bertolt Brecht, de otra manera y con cierta desilusión, expresó: "Nosotros, que aspiramos a vivir en una sociedad bondadosa, no lo somos". No olvidemos que más de la mitad del mundo intelectual del siglo XX apoyó a-críticamente esa experiencia asesina y restauradora que significó el estalinismo, y que no por otro motivo muchas de las conclusiones e investigaciones de Stanislavski no se difundieron correctamente o no se desarrollaron en su propio país, atenazado por el dogma artístico represivo que fue el "realismo socialista" formulado por el tristemente célebre Zdanov. No olvidemos que el pensamiento "marxista" en esos países y en buena parte del mundo se dogmatizó e intentó ocultar la propia dinámica dialéctica (en los diccionarios de "marxismo" editados en Moscú en esos años para ser usados, como dogma, por todos los partidos comunistas del mundo, se omitió la palabra "alienación", principal preocupación de Karl Marx) y que grandes creadores y cuestionadores de la historia del teatro contemporáneo, como el propio Brecht, fueron ambiguos al respecto.

Basta leer el interesante trabajo de Vasili O. Toporkov ya citado, escrito en los años 50 aún bajo influencia del poder estalinista, como para advertir el temor del autor hasta para nombrar al Meyerhold, por ejemplo, condenado al confinamiento – y a la muerte - por el solo hecho de no cultivar a-críticamente el "realismo socialista" instituido por el régimen como el "arte proletario", único a practicar. O las veladas críticas a Michel Bulgakov, el notable escritor ruso caído en desgracia por no ser lo suficientemente genuflexo. Bulgakov es el autor de la adaptación teatral de *Las almas muertas* de Gogol, uno de los últimos trabajos de Stanislavski, en donde se comienza a entrever con claridad el nuevo método, situación comentada en el mencionado libro por el actor Toporkov.

Pero lo curioso de la época en la que ahora vivimos es que el Estado ha ido perdiendo cada vez más hasta sus características reformistas y bonapartistas. Es un "árbitro" ficticio entre las clases. Se ha transformado en un "Gerente a sueldo", en un funcionario obediente de las grandes corporaciones que, poco a poco, van abandonando la actitud del riesgo productivo, propia del capitalismo de hace unas décadas, por el de una cada vez más prevaleciente especulación financiera. Humo sobre humo, las relaciones sociales que imperan en el mundo, sobre todo en el "desarrollado", son cada vez más virtuales y aparentes. El mismo dinero, "la gran prostituta de la humanidad" al decir de Shakespeare en su *Timón de Atenas*, ya no es dinero basado en producción sino en la especulación financiera y, es más, últimamente, ante la creciente y profunda crisis monetaria y concentración de la riqueza en menos manos, ha surgido un dinero intangible, una moneda virtual que no es "tocable", sólo existe en internet. Humo y convención. El fenómeno de internet, usado en su condición alienante (de fragmentación de lo colectivo y no como útil vehículo de información) ha creado la sensación que la más efectiva comunicación entre seres humanos es a través de la red. Se "acabaron" los olores, las sensaciones de cercanía, los pequeños gestos, las acciones sublimadas que acontecen fuera de la pantalla. Parecen "viejos" los códigos pro-sémicos, o sea las distancias entre los cuerpos, que tanto significan. Ahora sólo vemos el rostro de la persona que está del "otro lado" y su relación directa con una pantalla en la que yo aparezco. No estoy "aquí y ahora". Aparezco. Apariencia. No soy tocable. Y han surgido, como fenómeno masivo, las llamadas "redes sociales" en donde los participantes de las mismas suelen exponer al posible "conocimiento universal" desde lo que están cocinando a qué ropa se van a poner. Creen ejercitar una supuesta libertad y en realidad están siendo usados como consumidores y clientes. Y permanentemente, además, espiados y controlados. Este consumo continuo de la imagen por la imagen, de la exposición pública de lo privado, de la construcción de apariencias sobre apariencias, de pérdida de sentido original de las palabras (por ejemplo la palabra: "social") va auto fagocitando el sentido de lo tangible, va quitándole cuerpo al cuerpo. Hasta han surgido teorías sobre la necesidad de un actor de teatro no presente (¡!?) como recurso de los investigadores académicos para adecuarse a los nuevos tiempos.

De todos modos lo importante de señalar, nos parece, es que se están produciendo cambios rapidísimos en la relación sensorial del hombre con una realidad que intenta dejar de ser tangible como un recurso aún más sutil y enajenante de dominación. No hay cárcel más efectiva que la que no se ve. Borges, en un célebre relato, trasmite la idea que el peor laberinto – imagen recurrente en su creación – no es aquel que se construye con piedras o ladrillos por inteligentes arquitectos para que el hombre se extravíe, sino que es el desierto, en donde las "paredes" no existen, no son tangibles.

Los jóvenes nacidos en esta nueva época están desarrollado una habilidad especial en sus dedos, por ejemplo, sobre todo en los pulgares, pues son capaces de moverlos a una velocidad impensable para quienes no hemos nacido en la época de los celulares. Y no olvidemos que una de las grandes diferencias que provocó la supremacía del hombre sobre otros primates fue, casualmente, el rol del pulgar.

El mismo modo de pensar - el procedimiento para hacerlo, digo - a la que lleva el mundo digital, ha modificado al anterior creando una ruptura enorme entre el mundo "gütembergiano" precedente y el de la computación actual. La pregunta urgente es, ante tanto cambio ya instaurado: ¿Cómo usar las nuevas tecnologías para evitar la fragmentación del pensamiento, la disolución de los vínculos sociales – en internet todos somos "iguales" y hasta podemos emitir opiniones ocultando nuestra real identidad con lo cual la responsabilidad sobre la palabra también se ha disipado – pues la idea de lo colectivo es cada vez más lejana e inasible? ¿Cómo convertir esta situación en algo que sea un boomerang para un *statu quo* que, transformándose continuamente, no sólo preserva sus objetivos de poder sino que lo concentra cada vez más en menos manos y es menos identificable?

Las respuestas de los seres humanos son impredecibles y, esperamos, infinitas. Para nuestra relativa tranquilidad sobre el futuro podemos pensar que cada cosa encierra en sí el germen de su propia destrucción. Las convocatorias a grandes movilizaciones en las plazas de todo el mundo para protestar ahora se realizan por ese medio creado para fragmentar. Contradicciones dialécticas de una realidad que, en lo substancial, ha preservado y acrecentado la alienación del hombre de un modo más efectivo pues sus causas son cada vez más sutiles y nebulosas.

Es cada vez menos claro desde donde llegan los "misiles", no sólo los reales que matan de inmediato, sino también los que ni nos damos cuenta que nos matan de otro modo. Pero lo no que no deja ser un hecho concreto es que algunas pocas corporaciones manejan internet, son sus propietarios y cotizan en bolsa. El día que este medio se convierta en demasiado peligroso, por su propia dinámica dialéctica, se convertirá en muy caro y sólo accesible a unos cuantos, o se cerrará el "grifo" desde esos lugares en donde se almacenan las comunicaciones planetarias que, en un simple email o comunicación telefónica, trasmitimos.

La "democracia" virtual tiene dueño.

Volviendo a nuestras reflexiones concretas sobre las acciones de fuga, de represión del comportamiento, creemos que son de gran utilidad para el actor el hecho de poder conocerlas y dominarlas pues permiten crear tensión a través de la represión del comportamiento. Saber usarlas es un arma de gran potencia para profundizar los conflictos y generar aún más tensión dramática.

La principal característica de las acciones sublimadas es que no poseen un origen consciente. Por lo tanto su clasificación entre las acciones no deja de ser una "concesión" desde el punto de vista didáctico. Estos tipos de comportamientos – confinantes con el movimiento sin finalidad – suelen aparecer como un modo de "desagotar" la tensión interior sufrida a causa de la presión de otro/s personajes, de la oposición del ambiente y de sus circunstancias dadas, del propio conflicto interno o de todas estas oposiciones juntas. Aparecen solas, son una consecuencia que el actor no busca voluntariamente. No son controladas por la voluntad del actor. Podemos ejemplificar estas acciones de desahogo cuando estamos sentados y, sin darnos cuenta, movemos las piernas acompasadamente uniéndolas y separándolas. O cuando cruzamos las piernas y el pie de la que queda arriba se mueve rítmicamente sin que nos demos cuenta. O cuando nos mordemos los labios mientras estamos pensando en qué decisión tomar, o nos tocamos los cabellos sin una finalidad definida. No somos conscientes de lo que estamos haciendo. Nuestro cerebro no mandó una orden consciente al pie para que se moviera. Es que el cuerpo "habla" como consecuencia de una tensión que sufre.

Son interesantes de detectar en las improvisaciones pues nos indican si el actor está dentro o no de la situación. Es decir, si está resultando personaje. Es ya el personaje quien vive la situación conflictiva que está siendo construida por el actor en su camino hacia la encarnación del mismo. Quien se pone nervioso es el actor, claro, pero ya viviendo la situación del personaje y no una que le pertenece en su vida privada. Se pone nervioso en tanto personaje. Por lo tanto las acciones sublimadas, cuando aparecen genuinamente y no son descriptas por la voluntad consciente del actor (he visto a varios hacerse los nerviosos golpeando los dedos rítmicamente sobre una mesa para hacer ver el público que están "inquietos" o esperando "impacientemente" a alguien), comienzan a pertenecer al personaje y ya no actor en cuanto personalidad de la vida real.

Es por ello que solicito a mis alumnos – y por supuesto a los actores que trabajan conmigo – de no masticar chicles cuando actúan pues las tensiones del cuerpo suelen descargarse, sin poder ser observadas desde afuera, entre los dientes y muelas del actor. No por casualidad la goma de masticar surgió como una necesidad histórica para desagotar las tensiones del ser humano angustiado por un sistema de relaciones sociales que lo deshumanizan.

Podemos decir que son también, en un cierto sentido acciones de fuga, pero la diferencia es que estas últimas poseen un origen consciente y voluntario; las sublimadas no. Suelo aconsejar a mis alumnos, cuando actúan, de no "preocuparse" por ellas, de no tratar de forzar nada para que surjan pues si ellos trabajan correctamente sobre la represión del deseo, matemáticamente aparecerán. El cuerpo no miente. Las palabras pueden hacerlo.

En cuanto a las acciones verbales coincidimos con Serrano en que la emisión de la palabra o de la voz humana es un tipo de acción pues posee también un origen consciente, debe tener una finalidad y sucede en el "aquí y ahora" del hecho teatral.

Es probable que su eficacia para la construcción de la relación durante las improvisaciones sea menor a la acción física concreta. Una acción transformadora suele valer más que cien palabras. Y digo "suele" porque, a veces, según las circunstancias dadas de una escena, se puede transformar más con una expresión verbal que con una acción física. Pero para la construcción inicial, para la primera etapa de las improvisaciones, es la acción física ejecutada en profundidad el medio más eficaz por el cual se puede generar la transformación de la realidad que se me opone, mi propia transformación a través del desarrollo de la acción, y, a través de ella, la construcción de la relación (¡qué importante es esto!) con el otro, con el ambiente o con los propios conflictos internos. Al construir, me construyo.

El uso de la palabra en el teatro ha generado múltiples controversias a través de los siglos. Al ser lo único que aparece como "concreto" en un texto cuando comenzamos a trabajar – todavía es un objeto literario – pareciera ser el objeto del trabajo del actor pero pensamos que no es así. El texto, la acción verbal en escena, es un punto inicial del cual es necesario partir pues debemos construir ésta obra escrita por Shakespeare y no otra cosa. Esas palabras dichas por los personajes funcionan como un marco referencial, como una circunstancia dada más. Pero no definen la especificidad del trabajo del actor que llegará a decir el texto escrito por Shakespeare como consecuencia de la construcción (a partir de un proceso de trabajo específico usando a la acción física como herramienta fundamental) de una situación que no posee sólo al decir como elemento de la conducta sino, fundamentalmente, a la acción, a los conflictos, al ambiente, etc. Esto es lo que debe construir un actor. Construye el contexto que provoca el texto dicho en escena, "preñado" por la conducta conflictiva de los personajes. Por ello un actor no se llama orador o "decidor". Es un actor: actúa, hace acciones. Pero no cualquier acción. Hace las acciones que sirvan para construir conflictos que a su vez condicionan las acciones que hará para construirlos.

Es importante, para un teatro vivo, lograr que la emisión de la palabra por parte del actor en lucha por construir su personaje, no sea una palabra muerta, un "movimiento de los músculos de la lengua" como diría Stanislavski, según lo narrado por Toporkov en su libro y sintetizada en su reveladora frase: "Que tu palabra no sea jamás vacía ni tu silencio sea jamás mudo" (Toporkov 62), durante sus ensayos con gran maestro ruso en el final de su vida.

Uso con frecuencia una expresión cuando trabajo con mis alumnos o con los actores: "Es necesario que le hables a sus huesos, que le toques los huesos con tus palabras". Y pienso que, si se precisa la finalidad de la palabra y se la ejecuta con la debida energía, tal debe ser la consecuencia transformadora de la misma. En modo muy bello Borges dice que "La poesía tiene que tocarnos físicamente".

En su libro *El análisis de la obra y del rol de actor mediante la acción física* María Knebel cita una frase de Stanislavski en referencia a la acción verbal, estenografiada en 1936 durante una lección en el Estudio Operístico-Dramático (entidad de investigación teatral creada por el maestro ruso en 1935). Dice Stanislavski, según Knebel, poniéndose en lugar de un actor que debe usar la acción verbal como elemento transformador:

> Mi objetivo es el de un hombre que habla a otro, que busca de convencerlo; y por lo tanto quiero que la persona con la que me estoy comunicando, vea aquello que yo deseo y que lo haga como si lo viera con mis ojos. Esto es lo importante (…) Si ustedes tienen este objetivo interior entonces accionará con las palabras. Si ello no existe, las cosas irán mal (…) Serán palabras dichas por decir, resultará un problema de competencia exclusiva del músculo de la lengua. ¿Cómo evitar este peligro? (…) No se aprendan el texto de memoria hasta que no hayan hecho propio, hasta en el mínimo detalle, su contenido: sólo entonces resultará indispensable. (Knebel 109)

Sirva también como ejemplo el relato de Vasili Toporkov, actor participante de la última dirección de Stanislavski, *"Tartufo"* de Moliere, obra que no llegó a ver estrenada pues lo sorprendió la muerte en 1938. La obra se estrenó un año después con dirección de M.N. Kedrov, y le fue dedicada.

En la escena entre Cleonte y Orgón, en la cual ambos discuten verbalmente sobre el significado que tiene la llegada del falso santo, Tartufo, para la familia, Stanislavski se expresa con precisión:

> No se trata de una discusión académica, no es una disputa entre dos moralistas. Es una lucha hasta la última gota de sangre entre dos antagonistas (…) Y mientras el interlocutor está hablando, el otro no está inactivo esperando. ¡Está presente como sobre carbones ardientes! Cada palabra de uno es una dolorosa estocada para el sistema nervioso del otro. (Toporkov 127)

Stanislavski, valorando la escena referida, expresa una concreta definición de la acción verbal: "Las palabras, la trasmisión del propio pensamiento, es acción" Y, refiriéndose al modo de construir la relación entre partenaires de un modo vital cuando la escena requiere el uso prioritario de la acción verbal, expresa refiriéndose a trabajo de uno de los actores construyendo su personaje:

> Debe expresar [se refiere al objetivo del personaje. Nota del autor] totalmente su pensamiento, que luego eso suene más o menos convincente, debe ser el partenaire a valorarlo. El actor debe verificar, de la mirada del partenaire, de sus ojos, si ha alcanzado algún resultado. (Toporkov 129)

¿Puede ser más precisa la reflexión de Stanislavski sobre el ping-pong al que hacíamos mención anteriormente, en este caso aplicado a una escena en donde la acción verbal juega un rol muy importante? Más adelante. Según lo expresado por Toporkov en su citado libro, señala categóricamente: "No piense en la entonación (…)" (Toporkov 130) para evitar que el actor emita su réplica en sí misma y alejada de la relación, con un tono preestablecido.

Y para quien debe escuchar – que también es una acción – señala:

La interacción con el partenaire es como un partido de ajedrez. No se conocen los movimientos futuros pero se puede estudiar la voz, las entonaciones, la mirada, el movimiento de cada músculo del adversario. (Toporkov 130)

Las acciones verbales pueden ser también de fuga. Por ejemplo, en el teatro de Chejov, al leer un texto de su autoría, *Tío Vania*, podemos intuir que la réplica emitida por Elena y dirigida a su hijastra Sonia, al comienzo del segundo acto, luego que Astrov, el médico que atrae a ambas, ha compartido una cena con esta última, es una acción verbal de fuga. Veamos:

(Entra Elena Andreevna)

ELENA: *(Abre la ventana)* Ha pasado el temporal ¡Qué aire bueno!

(Pausa)

¿Dónde está el Doctor?

SONIA: Se fue.

(Pausa)

ELENA: ¡Sofi!

SONJA: ¿Qué pasa?

ELENA: ¿Hasta cuándo estarás enojada conmigo? Entre nosotras no nos hemos hecho ningún daño. ¿Por qué tenemos que ser enemigas? Basta…

SONIA: Yo también quería... *(La abraza)* Basta con el rencor.

ELENA: ¡Buenísimo!

SONIA: ¿Papá se ha acostado?

ELENA: No, está todavía en el salón... No nos hemos dirigido la palabra por semanas enteras y Dios sabe por qué... *(Viendo que la alacena está abierta)* ¿Por qué...?

SONJA: Michael Lvovic ha cenado.

(Chejov 510-511)

Hasta aquí el genial texto de Chejov en el cual queremos detenernos.

La primera réplica de Elena no tiene nada que ver con sus objetivos verdaderos y ocultos que, trabajando en la escena, probablemente, encontraremos.

La frase "Ha pasado el temporal, ¡Qué aire bueno!" ¿Será lo que Elena verdaderamente siente y quisiera decir? ¿Qué quiere el personaje cuando entra a la habitación? ¿Comentar el estado climatológico o, probablemente, observar qué ha sucedido en esta habitación entre Sonia, su hijastra enamorada de la misma persona de la que ella está, secretamente atraída, el doctor Michael Astrov?

Esta réplica, aparentemente, podría no estar. Elena, si imaginamos una teatralidad verbal sólo directa y sin fugas, podría entrar en la habitación y decir: "¿Ha cenado el Doctor aquí? ¿Qué se dijeron? Pero no pregunta esto. Primero escapa con la palabra para, luego, de manera indirecta, tratando que Sonia no lo perciba, expresar verbalmente su verdadero objetivo oculto que es enterarse de lo que sucedió hace instantes entre su hijastra y el doctor. ¿Son sinceras estas declaraciones de súbito afecto mutuo? No lo decidamos *a priori* y lo dejemos para el trabajo de construcción de la situación a través en la improvisación. Porque la genialidad de Chejov es que puede ser así, o no. Ambas posibilidades, o una mezcla de ambas, pueden ser válidas y dependerán del trabajo de las actrices. Si estas actrices concretas encuentran que potencia la relación conflictual la circunstancia dada de que ambas saben que se enfrentan a una enemiga, tal vez usarán las acciones físicas y verbales de un modo. Si, en cambio, el abrazo y lo que se dicen, es sincero y son acciones directas tendientes a darse mutuo afecto, el conflicto puede ser construido en el interior de cada una pues, más allá del afecto por la otra, ambas aman al mismo hombre y la lucha interior entre qué hacer al respecto podría también potenciarse. O un ir y venir contradictorio en el que, por momentos, ambas confían en la otra y luchan por no enfrentarse y, en otros, desconfían y prevalece lo que visceralmente desean. O una confía y la otra especula y esto también por momentos y con alternancias. En fin. Hay que trabajarlo. Sería una mutilación preverlo y decidirlo en un eventual análisis de mesa.

Pero lo importante de señalar en esta etapa de nuestro trabajo es que Elena, objetivamente, no dice lo que le está pasando sentimentalmente, sea porque especula con ello o sea porque no quiere herir a su hijastra. Pero, objetivamente, no dice "Me estoy enamorando de Astrov y quiero saber qué te dijo" porque no puede, porque no quiere o por lo que sea. Ejecuta acciones verbales de fuga, conscientes, como suelen hacerlo, muy seguido, todos los personajes chejovianos, tal vez como nosotros mismos en nuestras vidas cotidianas.

No sabemos en qué pensaba Chejov mientras escribía pero lo que es seguro es que estamos hablando de un autor enorme. Si leemos la escena apenas expuesta podremos apreciar que, en las acotaciones dramáticas, aparecen las indicaciones *"(Pausa)"* entre réplica y réplica. ¿Un ping-pong en cámara lenta, como lo llamamos nosotros? ¿Un partido de ajedrez en donde cada jugador analiza a su oponente, como lo llama Stanislavski? Es muy posible que, sensible conocedor de los conflictos humanos, Chejov deba haber sentido que cada palabra no podía estar dicha sin oposición con el oponente, con la lucha interior o con ambos aspectos del complejo comportamiento humano.

Sobre la línea de las acciones

Como hemos señalado en su momento, Stanislavski intentaba que sus actores elaboraran lo que definía la línea de las acciones o acción transversal. Se trata de una secuencia lógica y coherente de acciones físicas que realiza el actor en su trabajo dirigido a alcanzar el súper-objetivo del personaje. Tal súper-objetivo general es lo que éste busca alcanzar en la obra en su totalidad y sintetiza sus deseos. El súper-objetivo está alimentado por objetivos menores que se expresan en cada escena y que confluyen, como arroyos, en ese "río principal". Estos objetivos menores no deben traicionar, o ser incoherentes, con el súper-objetivo más allá que un personaje pueda tratar de "volver atrás" y no vengarse, por ejemplo. Pero retroceder y tratar de no hacerlo será en relación al súper-objetivo y no desligado de él. Es así que la lucha por conseguir lo que quiere prioritariamente el personaje a lo largo de la obra está, a su vez, construida por "deseos menores", más pequeños y concretos, que deberían acercarlo al súper-objetivo.

Es lo que diferencia a las tácticas – como un modo o medio de accionar – de la estrategia, o sea el plan más general que lo llevará a vencer, o no. En esa "guerra", habrá batallas que se encaran con determinadas tácticas según el medio en donde el enfrentamiento acontece, la fuerza y posición del enemigo, su cansancio, etc. (o sea las *circunstancias dadas*) y en cada batalla habrá tácticas diversas a usar según el desarrollo cambiante de los acontecimientos. Pero siempre el súper-objetivo será ganar la guerra, imponiéndome en batallas dotándome de una estrategia determinada a través de tácticas determinadas que, a su vez, darán coherencia a la estrategia general.

Los actores poseen armas concretas para luchar por lo que sus personajes desean en general y en particular: son las acciones. Tales instrumentos no deben traicionar la finalidad que poseen. Y deben ejecutarse con una lógica y coherencia total - más allá de los avances y retrocesos, de las dudas y de las decisiones – en relación al objetivo final. Esta secuencia que liga causas y efectos, finalidades y motivos, acciones y reacciones, constituyen la línea de las acciones o *acción transversal,* precisa definición idiomática pues expresa la idea de algo que atraviesa todo el hacer del personaje y lo cose al tejido de la totalidad de la obra: las acciones.

En el primer momento de las investigaciones de Stanislavski, más conocido como el "Sistema" basado en la memoria emotiva, esta línea de acciones debía ser encontrada antes de los ensayos, en la lectura de mesa. Es decir, se preveía lo que debían hacer los personajes durante el desarrollo de la obra.

Tratamos de demostrar en este trabajo que el recorrido pedagógico del maestro ruso se transformó radicalmente, al final de su existencia, con la elaboración de los nuevos principios que dan nacimiento al método de las acciones físicas elementales.

Stanislavski finalmente descarta el análisis de mesa y afirma, en modo categórico, que es la línea de las acciones la que debe ser aplicada prioritariamente por el actor en relación a las otras líneas que debían tenerse en cuenta antes: la de los pensamientos y la de las imágenes, "ríos" también coherentes que debían unir la vida del personaje y que serían la consecuencia, en ese primer momento de sus investigaciones, de la lectura atenta del material dramatúrgico y de la lógica racional que emanaba de él. Como consecuencia de la aplicación de las tres líneas, debía aparecer una cuarta línea durante los ensayos que es la de las emociones del personaje. Hemos señalado que, en esa etapa inicial de sus investigaciones Stanislavski, intentaba la construcción de un "todo" al mismo tiempo que no preveía con precisión momentos procesuales. Pero con el método de las acciones físicas el maestro ruso coloca un antes, un después y un dónde. Nosotros diríamos que propone una camino procesual claro para construir el "auto".

Hemos observado, leyendo los trabajos del maestro y los comentarios de sus discípulos, que la línea de las acciones aparece como prioridad, pero Stanislavski todavía aconseja a sus actores preverla antes de ensayar. Es decir planificarla *a priori* de la experiencia práctica de los ensayos. Sin embargo, de la atenta lectura de los materiales a los que hemos tenido acceso, podemos advertir que también esto se va modificando pues sus observaciones sobre prever la acción transversal, o línea de acciones, no es la misma en 1928 durante los ensayos de *Los pródigos*, que diez años después con su trabajo sobre *Tartufo*.

A pesar que Stanislavski no lo expresa directamente trasmite, en el modo de trabajar con sus actores y en sus indicaciones, la necesidad de no prever demasiado qué hará el personaje antes de ensayar pues, cada vez más, va creciendo la importancia del oponente y sus acciones, cuestión que es mejor no anticipar. Vemos ese proceso gradual que se acentúa en los ensayos de *Las almas muertas* (1932) y se profundiza en los de *Tartufo* (1938)

Más allá de eso y de los condicionamientos que sufrió el material que elaboraron sus discípulos al respecto (no olvidemos que *Stanislavski en los ensayos. Los últimos años* fue escrito por Vasili O. Toporkov en épocas en donde el estalinismo estaba en su etapa de poder absoluto. Tal es así que el autor no se permite siquiera de nombrar a Meyerhold y hace referencia a sus puestas de un modo despectivo pues no coincidían con el credo del realismo socialista), creemos que el gran maestro ruso dejó bases metodológicas sobre las cuales reflexionar y que la muerte interrumpió, lamentablemente, sus nuevas investigaciones sobre el nuevo método.

Es por ello que nos permitimos, con el respeto debido pero sin renunciar a nuestra capacidad crítica, afirmar que la línea de las acciones no debe ser prevista por el actor antes de los ensayos o de las improvisaciones. Creemos, sí, que es inevitable que el actor prevea las primeras acciones a realizar como para comenzar el "partido", sus primeras tácticas para comenzar la batalla, pero que después, sin traicionar la finalidad de su personaje, debe estar abierto a encontrar acciones no previstas a partir de la oposición imprevisible y de las tácticas de las fuerzas que se le oponen.

Tal afirmación da carácter substancial a la técnica de la improvisación pues si no es así: ¿Qué se improvisa? ¿Sólo el texto? ¿O se busca aplicar un procedimiento técnico que, partiendo de la lucha por la obtención de determinados objetivos conflictivos, me permita *encontrar* acciones, reacciones y represiones del comportamiento, "aquí y ahora", no planificadas y por lo tanto momentos creativos que no se pueden prever?

Como el lector advertirá, vamos avanzando cada vez más hacia determinar la importancia fundamental que tiene la técnica de la improvisación como modo de hacer conociendo y de conocer haciendo.

Planificar con anticipación la línea de las acciones y provocar que cada actor trate de aplicarla a rajatabla sobre el escenario es propender a su aislamiento en escena pues en ese caso cada protagonista estaría aplicándolas por sí según el plan pre-establecido y la relación escénica real se convertiría en una apariencia. Serían dos vías de trenes que jamás se cruzan o se encuentran. Por otra parte no se trata, como dijimos, de hacer por hacer. No se trata de ejercer actividades, o sea, líneas de actividades "en sí".

Por ejemplo: imaginemos un personaje que trabaja de relojero y realiza su oficio en su taller. El actor planifica su línea de actividades (no de acciones, como veremos) proponiendo que primero observe el reloj a reparar, luego se coloque la lente-lupa en un ojo, luego apoye el reloj en su mesa de trabajo, luego tome una pequeña pinza, etc. Está muy bien que trate de ejecutar cada acción elemental con cuidado y en profundidad. Pero resulta que durante esta actividad entra otro personaje *para* cobrarle una deuda cuantiosa y lo hace con tal determinación que inevitablemente debería modificarlo. Si prosigue a "moverse" sin ser transformado por lo que hace el oponente, según lo planificado con anterioridad, el actor que personifica al relojero haría casualmente movimientos y no acciones pues las acciones construyen conflictos. A no ser que, "contaminado" ya por la acción transformadora del oponente que, por ejemplo, golpea la mesa de trabajo con fuerza para acaparar su atención, realice acciones de fuga para seguir trabajando y evadirse. En tal caso sí se trataría de la ejecución de acciones porque seguramente tendrían una finalidad (escapar), serían realizadas de un *modo* determinado ante la presión del adversario y por lo tanto podrían provocar en el acreedor nuevas acciones para cobrar su deuda. Por lo tanto potenciarían el conflicto y, en ese caso, si el acreedor *encuentra*, en el momento, en el "aquí y ahora" de la improvisación, la acción directa de tomarle un brazo, todo lo planificado por el relojero quedaría en la nada. ¡Menos mal! Porque ante tal situación el actor-relojero tendría la posibilidad de encontrar nuevas acciones para defender su objetivo que es no pagar.

El actor que debe personificar al relojero, desde que comienza la escena y se abre el telón hasta que entra su acreedor, realizaría acciones para reparar los relojes (y no actividades o movimientos) si, por ejemplo, opera sobre las circunstancias dadas. Puede considerar que el personaje sabe que es muy posible que hoy venga su acreedor a cobrarle la importante deuda y está pendiente de que se abra la puerta. En ese caso las acciones construirían un conflicto con el ambiente y, por lo tanto, la finalidad de hacer el trabajo con precisión se opondría a una fuerza que viene de afuera, que aún no vemos pero que existe. Por lo tanto estarían construyendo un conflicto por lo cual son acciones y no movimientos. El actor-relojero, en ese momento en particular, antes que entre en escena su oponente, podría exacerbar el conflicto sumando la *circunstancia dada* que tiene mucho trabajo atrasado y que sus clientes también lo presionan con lo cual es probable que veamos a un sujeto pleno de tensiones y conflictos (antes de que entre el acreedor) tratando de concentrarse en su trabajo pero sometido a fuerzas que se le oponen para hacerlo: el tiempo, la posibilidad que el otro entre, la cantidad enorme de relojes que aún no ha reparado, etc.

Muchas veces he recibido la pregunta sobre las acciones que, ya señaladas en el texto, funcionan como "bisagras", es decir que provocan inevitablemente un cambio en el desarrollo de la escena, que no se deben ni pueden evitar pues, de hacerlo, construiríamos otra obra. Por ejemplo, en la acotación dramática se expresa: *"(Dispara con el revólver. Lo hiere)"*. Es evidente que, a partir de ese momento, la escena cambia. Por supuesto que esa acción debe ser respetada. La cuestión es que la improvisación no debe realizarse en general, sino en particular entre "bisagra" y "bisagra", es decir, se trata primero de construir los "arroyuelos" que irán alimentando al "río" principal e irán hacia esa dirección y no en otra. De este modo los actores no están pensando en la secuencia total de la obra sino en un objetivo menor y concreto por el cual luchar que se consumará en una "bisagra" determinada a partir de la cual comenzará un nuevo objetivo que concluirá en otra "bisagra" y así sucesivamente.

Se trabajará, entonces, con la técnica de la improvisación pero no en general sino en fragmentos precisos y, sí, en este caso predeterminados entre "bisagra" y "bisagra".

Ahora bien, ¿Y qué acontece con aquellas escenas, como las que suelen existir en los primeros actos de Ibsen, por ejemplo, en donde el autor nos presenta diálogos aparentemente no conflictuales, en los cuales el autor coloca los antecedentes dramatúrgicos que luego se desarrollarán a partir de ese momento? ¿Cómo determinar, en este caso, líneas de acciones *a priori* si el conflicto no viene con claridad del texto? Muchas veces los actores proponen actividades-movimientos para "llenar" ese "qué hacer" en escena y evitar la parálisis de la mera acción verbal. Pero se trata de distracciones, de aproximaciones forzadas que no construyen ni ligan elementos de la situación. En definitiva, no proponen acciones (pues la acción necesariamente debe tener una finalidad transformadora) sino movimientos que podrían no estar o ser reemplazados por otros.

Será tarea del actor, además, crear conflictos si del texto éstos no surgen con claridad. Y, para lograrlos, deberá encontrar acciones – y su represión posible – en modo tal de generar el contexto y no de trabajar sobre el subtexto, tarea que se limita a la acción verbal.

Dice Stanislavski durante los ensayos de *Tartufo*: "Sentado era como un animal encerrado listo para saltar en cualquier instante. Espera el momento adecuado para saltar a la garganta del odiado enemigo" (Toporkov 128).

Con mucha justeza Serrano expresa que cada conversación en el teatro debe ser trabajada por el actor como si se tratara de un combate feroz. Provocativamente expresa que "Cada conversación debe ser como un acto sexual". Yo agrego que no consumado.

Es decir, serán los actores quienes deberán proponer la construcción de conflictos a través de sus acciones así no surjan de la lectura del texto – y, por supuesto, sin traicionar los súper-objetivos de sus personajes ni sus objetivos menores de las escenas particulares a construir.

Sabemos que un conflicto necesita del oponente. Este oponente puede estar en el otro, en el ambiente o en las propias contradicciones internas del personaje. O en todos ellos. Pero al menos en uno es imprescindible que exista. Allí encontrará el actor a la fuerza que se le opondrá y que quizás ni fue pensada por el autor de la obra pero que no contradice sus sentidos y, es más, lo enriquece. Por ello afirmamos que el teatro no debe ser un museo, que debemos apropiarnos de una obra, no para desvirtuarla sino para potenciarla. Será responsabilidad de los actores, cuando la lucha conflictual no emerge con claridad del texto, trabajar para construirla mediante las acciones, o de su represión, teniendo en cuenta las circunstancias dadas de la escena y respetándolas y, quizás, agregando otras no contradictorias con las evidentes y no evitables.

Concluyendo esta reflexión sobre la línea de las acciones proponemos que el actor no prevea qué hará su personaje durante los primeros ensayos, que trate de ejecutar sólo las primeras (no como movimientos o actividades) y que, después, abierto a lo imprevisible, esté dispuesto a encontrar nuevas acciones no planificadas. Como consecuencia de la acumulación del trabajo realizado durante la primera etapa de los ensayos, en donde la improvisación (organizada con pautas precisas, no en base a cuestiones generales o abstractas) ha jugado un rol fundamental, podemos reconstruir lo que sucedió y lo que hicimos, determinar cuáles acciones son más eficaces para potenciar los conflictos y cuales lo debilitan, o cuáles acercan o alejan a los personajes de sus objetivos, etc.

Es decir, creemos que es más eficaz "fijar" la línea de las acciones después de la construcción de la situación, después de haberla vivido, y no antes. Allí cobrará sentido la frase iluminante: "Comprender es reconstruir". En el teatro no podemos "comprender" *a priori*. ¿O es que sólo "comprendemos" pensando e imaginando cómo serán los acontecimientos? ¿O deduciéndolo de lo que dicen los personajes en el libreto? ¿Y lo que no dicen? Además de no ser críticos literarios, el trabajo de los actores, condicionados por los estilos teatrales que afrontan, es construir los conflictos vitalmente, aquí y ahora, para luego reflexionar sobre ellos. El teatro no es la vida. En el teatro el actor sabe que Hamlet muere al final de la obra pero Hamlet no lo sabe. ¿Cómo hacer para que el pensamiento del actor, que sabe qué sucede al final con su personaje, no se anticipe a ese momento y viva orgánicamente los precedentes?

Stanislavski observa: "Cuando los actores en estas escenas comienzan a decir: 'Aquí opondremos resistencia, aquí haremos esto o lo otro', la voluntad se debilita. No razonen, accionen. Entonces, ¿Cómo accionarán?" (Toporkov 119).

Suelo "provocar" a mis alumnos – apelando a la mejor medicina para la vida que es el humor – que prever la línea de las acciones antes de construir la situación haciéndola, sería como sentarme en una mesa con la persona que deseamos a planificar qué haremos en la cama durante el acto del amor:

-"Ahora yo haré esto y entonces vos responderás de tal manera"

-"Entonces en ese momento vos harás esto otro. Te acercarás dos centímetros y…"

-"Y ahí yo haré tal cosa".

-"Y yo…"

En fin…cuando llegue el momento deseado y de la entrega física hacia el otro – porque el amor es también el otro, no lo olvidemos – es muy probable que nuestro comportamiento devenga esquemático y condicionado por un plan a respetar y no por lo imprevisible – y bello – que suele suceder en ese intenso y pasional "aquí y ahora".

Distintos estadios de la acción

Podemos decir que el significado de la acción se va transformando en la medida en que el proceso de construcción de la situación se desarrolla.

Al comienzo de los ensayos o de las improvisaciones la acción debe tener un carácter eminentemente transformador pues su objetivo es modificar al otro, al ambiente o resolver la lucha interna. Importa, en este estadio de la acción, que esta transforme, que construya la relación conflictual. No importa si es sucia, poco estética y primitiva. La cuestión es que trate de ser efectiva pues ello provocará construir la escena sobre bases sólidas y verdaderas.

Consideramos totalmente inoportuno y contraproducente pedirle al actor que realice una acción con belleza al comienzo del trabajo pues, en ese caso, su preocupación será casualmente realizar la acción de un modo estilizado y bello y no el de transformar al oponente luchando por los objetivos de su personaje. El sólo hecho que el actor esté pensando en cómo hacer la acción con belleza lo aísla de la relación, que es lo más importante de construir, sobre todo, al comienzo de los ensayos.

Ya hemos argumentado que los personajes no tienen un pasado real, como las personas, y que es necesario construirlos "aquí y ahora", no pensando en "cómo son" (pues "no son, irán siendo" según cómo los construyamos), sino a través de la acción transformadora que construye no sólo al personaje de mi oponente sino también al mío, ya que los personajes son el resultado de una relación y no de un "ser" en aislamiento.

Una vez que se haya construido esta relación, una vez que se ha analizado activamente (mientras se la construye) a la situación y cuando llegue el momento en que el director de la obra comience a tener un rol más incisivo sobre el montaje pues ya es necesario trabajar sobre el objeto estético ("pintar el auto") y no el constructivo (armarlo), es cuando la acción debe pasar a un estadio simbólico, sémico, metafórico.

Es decir, debe devenir, como todo lo que existe sobre el escenario, en un símbolo. El teatro debería ser arte no artesanía, más allá de que un objeto artesanal pueda ser también bello pero no ha perdido totalmente su carácter utilitario así sea para adornar una pared.

El camino de la acción es del signo al símbolo, de lo cotidiano a lo maravilloso en la medida en que, como un diamante, posee variadas caras que brillan según desde sonde lo miremos. Suelo decir a mis alumnos que el círculo rojo que se enciende en un semáforo es un signo que nos indica que debemos detenernos. Pero que el círculo, en abstracto, es un símbolo que puede significar el infinito, la repetición, la perfección, etc. La acción ejecutada delante del público debe haber llegado al nivel simbólico como resultado de un proceso de trabajo. Muchos niños suelen dibujar o pintar hermosas imágenes tanto figurativas como abstractas pero no son aún artistas en la medida en que no han realizado el camino deconstructivo y, sobre ello, reconstructivo que llevó a Picasso a dibujar la paloma de la paz con pocos trazos. No se trata, en este caso, del dibujo de un niño. Se trata de la creación de un artista que, probablemente, apelando conscientemente o no – no lo sabemos – también a su infancia en cuanto estadio de un proceso acumulativo de experiencias llega a expresar con belleza una síntesis creativa de lo que ha vivido. Quizás para expresar lo que quisiera vivir. Pero esa paloma de Picasso, símbolo de la paz, no es un bello dibujo infantil. Es una obra de arte.

Un artista es un continuador-negador de lo existente. Por un lado ha acumulado técnicas y saberes que lo preceden históricamente (todavía ningún artista ha nacido de un repollo) y por el otro lado tiene el talento – apoyado por una técnica que él también ayuda a desarrollar en cuanto nueva – para negar esas técnicas, saberes y modos expresivos, que ya se conocían.

Es por eso que hay tan pocos artistas y tantas personas que ejercitan su oficio. Todas las personas tienen una relación estética con el mundo (pasible de ser "contaminada", claro, por los modelos estéticos dominantes) pero no todas tienen una relación artística con él.

Y para que el trabajo humano sea específicamente artístico - continuación-negación de lo anterior – debe haber crítica porque no puedo negar lo que no conozco ni cuestiono. Al criticar puedo negar. Si no es así, niego solo por negar, por el solo hecho de destruir, por el solo placer de oponerme pero no sé qué quiero con ese negar, con ese oponerme. Es por eso tan importante que, en el método de las acciones físicas, ambas fuerzas en lucha tengan un objetivo contrapuesto a conseguir. Y que sea consciente. Que cada fuerza luche por la finalidad de vencer, al menos, para sobrevivir. Al destruir criticando puedo construir. Al vaciar puedo llenar el recipiente pero tengo que saber, al menos como "intuición", que con algo llenaré el vaso vaciado. Si no… ¿Qué sentido tiene la existencia de ese vaso? ¿Para qué peleamos por él?

La antítesis es una propuesta negadora, cuestionadora, de la tesis. Pero es, también, una propuesta. Si para protestar arrojo una piedra hacia cualquier lado, sin dirección, reacciono por un "por qué", por una causa que me provoca tal reacción. Pero no sé hacia dónde va esa piedra, no sé qué va a provocar en relación a las causas que me llevaron a tirarla, porque no me he preguntado "para qué" arrojo esa piedra, con qué objetivo. Desahogo mi furia pero no he dirigido la acción con una finalidad que, será eficaz o no, veremos, pero que tiene un objetivo a conseguir. Y ese objetivo es consciente. Sé qué quiero provocar. Tal vez sea lo que diferencia a un rebelde de un revolucionario.

El arte, para decirlo en pocas palabras, es la expresión más elevada de la estética.

La acción metafórica, simbólica, sémica – uso estos términos como sinónimos – es un punto de llegada. No de partida, como fundamentamos. ¿Para qué "pintar el auto" antes de construirlo? Claro que puedo hacerlo, por supuesto que cuidando de no raspar la pintura durante el ajetreo constructivo, pero quizás si espero a terminar de construirlo para después pintarlo puedo apreciar en qué lugar el color se potencia más y en cuál otro, no sin antes probar que todas sus partes funcionan en un todo coordinado. Si ello no es así, deberé desarmar lo que no funciona y rehacer al menos una parte del trabajo. Creo que si pinto los elementos del auto antes de armarlo lo más probable es que deba repintarlo una vez que le he ensamblado.

En mis clases apelo a un ejemplo de acción simbólica que vi en una película de Andrei Wajda, *Danton*, sobre el célebre personaje de la Revolución Francesa. Es posible que el relato que haga esté contaminado por mi propia imaginación – es un film de los años 80, si no recuerdo mal – y que yo agregue ahora detalles cosechados en mi propia imaginación. Pero no estaría mal ya que hablaría muy bien de la película referida, pues significa que ha motivado en alguien imágenes que han resistido el paso de los años y que, además, se han reproducido. De todos modos, la situación, las circunstancias dadas, de la película que me sirve como ejemplo, son las siguientes: Danton y Robespierre, los revolucionarios franceses, al parecer poseían personalidades muy diversas. También así se los muestra en el film. Danton es representado como un hombre voluptuoso, un gran orador, un seductor, una persona a la que le gustan los placeres de la vida, comer, beber, copular, etc. Robespierre parece haber sido lo contrario: no bebe, no fuma, come poco, no se relacionaba frecuentemente con mujeres. Es una máquina de militar políticamente. Toda su energía está dirigida a ello. Danton y Robespierre fueron amigos. Ambos conocen a sus familias, ambos han luchado para derribar a la monarquía. Pero el film comienza con la naciente lucha entre las fracciones políticas de ambos una vez conquistado el poder. Robespierre ha ordenado a sus seguidores incendiar una imprenta de la fracción de Danton. Este sabe desde donde proviene el ataque, conoce bien a Robespierre y no le es ajena su determinación y tenacidad. Para negociar, o para neutralizar a su adversario, Danton organiza una cena íntima para hablar con su nuevo enemigo. Sólo ellos participarán de la misma. Y hace preparar, aunque sabiendo las características personales de Robespierre, una cena pantagruélica acompañada de excelentes vinos. Robespierre llega a la cita y es saludado efusivamente por Danton. Es invitado a sentarse con gentileza y "afecto". Robespierre se limita a responder y a observar a su adversario. Danton no va al grano directamente, pregunta a su oponente por su familia, hace comentarios nimios. Robespierre responde lo indispensable porque quiere hablar de los motivos, que él sabe, provocan la reunión. En un momento, Danton toma una botella y vierte el vino prácticamente hasta el borde de la copa de su rival. Sabe que Robespierre es abstemio. Luego de hacerlo permanece en silencio y lo mira fijamente. Robespierre sostiene la mirada, luego baja sus fríos ojos claros hacia la copa repleta y vuelve a mirar a su rival. Después levanta la copa y bebe su contenido de un sorbo. Luego apoya la copa vacía en la mesa y dice a Danton: "Bien. Ahora hablemos de política". ¿Qué significa esta acción? ¿Se trata sólo de acciones cotidianas como la de servir y beber una copa de vino? ¿Se trata de una "acción" ejecutada para "hacer algo" durante la escena? Obviamente que no. Son acciones que, al menos para mí, están cargadas de belleza en la medida en que significan, reverberan significados. Para mí esas acciones significan un desafío en el cual el desafiado es capaz de vencer a su rival en un campo de juego hostil y con las propias armas del desafiante. Tal es así que al poco tiempo Robespierre logra que le corten la cabeza a Danton.

Como vemos en el ejemplo – traído aquí por mi memoria enriquecida por lo que la escena me provocó -, esta acción ha superado su estadio de signo, de uso limitado a un objetivo concreto (detenerse ante un semáforo en rojo), ha ido más allá, ha significado otras cosas más abstractas y generales que nos hacen reflexionar sobre temáticas más abarcadoras, y se ha convertido en símbolo.

Stanislavski repetía: "De las pequeñas cosas a la grandes cosas". Es necesario, al comienzo de los ensayos, tener la grandeza de estar a la altura de las pequeñas cosas. Ese es el camino al que adherimos. Una acción puede ser "pequeña" pero puede lograr, si es producto de un momento creativo, llevarnos a grandes cosas que la exceden y la superan y, a la vez, la contienen. Sin esa acción concreta, "pequeña", de relación, no podemos llegar a la abstracción, a la producción de sentidos. El "juego" entre lo pequeño y lo grande en el arte no es de poco valor. El universo, sabemos, puede estar contenido en una gota de lluvia.

Si pedimos a un actor que cree por voluntad, no creará nunca. Lo más probable es que deba recurrir a cosas ya vistas y transitadas. Debemos generar, poner en juego, elementos técnicos concretos – para nada fríos o mecánicos, todo lo contrario – mediante los cuales y a través de su aplicación procesal correcta nos permitan, con mayor facilidad, encontrar un momento creativo. Por supuesto que tal momento se encontrará trabajando, no pensando acostados en una torre de marfil y angustiados porque "somos artistas y tenemos que ser creativos".

Resumiendo: el recorrido propuesto al actor en ejercicio de la acción durante el proceso de trabajo, al menos en los estilos teatrales cercanos al drama burgués, es el siguiente: a) acción transformadora y primitiva, b) represión de la acción a través de la suma de conflictos y de fuerzas opositoras provenientes del otro, de las circunstancias dadas y de la lucha interna c) evaluación intelectual de las acciones encontradas durante el proceso de improvisación d) elección de las acciones que, sin dejar de ser transformadoras, signifiquen, sean las más metafóricas y bellas, tarea en donde el director tendrá un rol prioritario pues ve desde afuera el objeto ya devenido estético.

Sobre los conflictos

El conflicto es el "pan" del actor. Usando una metáfora poco bella podemos decir que las acciones son sus "dientes". Sin el "pan" del conflicto el actor no se alimenta, no sobrevive, muere. Y con él muere el teatro. El actor es quien construye el conflicto a través de actos concretos – y de la represión de los mismos – en el aquí y ahora de la vida escénica.

El dramaturgo ha imaginado una historia y una trama. Si ella es conflictual, en la medida en que ha escrito situaciones en las cuales hay lucha de intereses, es muy probable que su texto, desde el momento de la lectura, ya capture el interés del lector y futuro actor o espectador.

Pero será en escena, en el "ring", en donde esa palabra deviene acto, vida, carne, pasión, etc. Allí, a través del trabajo de los actores, es donde aquello que el dramaturgo ha escrito se consuma, se completa. Sin ese aporte indispensable del trabajo actoral no hay teatralidad posible. Los conflictos imaginados y escritos por el dramaturgo pueden ser muy interesantes en el papel pero si no se construyen orgánicamente sobre el escenario, sea en el *estilo* que sea, no tendrán mucho interés para el espectador. Es que el actor es quien da vida – durante el tiempo de representación del hecho teatral, ni antes ni después – a los personajes que, hasta ese momento, eran abstracciones y cuyas expresiones verbales están escritas en un texto teatral que no es otra cosa que un objeto literario que eventualmente se convertirá en un objeto teatral.

Tenemos una tendencia abstracta cuando tratamos de definir al conflicto. Tendemos a decir, por ejemplo, que el conflicto de Edipo es no conocer que su esposa es también su madre, o que Hamlet duda en consumar su venganza por el asesinato de su padre. Pero son aproximaciones generales. Tienen más que ver con una descripción literaria del texto teatral. Al actor le sirven para comprender qué pasa en la trama de la obra, pero nada más.

Se impone una definición técnica del conflicto. Para Serrano el conflicto es, concretamente, un enfrentamiento entre fuerzas que se oponen. Coincidimos totalmente con esa definición. En un polo hay una fuerza que tiene una finalidad que se enfrenta a la finalidad que tiene el polo opuesto. Por ello nace la lucha. No es una definición limitada a ser aplicada sólo al drama o a la tragedia, pues esa lucha entre finalidades enfrentadas sucede también en la farsa o en la comedia y nos hace reír.

Sin esa lucha no hay interés en el teatro. Tal enfrentamiento puede ser también entre razones opuestas, un "duelo" de abogados que esgrimen razones enfrentadas, por ejemplo. Goethe dijo muy bien: "Una buena obra de teatro es aquella en los que todos tienen razón". Quiero decir, que el conflicto, como concepto técnico, no se limita a la acción física. En el ejemplo citado, la acción física tiene poco espacio para expandirse. Los actores usarán, en ese caso, prioritariamente acciones verbales y, ¡quién lo sabe!, tal vez acciones físicas de fuga y sublimadas. Pero el conflicto debe crearse según las circunstancias dadas de la escena y en relación dialéctica con esta.

Esto nos lleva a afianzar lo que sostuvimos antes de que, para que la escena conflictual sea interesante, las fuerzas en lucha deben ser equivalentes y, agrego ahora, *competentes* para la lucha. Pusimos ejemplos deportivos para tratar de trasmitir la idea.

Si Mike Tyson se enfrenta con un oponente enfermo, de 55 kilos y que no sabe boxear, es muy probable que la pelea carezca de mayor interés salvo el morboso de algún sado-masoquista. Si, en cambio, lo hace contra un eximio boxeador preparado y tan potente como él, seguramente el match tendrá un gran interés. Algo parecido sucederá si se enfrentan dos excelentes boxeadores de peso ligero magníficamente entrenados.

Ahora bien, si se enfrentaran dos enfermos, muy débiles y sin conocimientos boxísticos es posible que tampoco, a pesar de la paridad de fuerzas, la pelea concite el interés general pues lo que se espera es entretenerse observando la lucha de dos fuerzas competentes y potentes, no sólo equivalentes.

Lo que me une al oponente es, casualmente, el conflicto. Hay un "hilo" invisible que debe unir a los actores -o a éste con el ambiente o con las fuerzas que combaten en su interior – durante toda la escena. Este "hilo" jamás debe romperse pues es el que genera la relación constante entre los actores, provoca la concentración y genera interés.

Imaginemos dos jugadores de ping-pong que están por comenzar a jugar. Vemos sus cuerpos en tensión, atentos, con las piernas semi-plegadas para reaccionar con rapidez. El juego comienza. Ambos cuerpos accionan como un todo, no es que sólo intervienen los brazos y las manos. Observamos y sentimos un compromiso orgánico, total, del jugador en el partido. Están unidos por el juego conflictual. Si uno de ellos rompe ese "hilo" y se aísla para pensar en su pasado, por ejemplo, tal relación se interrumpirá y es muy posible que el adversario se imponga. Pero, más allá de eso, en ese "fotograma" del aislamiento de uno de los jugadores, veremos que la tensión cae, disminuye, comenzamos a pensar que es más probable que quien sigue "enchufado" ganará. Podría suceder que ambos corten el hilo y jueguen "de taquito", mirando a la platea o pensando en otra cosa que no se el juego. En este caso, estamos seguros que también la tensión caerá.

Recapitulando, los actores comienzan a elaborar un conflicto inicial, el que se juzgue más importante para construir la escena. Y luchan por él con determinación, con *"coraje"* señala el último Stanislavski (*Tartufo* 1938) cuando expresa:

> Cuando el actor teme en mostrar su propia voluntad, cuando no quiere crear, entonces comienzan las disquisiciones. Es como un caballo que no se mueve porque no tiene fuerzas para arrastrar la carga. Para accionar con coraje no es necesaria tanta disquisición. Es necesario alimentar el interés por accionar. Quiero accionar y acciono con audacia. La acción depende de la voluntad, de la intuición, el razonamiento depende del cerebro, de la cabeza. (Toporkov 110)

Sobre la actitud del actor, el gran maestro ruso expresa durante los ensayos de *Tartufo*: "El actor debe tener esa cualidad que yo llamo ser caradura. ¿Por qué sería difícil? Es necesario sólo coraje" (Toporkov 122)

Señala también Stanislavski la necesidad de elaborar una hipótesis de conflicto antes de comenzar a ensayar cuando expresa: "Antes de comenzar a trabajar es necesario saber qué se quiere obtener" (Toporkov 77)

Esta preocupación por la construcción del conflicto y por la paridad de fuerzas en lucha, se expresa ya en 1932, durante los ensayos de *Las almas muertas* cuando Stanislavski trasmite, a través de su director ayudante Kedrov, a los actores:

> No se puede actuar en general. En la escena de Chichikov y Malinov (personajes de la obra. N. del A.), se debe encontrar un lenguaje teatral comprensible, el lenguaje de las acciones. Chichikov tiene un objetivo bien preciso: convencer a Malinov a venderle las almas muertas. Para permitir a los espectadores seguir la lógica de sus acciones, que es lo más interesante, es necesario que Chichikov encuentre obstáculos para superar. Estos obstáculos surgen de la lógica de las acciones de la otra persona: Manilov, en efecto. Pero para comprenderla es necesario saber qué quiere Malinov. Es imposible, de todos modos, buscar en abstracto estas aspiraciones. (Toporkov 72)

Es Stanislavski quien afirma más adelante y sobre la misma escena:

> ¿Qué están haciendo? ¿Dónde están las acciones y las reacciones? El objetivo de Chichikov es claro, ahora es necesario oponerle obstáculos. Es necesario que todo lo que haga Malinov haga más difícil alcanzar el objetivo de Chichikov. (Torpokov 73)

Y en los ensayos de *Tartufo*, reflexionando sobre la construcción del conflicto expresa: "Tartufo es un peligroso estafador. Y es peligroso por el hecho de ser capaz de engañar a personas para nada estúpidas" (Toporkov 121)

El gran maestro ruso no podía conocer a Mike Tyson pero creemos que sabía que la lucha entre dos fuerzas potentes hacía interesante el teatro.

La nueva propuesta metodológica de Stanislavski es clara y nada tiene que ver con el ensimismamiento y la memoria emotiva. La construcción del conflicto es producto de la acción física concreta y no del pensamiento *a priori*. Tal aplicación conflictual de la acción provocará un tipo de compromiso orgánico y, eventualmente, de la emoción que aparecerá allí, que será de índole específicamente teatral, producida "aquí y ahora" para y por el teatro y no "importada" de los avatares personales de la vida de cada actor.

Poco a poco, a medida que avanzan los ensayos, comenzaremos a sumar conflictos pues cuanto más problemas, más oposiciones, posea un personaje más interesante será su trabajo. Tal sumatoria de conflictos (con el ambiente y las circunstancias dadas, por ejemplo, o interiores, según lo amerite la escena en tanto y en cuanto vayamos convirtiéndola en cada vez más conflictiva, pues no hay una escena arquetípica que exista *a priori*) provocará, seguramente, la represión del comportamiento del personaje y, por lo tanto, una conducta más sutil, más contradictoria.

Tal vez en la escena que mostramos al público el personaje no se mueve de la silla pero está atravesado por tantas fuerzas conflictuales (con los otros personajes, con el ambiente y con sí mismo) que su cuerpo vive una tensión conflictual enorme tironeado desde diferentes sectores. Imaginemos un cuerpo inmóvil que vibra pues de un lado sufre una presión, del lado opuesto otra, del costado otra más y de atrás aún otra todavía. Ahora bien, ese estado de inmovilidad conflictual debe ser un punto de llegada y no de partida, según pensamos y la experiencia nos lo ha demostrado.

Se puede reprimir, en el teatro, lo que ya se ha sentido o deseado. Quizás en la vida sea diferente pues en ella solemos actuar en un ambiente pre-existente cargado de modelos y circunstancias dadas incorporadas por la cultura y el modo de ser "civilizado" (que es particular e histórico, no esencialista) y la represión funciona muchas veces sin que nos demos cuenta. Pero en el teatro no hay una vida real pre-existente en los personajes. Hay circunstancias dadas ficcionales que, a través de las acciones concretas de los actores, de su trabajo específico, cobrarán vida. Son los actores los que construyen ese pasado ficcional y a los personajes pues ambos conceptos (pasado ficcional y personaje) no existen hasta que el actor no acciona por construirlos.

Bertolt Brecht, según lo que me narraron actores, directores y escenógrafos que con él habían trabajado en la última fase de su vida, me dijeron, en 1988, que éste les proponía a los actores ensayar primero la escena con lo que los personajes deseaban y que sí se concretaba (aunque sucediera a la inversa en el texto) y luego, una vez asimilado este querer concretado, proponía realizar la escena como estaba escrita. De tal modo el actor podía comprender qué quería su personaje – y entonces podía reprimir - pues lo había experimentado en la práctica con lo cual, decimos nosotros, en el teatro es más eficaz reprimir lo que se ha vivido pues se lo conoce. Ello, nos parece, es más concreto y eficaz para reprimir lo que sólo se ha imaginado.

Serrano identifica tres tipos de conflictos: 1) conflicto entre personajes, 2) conflictos internos y 3) conflicto con el ambiente o entorno. Los comentemos brevemente:

Los conflictos entre personajes acontecen cuando la lucha se establece entre sujetos de la acción teatral. Es decir, entre personajes. Uno quiere alcanzar un objetivo y su oponente defiende un objetivo contrapuesto. Tal conflicto puede darse entre uno contra más personajes, o entre varios personajes enfrentados, entre grupos de personajes, etc.

Son conflictos "fáciles" de organizar pues el oponente aparece físicamente. Está allí, a dos metros de mí. Sé que quiero yo y sé que quiere él. Luchamos, cada uno con sus tácticas y sus estrategias, hasta alcanzar la "bisagra" que nos hemos propuesto y que viene de la organización planificada de la improvisación. Luego nos detenemos, reflexionamos sobre lo que ha sucedido y volvemos a encarar la escena quizás con tácticas diferentes – sin hacérselo saber a mi oponente, claro – pero conservado los objetivos fijados, a no ser que ensayando nos demos cuenta que, en verdad, no era ese el objetivo que, como un arroyo, me lleva al súper-objetivo general sino que me aleja de él. En tal caso, será necesario reformular el objetivo concreto que tiene mi personaje en la escena. Puede suceder que luego de haber avanzado bastante en el trabajo de construcción "bisagra" a "bisagra", nos demos cuenta que, en verdad, hemos errado en adjudicarle un súper-objetivo determinado al personaje. Quizás hemos encontrado que podemos construir otro más eficaz para potenciar el conflicto general de la obra. (Suele suceder muy seguido con Chejov)

En tal caso es necesario volver atrás. El trabajo del actor debería poseer la misma humildad con la que trabaja un albañil con la diferencia de que el albañil construye con un plan preciso diseñado por un arquitecto – o por él mismo – en donde se ha planificado cada centímetro y, salvo oposiciones del material – que también se pueden prever en un 90 % - , el trabajo procede según los planos.

El actor no trabaja con ladrillos sino con personas – con todo lo que ello implica – y deben construir personajes contradictorios y situaciones que no se pueden planificar *a priori*, ni siquiera definir los sentimientos con palabras. Un albañil sabe que está construyendo un edificio de ocho pisos. Un actor no sabe qué es la timidez. No puede definirla. Las palabras no le sirven. Le sirve sólo una vivencia concreta construida sobre el escenario y que sólo existe allí, con ese colega concreto pues si se cambia el colega es probable que sienta cosas similares, pero no iguales.

Bien lo señala Stanislavski durante los ensayos de *Las almas muertas* en 1932:

> No es posible interpretar la estupidez en sí y por sí, es necesario subrayar la estéril actividad de la Korobocka (un personaje de la obra. N. del A.) y de su fijación en resolver complicaciones que no existen para construir con claridad su estupidez. (Toporkov 91)

En cuanto a los conflictos internos acontecen cuando la lucha entre finalidades contrapuestas se desarrolla en el interior del personaje. Una "parte" de él quiere una cosa, otra "parte" desea lo opuesto. El sujeto se encuentra presionado por fuerzas antagónicas que son equivalentes y, ambas, posibles. Dos Mike Tyson combaten en su interior. Imaginemos una balanza equilibrada en la que, cuando un peso comienza a prevalecer sobre el otro, éste "sube" y tiende a equilibrar el contrapeso. Y así sucesivamente.

El conflicto interno no se construye investigando en una posibilidad primero y luego en otra, es decir, "caminando por una calle" y luego por la otra entre las dos opciones conflictuales que el sujeto posee, sino que existe en la duda en cuál de ellas elegir. Es el momento de la duda: "¿Camino por esta o por esta otra?". Aún no he elegido. Cuando parece que he tomado una decisión, inmediatamente comienza a surgir la importancia de lo que no elegí. Entonces esa "balanza" está en un equilibrio inestable todo el tiempo que dura el conflicto interno.

Tal lucha puede ser entre opciones que parecen simples, como por ejemplo: "salgo o me quedo", "me levanto de la silla o no", "bebo o no bebo", etc. o pueden ser grandes dilemas de conciencia: "Traiciono o no", "Confieso lo que siento o no", "Reacciono o no", etc.

Sucede que las "grandes cosas" se construyen a partir de las pequeñas, como nos enseña Stanislavski y, entonces, salir o quedarse puede ser un conflicto interno que lleva a una decisión de traicionar o no, por ejemplo. La contradicción entre lo que mi instinto desea y la represión del tal conducta, dictada por las circunstancias dadas del comportamiento social, suelen ser los conflictos internos que nos sirven para investigar y construir, en la práctica activa, la "base de verdad" de mi personaje. En mi hacer práctico he trabajado con mis alumnos en tres tipos diversos de conflictos internos que aparecen esbozados en los trabajos editados de Serrano. Ellos son: a) conflicto interno simple, b) conflicto interno dinámico, c) conflicto interno complejo.

El conflicto interno simple sucede cuando el sujeto se encuentra detenido frente a dos opciones equivalentes. Es el caso de "¿Camino por esta calle o por esta otra?". El sujeto no está caminando, está parado en una esquina y no sabe cuál calle elegir. Está sentado y no sabe si levantarse o no. Está en pie y no sabe si caminar hacia la puerta para irse o no. La característica principal de este tipo de conflicto interno es que el sujeto está en una situación de inmovilidad activa frente a las fuerzas internas que lo presionan.

El conflicto interno dinámico se caracteriza porque el sujeto se encuentra luchando por un objetivo diferente al conflicto interno que debe construir y, durante la acción para alcanzar este objetivo, se introduce el conflicto interno. A diferencia del anterior, el sujeto no parte detenido frente a dos opciones equivalentes sino que está accionando y es durante la ejecución de esa acción que aparece la conflictividad interna. Es decir comienza la escena ya haciendo algo y durante esa lucha por otro objetivo, "entra" el conflicto interno. Retomando el ejemplo del caminar por una calle, hagamos de cuenta que el sujeto ya ha decidido por una de ellas, está caminando y aparece la posibilidad de continuar a hacerlo o entrar en un museo. La lucha es entre dejar de hacer lo que ya estaba haciendo – no estoy detenido – y hacer algo que se introduce durante la acción, o no.

El conflicto interno complejo suele ser el más complicado de construir debido al hecho que se trata de opciones que poseen un alto grado de abstracción pues suelen ser dudas éticas o de consciencia. Suele tratarse de luchas internas en donde el alumno posee menos posibilidades de ejercer acciones directas para, luego, poder reprimirlas, con lo cual se parte de una situación que puede aparecerle como abstracta.

El conflicto interno complejo se presenta cuando el personaje necesariamente debe luchar para no hacer lo que fervientemente desea hacer. Las motivaciones de esta lucha contra el propio deseo suelen encontrarse en las circunstancias dadas de la escena.

Sin dudas el conflicto interno complejo nos lleva, inevitablemente, a la represión de las acciones directas, a la ejecución de acciones de fuga (conscientes) y a la aparición de acciones sublimadas (inconscientes)

Creemos que es mejor dejar que el conflicto interno complejo se construya luego de la tentativa de alcanzar el objetivo deseado fervientemente por el personaje. En esto seguimos a Brecht y a su modo de improvisar concretando primero lo que los personajes deseaban para después reprimir, si la escena escrita así lo requiere. Es interesante la propuesta pues si el actor reprime algo que aún no conoce, se coloca frente a una "atadura" anticipada cuyas causas debe encontrar sólo en su imaginación y no en el "aquí y ahora" de la improvisación.

Los conflictos con el entorno, o ambiente, nos hacen reflexionar sobre las características y composición de este. Toda escena se desarrolla en un espacio físico determinado y esta condición, en gran medida, la determina. No es lo mismo que dos personajes litiguen en el interior de su casa a que lo hagan en un bar. Pero el ambiente no es sólo el espacio físico en donde se desarrolla la escena. A esta materialidad espacial debe sumársele las circunstancias dadas. Estas son las situaciones ficcionales que, sea que provengan de "afuera" del espacio físico o de los hechos del pasado de los personajes o del "interior" de la relación entre los sujetos (su condición social, por ejemplo), condicionan su comportamiento. El ambiente, entonces, podemos definirlo siguiendo a Serrano, es el espacio físico en donde acontece la acción más las circunstancias dadas.

El ambiente posee dos elementos que lo componen. Uno material, físico y tangible. Otro ficcional, intangible, que sólo podremos observar en el comportamiento de los personajes y que tiene que ver con las circunstancias dadas.

La materialidad del ambiente tiene mucho que ver con el estilo teatral que se desea construir. Es sabido que en el teatro isabelino el actor operaba en un espacio vacío que poseía un alto grado de convencionalidad. Las escenas de calle o de exterior se realizaban en el proscenio, las de interior en la parte posterior del escenario, las de alcoba en el palco que se levantaba sobre el fondo del espacio escénico, etc. Al realizarse las funciones con luz solar, pues se trataba de edificios teatrales al aire libre y aún no existía la energía eléctrica, el hecho de colocar paños negros sobre el fondo del escenario significaba la noche. Un sirviente vestido de verde podía significar el bosque, otro con un enorme mazo de llaves, un carcelero, etc. Pero lo más interesante, en este caso, es que los actores eran quienes, a través de la palabra usada como imagen poética, describían el espacio en donde se encontraban los personajes para ubicar a los espectadores. Como observamos en algunas obras de Shakespeare, en una suerte de anticipo del lenguaje cinematográfico, se realizaban "saltos" en el espacio y en el tiempo de la acción teatral. La escena de Hamlet, cuando a va encontrar al fantasma de su padre en la terraza del castillo al comienzo de la obra, comienza a las doce de la noche. Sin embargo, los personajes expresan, al poco tiempo de haberse encontrado, que el alba está llegando. Es decir que la acción verbal emitida por el actor encarnando a un personaje construía espacialidad y temporalidad.

Por ello repetimos que debemos hablar de "técnicas" y no de "técnica". La metodología stanislavskiana nació condicionada por el estilo de vanguardia de la época: el naturalismo y el realismo, que intentaban reproducir, con mayor o menor precisión, el ambiente físico teatral muy semejante al de la realidad.

No olvidemos los consejos del maestro ruso antes de empezar las improvisaciones (los "etjud", estudios) sobre la colocación de la mayor cantidad de objetos reales que podían ser necesarios para el trabajo de los actores. Y estaba en lo correcto pues de lo que se trataba era de construir estilísticamente, en ese caso, es una situación similar a la real.

Hemos afirmado que los hechos históricos que se produjeron en Rusia con la Revolución de Octubre produjeron profundos debates en cuanto al uso de estilos teatrales alejados del realismo–naturalismo y que la crítica de los discípulos más creativos de Stanislavski, como Vagtangov y Meyerhold (quienes buscaban expresarse artísticamente de otra forma), llevó al maestro ruso a poner en discusión el primer método de la memoria emotiva y a encaminar sus investigaciones hacia la elaboración de un procedimiento más objetivo para el trabajo del actor, tal el método de las acciones físicas. Sin embargo, el predominio y la consolidación del estalinismo como fenómeno político reaccionario en la URSS, influyó sobre el teatro de la época al instaurar como único arte posible para "la nueva sociedad" al realismo socialista. La obligación de reproducir la realidad "en cambio", "tal cual es" y de colocar "héroes positivos que ayudaran a la construcción del socialismo" condicionó tanto a dramaturgos, como directores y actores. La mirada artística se redujo a un solo estilo pautado por el poder burocrático, fenómeno que no finalizó con la muerte de Stalin, en 1953, sino que prosiguió prácticamente hasta la desaparición de la URSS en 1991 pues el estalinismo, como forma dogmática de pensamiento, continúa hasta nuestros días.

Los trabajos de registro y reflexión de muchos discípulos de Stanislavski, incluso escritos luego de 1953, reflejan esta posición de acatamiento al "estilo único del realismo socialista". Observamos una actitud dogmática en cuanto al abordaje de estilos teatrales diferentes al realismo socialista, como lo son las obras de Shakespeare o de Moliere, con una técnica que más se presta para construcción realista que para el estilo requerido. Es decir, se produce una reducción, una adaptación de otros estilos teatrales al estilo único, con lo cual todas las expresiones teatrales son "cortadas por la misma tijera". Lo mismo ocurre con las técnicas. Se reducen a una sola y son algunos epígonos del maestro ruso quienes coagulan, como "buenos sacerdotes y no profetas", sus descubrimientos revolucionarios en la técnica de la actuación. Tal reducción estilística y técnica también influyó sobre el espacio escénico. Los actores de la época operaron, fundamentalmente, sobre un espacio realista.

Nosotros pensamos que el aporte último del gran maestro ruso produce una revolución enorme en el trabajo actoral y que, su utilización, no se limita al realismo. Podemos construir farsas, por ejemplo, con ella, y adaptando las fases de construcción estructural, también podemos proponer abordar otros estilos como el del teatro isabelino, por ejemplo. Es la herramienta la que se debe adaptar al mármol y no al revés. Y, a su vez, es la herramienta adecuada la que construye la estatua modificando al mármol.

Muchos, que se dicen continuadores del maestro ruso, aún hoy, piensan en modo unilateral y, aunque declarándose próximos al pensamiento materialista dialéctico, no saben aplicarlo. El estalinismo, como forma dogmática y a-dialéctica de pensar no ha desaparecido con la caída de la URSS aunque, afortunadamente, se ha debilitado.

Creemos que se impone una mirada no dogmática sobre el trabajo del actor y la utilización de técnicas diversas a usar según las circunstancias. No se trata de buscar la "verdad revelada". No existe. Se trata de elaborar, a partir de la crítica a lo ya existente, nuevos procedimientos técnicos que pueden tener como base, o no, el método de las acciones físicas.

En los trabajos posteriores a la muerte de Stanislavski, elaborados por algunos de sus discípulos, observamos que se trata de unir al primer método de la memoria emotiva con el método de las acciones físicas, como si se tratara de una continuación. ¡No sea cosa que se ponga en discusión la "coherencia del gran padre"! Nosotros coincidimos con Serrano en que se trata de un corte radical al partir de cual se abren nuevas puertas metodológicas. La sumisión a-crítica y dogmática a un líder, a un partido, a una doctrina, a un autor (vemos con cuánta preocupación los directores - no enviados a Siberia o asesinados - que trabajaron en la época del estalinismo tratan de respetar el "espíritu" del autor, a su vez aceptado por el poder burocrático, o "succionado" y apropiado por él en caso de dramaturgos anteriores), no hace otra cosa que anquilosar el desarrollo del pensamiento y de la investigación de nuevas técnicas para abordar nuevas y diferentes cuestiones.

En este contexto podemos preguntarnos por la elección de *Tartufo* en el repertorio del Teatro de Arte casi contemporáneamente a las grandes purgas estalinianas de 1936- 1938 en donde el poder burocrático, mediante una farsa judicial, trataba de demostrar la "hipocresía" de los dirigentes que habían hecho la revolución. El mismo Stanislavski no podía, como cualquier artista, dejar de estar influenciado por la presión directa o indirecta del poder burocrático.

No es que afirmamos que se debe descartar el uso de la memoria emotiva. No. El actor debe estar preparado técnicamente para aplicar uno u otro procedimiento pero no podemos sumarnos a la confusión metodológica que trata, forzadamente, de hacer coincidir a un momento con otro. Y esta situación, creemos, hasta supera la voluntad del mismo maestro ruso que, ni en un caso ni en el otro, dejó una sistematización técnica pulida y precisa. Dejó principios importantísimos, ineludibles para el actor contemporáneo, en tanto y en cuanto sepa usarlos en forma crítica y no dogmática.

Volviendo al ambiente o entorno podemos decir, más allá de la construcción escenográfica, que son las acciones físicas la que lo construyen y significan. Una puerta que no se usa durante toda la obra es olvidada por el espectador, a no ser que haya una continua referencia a ella como una valla intrigante que esconde algo, por ejemplo. Un sofá que no se utiliza pierde sentido en el escenario y pasa a ser un elemento decorativo *en sí*. Son los actores quienes construyen al sofá sentándose o a la puerta, abriéndola. Y también son los actores, a través de sus acciones o de la represión de las mismas, quienes construyen la parte ficcional del ambiente, o sea las circunstancias dadas, ya que abro la puerta para ver si llegan mis enemigos, o para llegar a horario a una cita, o para lo que sea. Abrir la puerta debe tener, para el actor, una finalidad transformadora deseada por su personaje.

El pasaje que va del actor a la construcción del personaje

El punto de partida que tenemos para construir una escena teatral no puede ser otro que aquella persona de carne y hueso que ejerce la profesión de actor. Pero ese es el punto de partida pues su trabajo concretado, o sea su punto de llegada, durante el lapso que representa a un personaje sobre un escenario, es el de, precisamente, haber construido algo que ya no es él, aunque él se encuentre detrás de esa máscara. Se trata, entonces de una persona concreta, el actor, quien en un proceso específico de trabajo humano, construye un personaje – fruto de la relación entre los elementos de la situación en la que él mismo está inmerso y del trabajo de sus colegas – en el cual "objetiva" su sensibilidad en el mundo. Al luchar por transformar la realidad que se le opone, se construye a sí mismo. En este caso, construye su personaje.

Tal objetivación debe consistir en el ejercicio libre y completo de su libertad y de su voluntad como ser humano. La construcción de la situación teatral en su totalidad y la del personaje en su particularidad resultan objetos construidos a partir de un proceso específico de trabajo humano. En ese objeto está implícita la propia personalidad de su constructor. Por ello hay tantos Otelos cuánto actores lo han interpretado.

El actor es "instrumento e instrumentista", como bien lo señala Raúl Serrano. La cuestión es que él construye su propio violín y lo hace sonar. Ese violín no existe *a priori*. O mejor dicho, existe (¡y abstractamente!), sólo una parte de él: las palabras escritas por el autor, cuando las hay, porque la historia de la dramaturgia sobre todo contemporánea, nos ofrece múltiples ejemplos de teatralidad sin texto hablado.

Desde el punto de vista ideológico (siempre hay una ideología detrás de cada método) se trata de lograr que, en el proceso de trabajo y construcción del objeto teatral, el actor en tanto persona no se *aliene*, no se *enajene*, que sería la opción contraria a la objetivación. Esto supone que, trabajando, sea el completo propietario de su hacer y no solamente de una parte de él.

Es por ello que no compartimos métodos de construcción de la situación teatral en los cuales el actor es una "marioneta" en manos de un director, o de sus propios colegas, pues, en ese caso, su trabajo se limita sólo a la fabricación de un fragmento de su recorrido hacia su objetivación. Cuando observamos que, al comienzo de los ensayos, el director ordena a sus actores dónde moverse, cómo, cuándo y de qué forma y pauta, además, cómo deben decir los textos e indica cómo son los personajes antes de que los actores construyan la situación, creemos que no se han comprendido las características específicas del trabajo del actor. Es decir, no se ha comprendido – o sí, y en ese caso se actúa sin escrúpulos – cómo se objetiva un actor en su proceso de trabajo ni cómo se expresa con libertad en tanto ser sensible que desea objetivarse artísticamente en el mundo.

Quitándole la posibilidad de elaborar el todo (en nuestro ejemplo recurrente: construir por y para sí, el "auto") se aliena al actor que sólo construye una parte del todo.

El "todo", para el actor, es la construcción de la situación teatral con sus colegas. No es que pensamos que el director no deba intervenir en ese proceso. Claro que debe hacerlo pero, creemos, es necesario reflexionar sobre su rol dinámico en el proceso de los ensayos. Pensamos que al comienzo de los mismos debe ser una suerte de árbitro que señala cuándo la "pelota" sale del campo de juego (por ejemplo: los actores improvisando "saltan" una "bisagra" del texto y con ello alteran la secuencia correcta que impone la obra en la construcción de la situación) y hace preguntas que ayuden a clarificar, si ello es así, las fuerzas en lucha, los objetivos y sus oposiciones. Debe dejar hacer. Permitir que los actores ofrezcan sus respuestas y construyan, de y para sí, las relaciones. Creemos que el director, en esta etapa inicial, debe hacer preguntas más que ofrecer respuestas pre-construidas.

Una vez que los actores han construido la situación, es decir la han analizado activamente y que, después, sobre los hechos construidos, han reflexionado sobre los mismos y han incorporado datos intelectuales que enriquecen lo que han sentido y vivido, llega una etapa diferente en el proceso de construcción del objeto teatral: es decir, estamos en el momento del pasaje del signo al símbolo en donde se trabaja sobre un concepto muy subjetivo: la belleza. ¿Qué es más bello? Es la pregunta ineludible que, en esta fase más cercana al estreno, se impone. ¿Cuáles acciones son más metafóricas y "reverberan" más? Es entonces cuando el director debe, necesariamente, jugar un rol preponderante pues los actores no pueden valorar, desde adentro y viviendo orgánicamente la situación, las diversas posibles significaciones de sus acciones.

Por supuesto que se trata, como en todas las actividades humanas, de una actitud ética necesaria de todas las partes que intervienen en la construcción del objeto teatral. El modo de producción específico que compartimos no debe alienar a ninguno de los que intervienen en él. De allí es que resulta tan importante poseer métodos técnicos objetivos a disposición de los actores y conocidos por el director pues dependerá del modo de producción, de las relaciones de producción, si los seres humanos que intervienen se alienan o se objetivan, se expresan con libertad o no.

Se trata, como podemos deducir, de una cuestión formativa, de aprendizaje de técnicas variadas que permitan al actor – el único que, junto a un espectador, es indispensable para concretar el hecho teatral – de acometer su trabajo con profesionalidad, competencia y libertad. Un actor técnicamente formado no necesita de gurúes o de líderes carismáticos que le digan qué hacer y qué no. Él solo, en relación expresiva libre con sus colegas, construye la situación pues conoce las herramientas que posee, sabe cómo y cuándo usarlas. Y también el actor debe comprender que, en un momento del trabajo, es necesaria la intervención externa de otro agente constructivo, el director, que operará sobre el objeto estético en sí. Pero lo hará sobre las propuestas que hicieron los actores y que él mismo acompañó y arbitró.

En mi recorrido de trabajo teatral he tenido la oportunidad de experimentar situaciones muy paradojales pues he observado a directores que, declarándose como personas cercanas a un pensamiento progresista y humanista, en su modo de trabajar no hacían otra cosa que alienar a los actores. No creo, en ningún caso, que se tratara de una cuestión voluntaria. Es que no habían reflexionado que, en el arte, el "cómo" es fundamental. El medio, los medios y las relaciones de producción determinan si los seres humanos se expresan libremente o no. Y el teatro, todavía, se hace con seres humanos.

El arte, en estos tiempos tan oscuros en los que, aparentemente, poseemos los medios para "iluminar" la realidad, se erige como una fortaleza posible contra la deshumanización alienante de las relaciones sociales imperantes. No lo olvidemos. Y el teatro, al poseer aún características artesanales (cuatro tablas y un actor) no ha sido fagocitado del todo por la imagen licuada y aparente de esta tecnológica-posmodernidad decadente en la cual la "comunicación" entre los hombres pasa por publicar en Facebook qué ropa me voy a poner hoy. Este protagonismo aparente, este estar continuamente sobre el escenario virtual en donde los "espectadores" pueden compartir mi intimidad, crea una falsa conciencia de comunicación pues se trata de una comunicación sin cuerpo. ¿Es que también la civilización tecno-virtual imperante va a provocar la renuncia de la humanidad al cuerpo y a su lenguaje propio? El cuerpo pide, necesita, precisamente, la corporalidad de otros cuerpos, no se completa con escribir en un teclado un chisme o un estado de ánimo. Sin embargo, como todo fenómeno posee, en su propio interior, contradicciones que le son opuestas pues en el uso de las redes sociales, no lo olvidemos, suele buscarse el contacto corporal con el otro. Aún no nos hemos convertido en seres totalmente aislados y alienados delante de una pantalla y un teclado. Necesito aclarar que no se trata de una crítica a las nuevas tecnologías *en sí,* sino al objetivo y el modo en que suelen ser implementadas: o sea, vender modelos para que sean comprados enmascarando tal finalidad en una aparente red de amistades virtuales. ¡Cuánto de "espectacular" (en cuanto maquillaje) posee este procedimiento! No es casual el título que, con suficiente anticipación histórica, colocó Guy Debord a su revelador libro: *La sociedad del espectáculo.*

El punto de partida del actor en camino hacia la construcción de la situación teatral y, por ende, de su personaje no debe ser, a nuestro juicio, abstracto e idealista. El actor, al comenzar su trabajo, por supuesto que debe conocer qué se propone la obra y cuáles son los advenimientos que en ella suceden como datos objetivos a tener en cuenta. El peligro radica, a nuestro entender, en que se haga ideas de cómo es su personaje antes de actuar, o qué piensa, o planifique qué hará en cada momento de la escena. Tales abstracciones no sirven demasiado para *encontrar,* en el ping-pong de la improvisación, acciones o reacciones que aparecen "aquí y ahora" y que por eso son creativas pues fueron encontradas.

Ernest Mandel señala: "Las abstracciones más generales, de hecho, surgen sólo donde se da el desarrollo más rico de lo concreto" (Mandel 1986).

Stanislavski lo expresa de otro modo: "De las pequeñas cosas a las grandes cosas". Creemos que las grandes abstracciones son un punto de llegada, no de partida. El actor debe colocarle al personaje finalidades a conseguir y luchar por obtenerlas. Y también debe conocer los obstáculos que se le oponen, al menos los primeros y más evidentes. En ese camino irá sintiendo, comprendiendo, elaborando, construyendo, etc. vivencias que antes, en la esfera del pensamiento, no podía prever.

Por supuesto que el actor ha imaginado qué quiere lograr su personaje. Marx expresa en *El Capital*:

> Una abeja hace avergonzar a un arquitecto en la construcción de sus celdas, pero lo que distingue al peor de los arquitectos de la mejor de las abejas estriba en que el arquitecto levanta su estructura en la imaginación antes de erigirla en la realidad. (Marx 162)

En el caso específico del trabajo de actor debemos decir que los materiales con los que diseñará su "edificio" no son los mismos que con los que cuenta un arquitecto (medidas, cálculos de material, características de los mismos, etc.) No existen *a priori*, no puede preverlos. Sólo "conoce" lo que dicen los personajes (si es que hay texto hablado) y todos sabemos que hay una sólo modo de escribir "sí" y cientos de maneras para decirlo según el contexto en que tal palabra emerge. El actor piensa haciendo y hace pensando. Así desarrolla su trabajo y se constituye como sujeto de la situación teatral. Su punto de partida no es un movimiento sin finalidad. No. Parte de una voluntad consciente que se propone un fin. En cierto modo parte de una idea, pero no abstracta, no en sí, sino de una idea para la acción que lo llevará, o no, a transformar y a ser transformado. En ese proceso construirá su objeto que, a su vez, será sujeto.

El día del estreno habrá acumulado, durante el proceso de trabajo, experiencias, certezas, negaciones y afirmaciones que, como resultado de la relación conflictiva con los demás personajes, con el ambiente y con sus propios conflictos interiores, darán como resultado una subjetividad determinada que vivirá durante el momento de la representación teatral. No es que el actor, mientras actúa, deja de ser él. Siempre hay una capacidad de control pues si no se convertiría en un sicótico. Siempre el actor controla, pero como se está expresando detrás de una "máscara" que él ha construido - su personaje - y lucha, en un juego comprometido, por los objetivos del mismo, no por los de su vida como persona real, se "olvida" de qué le pasó en su casa, de donde estacionó su auto, de sus problemas o felicidades familiares, etc. Una vez que sale de escena, como ya ha participado del juego teatral, no es que sigue persiguiendo a su oponente en el camarín así como un jugador de fútbol no sigue marcando a su adversario cuando sale del campo de juego. Ambos "jugadores" pasan la línea que delimita a la "cancha" y entran en una legalidad diferente con códigos diferentes, con tiempos diferentes.

Nos parece importante señalar esta cuestión para desmitificar cualquier veleidad esnob que pueda pensarse sobre esta profesión. No deja de ser patético escuchar a actores que dicen seguir *viviendo* con sus personajes en el baño de sus casas. ¡Pobres, entonces, las esposas de los actores que personificaron a Otelo!

Reflexiones sobre el texto

Durante siglos el texto ha sido considerado el objeto específico de construcción por parte del actor. Al ser lo único existente – en cuanto objeto literario elaborado por un escritor – con lo que se encuentra el actor al comenzar su trabajo, el texto ha llevado a muchos a pensar que allí se encuentra la especificidad de su labor.

Sin embargo podemos aceptar que el comportamiento humano no se limita al decir. Es más, todos sabemos que no siempre se exprimen los verdaderos deseos o intenciones cuando se dice una frase y que, la mayoría de la veces, el lenguaje sirve para cubrir lo que se desea. La comunicación humana se expresa de muchos otros modos. El lenguaje corporal y la prosémica (la distancia significante entre los cuerpos) son algunos de ellos.

El teatro contemporáneo, con sus múltiples poéticas, fenómeno profundizado a partir del postmodernismo, ha colocado aún más en crisis el llamado teatro de palabra en el sentido en que es común asistir a espectáculos en donde el uso del lenguaje verbal es menor o inexistente.

Pero nadie puede desconocer la importancia que la palabra escrita (y dicha) aún posee en el teatro universal. Sería patético poner en escena una obra de Shakespeare, en donde la palabra poética juega un rol fundamental, a través un montaje teatral sin ellas y representando sólo los conflictos de los personajes shakesperianos pues todos sabemos cuán claros y, en cierto sentido, simples, desde el punto de vista técnico, ellos son.

El texto, en cuanto objeto literario escrito, con sus réplicas y acotaciones dramáticas le pertenece al dramaturgo. Es él el propietario de esa creación y es un deber ético respetarlo. Pero el texto es, además, de fundamental importancia para el trabajo del actor. Dominar una técnica que le permita decir las palabras escritas por otra persona de manera tal que todo su cuerpo, su mente, sus emociones, etc. se involucren totalmente en ese cometido es un desafío que, de siglos, acompaña como una dificultad, el recorrido técnico actoral.

Según nuestro punto de vista el texto es un elemento más de la situación teatral. No posee ni más ni menos importancia que los otros. A veces resulta ser el más complicado de insertar debido a la complejidad y las contradicciones que asume el lenguaje hablado como medio de comunicación entre los seres humanos. Pensamos que el texto es un punto de partida (ineludible) para comenzar el trabajo y un futuro punto de arribo, meta de llegada en la cual ha sido enriquecido por la construcción propia de los actores a partir de la elaboración del contexto, o sea, la construcción de las acciones, de los conflictos, del ambiente y de su propia subjetividad que lo llevan a decir, con verdad y como un emergente de la situación, las palabras escritas por el autor para el personaje.

Hemos señalado que hay un sólo modo de escribir "sí" y decenas de formas de decirlo.

Muchas veces se ha expresado que el trabajo del actor consiste en decir el texto del dramaturgo y en descubrir el subtexto, o sea, aquello que subyace debajo de las palabras. Creemos, compartiendo con Serrano, que tal tarea pertenece al trabajo del actor en relación al elemento texto en sí mismo y no sintetiza la naturaleza total y específica de su labor. El trabajo con el subtexto está más próximo al de un criterio literario (si de lo que se trata de es de "exhumarlo" en la lectura previa del texto) que de la tarea del actor que también los irá descubriendo, pero no *a priori*, sino a medida que vaya construyendo el "contexto" en el cual el texto y sus eventuales subtextos se connotan.

Otra cuestión que suele confundir a los actores son las acotaciones dramáticas. Se trata de indicaciones que el escritor ha elaborado y que pueden funcionar como sugerencias para la interpretación del actor o expresar hechos objetivos que deben suceder para desarrollar la trama. En este último caso es muy posible que el trabajo de construcción de la situación no deba eludir tales señalizaciones objetivas. Por ejemplo: *"(Saca una pistola, dispara. Lo mata)"* No podemos saltar esta "bisagra" pues, de hacerlo, estaríamos construyendo otra obra, otra situación teatral

En el caso de las sugerencias más abstractas del dramaturgo, como por ejemplo: *(Mira con melancolía el horizonte)* o *(Nervioso, se pone de pie)* o *(Se mueve de aquí para allá)* creemos que, en estos casos, el actor debe tomarlas como lo que son: sugerencias, y nada más. Si no se trata de "bisagras" que cambian los objetivos de los personajes, creemos que puede transgredirlas y que, así haciendo, es muy posible que logre enriquecer a la obra encontrando acciones y estados de ánimo orgánicos construidos por la verdad de su trabajo.

Para nosotros el texto en el teatro es como un árbol. Es lo que vemos emerger de la tierra. Está en pie y sus hojas se mueven con el viento. Pero lo que lo mantiene erguido son sus raíces extendidas en profundidad y en anchura debajo de la tierra. Sin ellas el árbol no lograría mantenerse en pie ni resistir la fuerza de las tormentas. No se divisan las raíces. Están ocultas debajo de la tierra.

Para nosotros el árbol son las palabras, lo que el actor "ve" en la primera lectura, pero que es un emergente de algo que no se ve (las raíces) y sin las cuales el árbol no viviría. Lo que debe construir el actor es lo que no se ve, es decir "las raíces" que provocan que el árbol emerja sobre la superficie y es su consecuencia. El actor no debe limitarse a reflexionar sobre qué hay debajo de la corteza ni de las hojas del árbol visible (o sea, buscar el subtexto, aunque también lo hace, claro) sino que, fundamentalmente, su tarea es construir las "raíces", o sea: el contexto desde el cual se erguirá el árbol.

El texto teatral es una circunstancia dada más. Funciona como tal pues se dicen esas palabras y no otras. O se escapa con esas palabras y no con otras.

¿Cómo trabajar, entonces, con un texto teatral que, al leerlo por primera vez, nos parece algo tan ambiguo que nos provoca sólo imágenes, ideas, abstracciones y conceptos?

Dijimos que se trata de un punto de partida y que, luego del trabajo de construcción de la situación de la cual las palabras emergen, de un futuro punto de llegada enriquecido por el contexto que hemos elaborado en el proceso de trabajo.

¿Cómo será este punto de partida? Pensamos que, a diferencia del primer método de Stanislavski, no resulta conveniente realizar un análisis de mesa de la obra antes de usar la técnica de la improvisación para construir la situación pues reflexionar *a priori* sobre lo que dicen los personajes es una tarea poco útil y muchas veces equivocada ya que no siempre, como en la vida, los personajes dicen lo que desean.

¿Se trata de determinar *a priori* los subtextos? Tampoco pensamos que sea un camino demasiado adecuado porque lleva a los actores a una reflexión abstracta e intelectual que sólo se basa en el decir de los personajes. Además, nuevos e imprevisibles subtextos pueden surgir durante la construcción de la situación o contexto. Ya llegará el momento de hacer este análisis de mesa (ineludible). Será una vez que los actores hayan construido "el auto" que funciona con eficacia, o sea la construcción del contexto y la situación teatral, y puedan reflexionar sobre hechos concretos y no sobre ideas y abstracciones *apriorísticas*. A partir de este exhaustivo análisis de mesa (realizado *a posteriori* de las improvisaciones), comenzará a trabajarse sobre el objeto estético, sobre la belleza del montaje y sobre la fijación de la línea de acciones con vistas a su potencia metafórica.

El paso que proponemos para comenzar, una vez que hemos acordado sobre la lectura ideológica general del texto en cuanto su relación con la realidad en la cual pensamos que operará el futuro espectáculo, es el de realizar una lectura técnica del mismo tratando de encontrar cuáles son las "bisagras" que, hipotéticamente, provocan un cambio en los objetivos de los personajes o en la situación de la escena. Es por ello que le llamamos "bisagras" puesto que son puntos de llegada de los objetivos anteriores y, a la vez, puntos de partida hacia la lucha por nuevas finalidades. En una "bisagra" finaliza un momento y comienza otro distinto.

La práctica nos ha enseñado que el objetivo de señalar estas "bisagras" al comienzo es un modo de planificar la improvisación y no debe tratarse de una tarea a realizar con obsesión "matemática" y con el temor a "equivocarse". No. Se trata de una labor de hipótesis que, como tal, puede no corroborarse en el hacer concreto. Imaginemos que vamos al parque a jugar al fútbol y que, allí, antes de comenzar el partido, determinamos cuál árbol será el que marque un límite de la cancha o cuál piedra será la referencia opuesta. Luego colocamos una mochila y una prenda de vestir para señalar un arco y elementos símiles para indicar el otro. Después, jugando, nos damos cuenta que hemos delimitado una cancha muy ancha (o muy estrecha) y que esto no ayuda al juego. Nada cuesta modificarlo. O, si observamos que el arco es demasiado pequeño, movemos la mochila y lo agrandamos.

La idea de marcar estas "bisagras" es colocar puntos de referencia al inicio para que el actor, improvisando, no se pierda y sepa adónde debe llegar. En la metáfora planteada, sabrá cuándo la pelota sale del campo de juego.

El punto de partida serán las preguntas que deben hacerse a los personajes antes de empezar la improvisación: "¿Qué objetivos tiene mi personaje?" y "¿Qué fuerzas se le oponen?". A partir de las hipotéticas respuestas podemos determinar en qué momento – siempre como una presunción – hay una "bisagra" y en qué momento hay otra pues allí finalizará una finalidad y dará comienzo otra. Por supuesto, ya lo dijimos, que estos objetivos particulares no deben contradecir el súper-objetivo del personaje, o *acción* transversal, que une su deseo durante toda la obra. Es su línea interna, el "río central" que es necesario construir con lógica y coherencia. De lo que se trata es de elaborar un plan para la acción, un mapa de objetivos a conseguir. No tiene sentido comenzar a ensayar sin plantearse, al menos como hipótesis, qué quieren los personajes y qué se les opone. Luego, en la práctica concreta, encontraremos nuestras propias y genuinas respuestas, no "la respuesta" predeterminada. Pensamos que para concretar un teatro vital es necesario no partir de arquetipos, a no ser que el estilo a construir me lo imponga, como puede ser el caso de una escena de la *Commedia dell'Arte* en donde intervienen máscaras zoomórficas que no son otra cosa que síntesis sociales. De todos modos, también en ese género o estilo teatral en el cual Arlequín camina como un gato y no puede hacerlo de otra manera, será siempre la vitalidad y el convencimiento del actor que lo interpreta más el juego con sus colegas, lo que harán de esa obra un momento lúdico y vital que apasionará a los espectadores.

6- LA TÉCNICA DE LA IMPROVISACIÓN Y SUS PAUTAS

En los capítulos anteriores hemos nombrado, con frecuencia, el término "improvisación" y hemos colocado ejemplos en los que hemos usado esta técnica. Es el momento de definir con precisión cómo concebimos la improvisación, cuáles son sus pautas y sus objetivos.

La palabra improvisación ha adquirido, en el teatro contemporáneo, diferentes significados. Se suele improvisar para construir una historia o una dramaturgia, por ejemplo. Es decir, se suele partir de una idea vaga y, a partir de la improvisación por parte de los actores de situaciones teatrales, se construye una dramaturgia que puede tener o no texto.

Como siempre hemos sostenido, en el arte todo puede ser válido y, pensamos, sería bueno que sea lo más lejano posible al dogma y a la preceptiva. Hemos visto excelentes espectáculos construidos de tal manera, o sea, no partiendo de un texto escrito y urdiendo la trama y la textura de la obra a partir del aporte actoral formulado a través de las improvisaciones. Lo que debemos admitir es que, en tal caso, durante el proceso de construcción de la historia, de la trama, los actores no sólo son actores sino también cumplen el rol de dramaturgos. Es decir, tienen como objetivo construir la obra en general o las situaciones que la construirán.

También han surgido, desde hace unos años, espectáculos en donde los actores improvisan delante del público las situaciones teatrales. Los llamados "match de improvisación" en los cuales las situaciones se suelen modificar y adaptar según lo imprevisto del momento delante del público y, a veces, con su propia participación.

Como hemos dicho todo debe ser posible en el teatro – salvo ejercer violencia física sobre el espectador, por supuesto – y tales caminos expresivos aportan nuevas formas de comunicación y de concepción de lo teatral. La observación de estas experiencias nos suelen recordar a la utilización de los *lazzi* de la *Commedia dell'Arte o Comedia all'improviso* en donde los actores, sabiéndolos con precedencia, los utilizaban sobre el escenario según cómo se desarrollara la secuencia teatral. No se trataba, en ese caso, de una improvisación total. Existían posibilidades conocidas con anterioridad que se intercambiaban según las circunstancias, el lugar de la representación, las reacciones del público, etc.

Improvisar, para nosotros, tiene el objetivo de la construcción de un *contexto*, de una situación con determinados elementos, entre los cuales existe uno, el texto, que precede, como objeto literario escrito por un dramaturgo, a los ensayos. Es decir, nuestra concepción de la improvisación parte del presupuesto de que ya existe una historia escrita o, si no está escrita, está totalmente establecida por una secuencia de situaciones dramatúrgicas definidas con claridad y con anterioridad. Por lo cual, para nosotros, el trabajo específico del actor no será crear una historia (más allá que pueda hacerlo en otro tipo de experiencias como las mencionadas más arriba) ni convertirse, para ello, en un dramaturgo-actor. Su tarea será crear las "raíces" (el contexto y la estructura dramática) que provoquen que "el árbol" (el texto ya escrito) surja, como consecuencia, con visceralidad, organicidad y verdad. Hemos ya reflexionado sobre el criterio de verdad escénica condicionado por el estilo a construir.

Es en ese sentido que hablamos de una improvisación organizada, con pautas establecidas, que permita construir las "raíces", lo que no se ve en el texto y que es trabajo específico del actor realizar. La improvisación, entonces, será para nosotros un instrumento de construcción y conocimiento. Hemos señalado como de fundamental importancia organizar la improvisación de una escena a partir de dos preguntas claves: ¿Qué objetivo tiene mi personaje? y ¿Qué fuerzas se le oponen? La hipotética respuesta a estas preguntas, ordena el trabajo de actor y lo dirigen en una dirección determinada. Le imponen tácticas, que ponen en acto través de herramientas concretas que posee: las acciones.

Por supuesto que el actor ha leído la obra en su totalidad o conoce las situaciones que estructuran la trama de la situación a poner en escena. No es que improvisa sin saber cuál es el marco general en el que lo está haciendo y que condiciona su trabajo. Así como un jugador de fútbol conoce las reglas de este juego y se ha dado una táctica para vencer a su ocasional adversario, entra a jugar el partido. Durante el mismo, probablemente, deberá adaptarse a lo que sucede "aquí y ahora", cambiará de táctica según los desplazamientos imprevisibles del oponente, etc. Pero su súper-objetivo es vencer. Aunque el actor sepa que, al final del texto, su personaje es derrotado. Él lo sabe, el personaje no.

Una vez leída toda la obra, establecidos sus nexos con la realidad circundante, aclarados los objetivos generales que, como colectivo de trabajo, nos proponemos con la puesta en escena de este espectáculo, se realiza el análisis técnico para organizar la improvisación a partir de la señalización de las "bisagras".

Todo está, entonces, preparado para comenzar el trabajo práctico sobre el escenario.

¿Y la memoria del texto? ¿Cuándo es conveniente memorizar lo que dice mi personaje?

Trataremos de ofrecer una respuesta pragmática a esta pregunta: depende del estilo a construir. Pero antes de reflexionar sobre el estilo, nos focalicemos en el realismo burgués, en donde lo textual es bastante cercano a la de la cotidianeidad de la vida en la cual, lamentablemente, no solemos hablar usando imágenes poéticas. Creemos que si el actor posee una capacidad nemotécnica tal como para saber su texto de memoria cuando comienza a ensayar y esto no le impide accionar, o sea no lo bloquea para luchar por la obtención del objetivo de su personaje, no habría ningún problema en que improvise con el texto ya incorporado. Pero creemos que tal situación es una excepción. Lo que observamos como regla es que la gran mayoría de actores no puede memorizar de inmediato un texto teatral y menos aun cuando es extenso. Vemos cómo, cuando tratan de recordar las réplicas de los personajes, detienen las acciones que estaban proponiendo para tratar de recordar qué dicen los personajes. Y en ese caso se hace muy difícil encontrar acciones transformadoras y construir la relación.

Es por ello que pensamos que no aprenderse el texto de memoria antes de improvisar la situación es de gran ayuda para el actor ya que le quita una preocupación. Lo hace concentrase en accionar y no en decir, en jugar al *ping-pong en cámara lenta* con el oponente y no estar pensado cuál es la réplica que viene.

Según lo relatado por Toporkov en su libro sobre los últimos ensayos de Stanislavski, el maestro ruso aconsejaba a sus actores de la siguiente manera: "Ensaye su papel con palabras suyas, no las del autor, respetando la lógica y la secuencialidad de las acciones." (118)

En relación a los ensayos de *Tartufo* Stanislavski afirma:

Pero por el amor de Dios, no digan ni una palabra de Moliere, ninguna puesta en escena (…) Ustedes no accionan, ustedes pronuncian palabras. Es verdad, no son las palabras del texto todavía, pero ustedes ya se han habituado a ellas, para ustedes ya se trata de un libreto y lo dicen como un texto aprendido de memoria, sólo que menos perfecto que el de Moliere. Aquí, lo que para mí cuenta, es el comportamiento físico, no las palabras. (Toporkov 116)

Es más contundente todavía lo que relata Toporkov:

Nos prohibió categóricamente de aprender la parte de memoria. Era una condición imprescindible para nuestro trabajo y si alguno, imprevistamente, pronunciaba algún verso de Moliere, interrumpía inmediatamente el ensayo. Apoyarse en el texto, en las palabras exactas del autor era considerada una señal de debilidad para el actor (…) Las palabras debían tener solamente un rol accesorio. (Toporkov 111)

Y otro comentario:

> La costumbre de algunos actores (…) de presentarse al primer ensayo conociendo el texto a la perfección (…) probablemente habría perturbado a Konstantin Sergeevic. Éste se perturbaba con el sólo pensar de afrontar el texto antes de tiempo. Temía que el texto pudiera ser confiado solamente a los músculos de la lengua. (Toporkov 70)

Stanislavski es muy preciso aconsejando a un actor en esta fase inicial de los ensayos:

> Si quiere recurrir a las palabras, hágalo, pero no use el texto del autor al pié de la letra, sólo las ideas que ese texto contiene. No haga teatro, accione solamente. No haga nada para nosotros, accione solamente hacia su partenaire y controle, de la reacción de él, si usted está accionando correctamente. (Toporkov 60)

En esta última frase podemos apreciar una brillante definición de lo que significa, para nosotros, improvisar. Aquí apreciamos cómo usar lo verbal, cómo es prioritario accionar en vez de decir o de interpretar ya un personaje y cuánto es importante establecer la relación con el oponente. En la última parte de la cita podemos afirmar que lo que nosotros denominamos ping-pong en cámara lenta equivale a lo que se está refiriendo Stanislvaski. Sostenemos, sí, que lo que el actor debe tener como guía, antes de comenzar las improvisaciones, es la secuencia de las "bisagras" a alcanzar. Al menos de algunas de ellas, las que pueda recordar. Esas "bisagras", que a veces son acciones y a veces frases, deben ser respetadas por los actores pues generan la secuencia lógica de la obra que debemos construir. Si se crean "bisagras" nuevas durante la improvisación, la subjetividad construida por el sujeto en su lucha por crear el personaje, tomará otra dirección. Es decir, construirá otra subjetividad. Y si salta las "bisagras" también, pues alterará la secuencia coherente establecida por el dramaturgo. Será trabajo del director o del pedagogo controlar que la secuencia acordada se respete.

¿Se improvisan sólo las palabras? Creemos que no sólo. También se improvisan las acciones y las reacciones (y sus represiones según el juego de presiones conflictuales).

Observamos en el trabajo de María Knebel ya citado una preocupación por organizar *a priori* la línea de las acciones y también por justificarlas atendiendo a las motivaciones que las provocan. Para nosotros las causas son importantes pero las consideramos en un segundo momento. A nuestro juicio, lo importante, sobre todo al inicio, son los "para qué" de las acciones, las finalidades a alcanzar y no lo motivos o causas que las provocan. En el primer caso las acciones nos llevan hacia delante, a luchar para transformar, en el segundo nos ligan al pasado, a los motivos, con lo cual la capacidad transformadora de la acción se debilita porque el actor debe justificar "por qué" lo hace. En cierta medida lo detiene, lo entretiene. Ya llegará el momento, a partir de la suma de conflictos que se irán agregando y de la profundización de las circunstancias dadas como elemento represor del comportamiento, que también las causas enriquecerán el trabajo del actor en camino para construir la situación conflictiva.

Al comienzo, nos parece, debemos organizar la improvisación con prioridades claras: lograr que los actores accionen en profundidad para transformar al otro, al ambiente y a sí mismos y, así, construir la relación entre los personajes, o de éstos con el ambiente o dentro de sí con la conflictividad interna. O todas ellas. Depende de la escena a construir. Si coexisten los tres tipos de conflictos, es aconsejable elegir el que consideremos el más importante y comenzar por priorizar a éste.

La cuestión es que el actor establezca un camino procesual en donde no deba hacer todo al mismo tiempo: decir el texto del autor, accionar, crear todos los conflictos al mismo tiempo, etc. Se trata de elaborar un recorrido profundo, paso a paso, "bisagra" a "bisagra", sumando conflictos progresivamente y no todos a la vez, estando atento a qué viene desde el partenaire. Es éste el procedimiento que juzgamos más productivo y eficaz para el trabajo del actor.

Poco a poco las palabras escritas por el dramaturgo comenzarán a ser incorporadas, no como algo extraño, sino como la consecuencia lógica de la situación que estamos creando hasta que lograremos emitir las palabras exactas de Chejov, de Arthur Miller, de Tennessee Williams connotadas por las acciones, los conflictos, el ambiente y la subjetividad del sujeto en relación a otros sujetos. Ello será lo que verá el público, no el texto improvisado del comienzo del trabajo. Como el lector observará se trata de una improvisación organizada, planteada para un momento del recorrido procesual, tendiente a la construcción de una obra concreta

Más arriba decíamos que el trabajo con la memorización del texto depende también del estilo que queremos construir. Expongamos el caso de Shakespeare y el de la poesía que sus obras suelen transmitir a través de sus magníficas réplicas plenas de imágenes poéticas. Es evidente que, en este caso, el margen para improvisar el texto es menor pues el caudal poético y extensión de los textos shakesperianos no es igual al de autores realistas y la construcción conflictual, en cuanto lucha entre objetivos contrapuestos, no suele ser muy complicada. Los personajes de Shakespeare suelen expresar, en largos y bellos monólogos, lo que desean y lo que sienten. Y cuando se comunican con otros, suelen hacerlo a través de largas frases cargadas de barrocas imágenes poéticas. En este caso, seguramente, el trabajo procesual del actor con el elemento texto probablemente se alterará, pues la acción verbal en sí posee una importancia decisiva y prioritaria en el teatro shakesperiano. Sin ella sería otra cosa. Sin poesía verbal Shakespeare no sería Shakespeare.

Esto nos colocará ante otros desafíos que en su momento trataremos de abordar pues en este caso se trata de decir poéticamente pero cargados de pasión, de visceralidad, de organicidad y no retóricamente, exteriormente, moviendo sólo "los músculos de la lengua" como diría Stanislavski. Es posible que, entonces, el actor deba incorporar el texto de memoria con más rapidez que en una obra de Tennessee Williams pues el estadio de las improvisaciones para crear la relación y el contexto será mucho más breve que en otros estilos teatrales. Resulta evidente la importancia de la acción verbal.

En algunos autores contemporáneos como Pier Paolo Pasolini, por ejemplo, nos encontraremos ante una situación similar. El texto "juega" de manera decisiva y la técnica a emplear debe adaptarse al estilo y no al revés.

Algunos alumnos nos comunican la dificultad que tienen para accionar (propio de la sociedad anestesiada en la que viven, sobre todo en los países desarrollados de Europa) y en conectar los pasajes propuestos. Evidentemente ninguna técnica se aprende de la noche a la mañana. Necesita práctica y una constancia tenaz. Pongamos como ejemplo a una persona que aún no sabe nadar y está aprendiendo a hacerlo. Al comienzo suele estar muy atenta a cuándo mover un brazo y patalear y a cuándo sacar el otro coordinando los movimientos. Pero una vez que ha incorporado la técnica, una vez que su cuerpo y su mente no están pendientes del carácter procesual de los movimientos, se despreocupa de ello y, simplemente, los aplica. Mientras nada, puede pensar en otra cosa, disfruta del agua, trata de superar un record, etc.

Para concluir este apartado sobre la técnica de la improvisación organizada podemos decir que el actor no sólo improvisará, con sus palabras, las finalidades generales del texto escrito, sino que se preocupará, sobre todo, por accionar en un sentido transformador y con objetivos precisos, tendrá en cuenta las acciones y reacciones de su partenaire, las elaborará, se modificará si es necesario, cambiará de tácticas para lograr el objetivo de su personaje, respetará la secuencia de las "bisagras" acordadas (símiles a puertos de un largo viaje en los que su nave recala), las modificará si el trabajo sobre el escenario lo requiere, irá agregando conflictos en la medida que la construcción del "auto" lo exija, siempre con la idea que cuando más conflictos posea su personaje más rico será y, progresivamente, construyendo paso a paso el contexto, llegará a decir exactamente las palabras escritas por el dramaturgo como una consecuencia vital, orgánica, creíble y visceral pues saldrán de su boca "preñadas" de toda la construcción anterior.

7- TRABAJO SOBRE UNA ESCENA DE *UN TRANVÍA LLAMADO DESEO* DE TENNESSEE WILLIAMS

Como hemos anticipado en el capítulo titulado "Una escalera de complejidades", pensamos que el segundo paso de este recorrido pedagógico debe detenerse en la elaboración de escenas más complejas que, en el marco del realismo, permitan al alumno profundizar en el método de las acciones físicas elementales y en la construcción de lo que, pensamos, es su objeto específico constructivo: la situación teatral o estructura dramática.

Hemos elegido trabajar sobre escenas del dramaturgo estadounidense Tennessee Williams pues nos parece que su poética teatral combina una profunda sensibilidad (expresada en el mundo sicológico de sus personajes) con reflexiones no directas sobre la realidad de su país en su época.

Las historias creadas por Williams suelen tener como protagonistas a seres débiles sicológicamente, diversos, sensibles y "poco aptos" para las brutales relaciones sociales predominantes. Se trata de anti-héroes y, por ello, poseen el encanto la sensibilidad que suelen acercarlos a los espectadores. En ese sentido Williams, como Miller, Shepard, Mamet y otros autores estadounidenses "nadan" contracorriente pues sabemos cómo, ideológicamente, el imperio utiliza, por ejemplo, el cine – sobre todo – para generar finales felices de súper-héroes que "salvan al mundo de la destrucción". En el "modo de vivir americano" (esta última palabra no deja de ser una confirmación del ansia de hegemonía pues "americanos" son todos los habitantes de América del Norte, Central y del Sur y, se trata, lo aseguramos, de realidades muy diversas) el optimismo del "final feliz" funciona como una ciega fe en un patronazgo indefinido que no deja de ser racista. El hombre "americano" salva al mundo o, en historias más íntimas y "pequeñas", suele salir airoso de situaciones difíciles. En definitiva, todo suele acomodarse para recomponer el *statu quo* dominante

El caso de Williams, y el de tantos otros autores, no fue muy "simpático" para el régimen de EEUU en donde se alternan en el poder dos únicos partidos. La diferencia es que uno decide arrojar misiles a las 7 de la tarde y el otro a las 9 de la noche. No olvidemos cómo en el "país de la libertad" se interrogó, en procesos judiciales instrumentados como política estatal – el llamado macartismo - a grandes autores como Arthur Miller, Bertolt Brecht, etc. sospechados de ideas izquierdistas y de atentar contra el "modo de vida americano".

En Tennessee Williams los finales no suelen ser victoriosos o felices. Nos dejan una sensación agria de que "algo no anda bien", de que esas vidas personales – a veces tan próximas a nuestras frustraciones – están atenazadas por modelos o principios sociales dominantes que juegan a favor de su infelicidad.

Thomas Lanier Williams nació en Columbus, Mississippi en 1911 y falleció en Nueva York en 1983. A los ocho años sufrió una extraña enfermedad que le afectó el corazón por lo que estuvo que estar en reposo prácticamente por un año. Tal situación y el cuidado excesivo de su madre, produjeron un cambio profundo en su personalidad. Thomas se reconcentró en sí mismo, jugaba solo y se dedicó a escribir. Su hermana Rose, algo mayor que él, padecía de problemas sicológicos o, mejor dicho, no se comportaba como la generalidad de las personas. Actuaba con sinceridad extrema y expresaba sus deseos sexuales a una madre aterrada, una puritana religiosa plena de prejuicios. Williams siempre tuvo una relación muy afectuosa con su hermana y sufrió mucho cuando su madre aceptó que le hicieran a la muchacha, en 1938, una lobotomía, práctica entonces permitida, que la dejó prácticamente convertida en un ente sin reacción durante el resto de su vida.

Si analizamos la obra de Williams, sobre todo sus textos más conocidos y representados, podemos observar las relaciones estrechas entre los conflictos de sus personajes y la propia vida del autor. Tal sería el caso de Laura, Tom y Amanda en *El zoo de cristal* (1944), de Blanche Dubois en *Un tranvía que se llama deseo* (1947), de la Señorita Collins en

Retrato de Madonna (1941), de la tía Rosa en *Una larga permanencia interrumpida o una cena poco satisfactoria* (1940), etc.

Sus textos más conocidos y representados, además de los nombrados, son *Verano y humo* (1948), *La rosa tatuada* (1951), *Camino Real* (1951), *La gata sobre el tejado de zinc caliente* (1955), *La caída di Orfeo* (1957), *Improvisamente el verano pasado* (1958), y *La noche de la iguana* (1961), entre tantos otros.

Son una constante, como personajes centrales, figuras que poseen problemas para adaptarse el "exitoso modo de vida americano". Los jóvenes que, en los textos de Williams, han llegado a los 35 años y no han logrado el "éxito" se consideran – y son considerados – "perdedores" e inservibles. Tal "éxito" sería una posición económica aventajada o, para las mujeres, casarse con un buen pretendiente que, por supuesto, ha ya alcanzado el "suceso". Por supuesto que hacemos referencia a la población blanca de los EEUU pues la población afroamericana, latina e indígena, no suele aparecer muy seguido en la dramaturgia del imperio. Podemos admirar el coraje de Tennessee Williams quien, en años muy difíciles, aceptó su homosexualidad sin ocultarla, defendió a la revolución cubana y desnudó, a partir de los conflictos de personajes nada heroicos y reconocibles, la gran hipocresía de occidente.

"Tennessee" es un sobrenombre colocado por el autor a sí mismo para homenajear a una ciudad en donde, afirmaba, fue feliz en su pasado. La obra de este escritor suma 75 textos teatrales escritos entre 1930 y 1983, 6 guiones cinematográficos elaborados entre 1956 y 1980, dos libros de poesía publicados (1966 y 1977), 28 cuentos escritos entre 1928 y 1981 y dos novelas (1954 y 1975).

Como vemos se trata de un prolífico autor que expresó en sus obras, con conmovedora poesía (Williams se laureó en letras en 1938), profundos conflictos humanos conectando lo "pequeño" con lo "grande". Es decir, recorriendo el movimiento de ida y vuelta que todo artista realiza con su creación: ese pendular viaje entre lo micro y lo macro-cósmico, entre cada persona y la sociedad, entre lo más cercano e íntimo y lo que nos resulta abstractamente inalcanzable. Un gran artista suprime las distancias y logra trasmitir lo grande en lo pequeño o al revés. Tal es el caso de este autor.

Tomaremos un ejemplo de una escena del teatro de Williams con el objetivo de ejemplificar su construcción aplicando el método de las acciones físicas.

En *Un tranvía llamado deseo* se representa la historia de Blanche Dubois, una profesora de letras, perteneciente a una aristocrática familia del sur de los EEUU, quien ha perdido todo en la vida. No tiene más de 35 años pero ya siente que su "tiempo útil" se le está pasando. La vida de Blanche no ha sido fácil. Enamorada, se ha casado con un joven atento y gentil, quien le escribía hermosas cartas de amor. Sin embargo, lo que parecía un lecho de rosas se transforma en algo siniestro para Blanche cuando descubre a su marido en la cama con un hombre. Como consecuencia de tal hecho, y del reclamo de Blanche, el muchacho se suicida. Blanche se desbarranca en una vida sin sentido y vacía. Comienza a beber y tiene relaciones sexuales con infinidad de hombres. También con sus alumnos. Es descubierta por el director del colegio en donde trabaja y pierde su empleo. A su vez, la familia Dubois ha contraído enormes deudas que los colocan en una terminal crisis económica. Blanche pierde a sus padres y también, cubierta de deudas, pierde la casa natal, una mansión llamada Belle Réve. Su hermana Stella, años atrás, ha partido para New Orleans – con lo cual se ha ahorrado vivir la debacle familiar - en donde se ha casado con Stanley Kowalsky, un rudo personaje de origen polaco quien, si bien la hace feliz sexualmente, no duda en golpearla y en tratarla mal cuando le parece. Stella, sin embargo, declara no poder vivir sin él.

Sin dinero y sin otro lugar en donde refugiarse, Blanche llega, por primera vez, al escuálido y pequeño departamento en donde viven su hermana y Stanley, en New Orleans, con el objetivo último de encontrar un hombre para casarse y reorganizar su vida. Es alcohólica, cuestión que oculta, como así también las causas que la trajeron a esta "última playa". No tiene otro lugar adónde ir. Acostumbrada a vivir en una mansión y con valores propios de la sociedad sureña de los EEUU, sufre un shock al comprobar que el departamento en donde vive su hermana posee un solo dormitorio y que su cuñado, Stanley, no es un hombre gentil y respetuoso, al contrario. Todo lo que Blanche posee está en un baúl y en su valija. Ha traído bellos vestidos y joyas de bijouterie para seducir a algún eventual pretendiente. También los papeles legales que explican la venta obligada de Belle Réve para pagar deudas y su más precioso tesoro: las cartas de amor que su ex marido, aquel joven que se suicidó, le ha escrito.

Blanche, al llegar, no sabe que Stella está embarazada de Stanley. Hace muchos años que no ve a su hermana.

En la casa de su cuñado conoce a Mitch, un amigo de Stanley. Se trata de un muchacho bastante inexperto con las mujeres y muy condicionado por la relación con su madre. Blanche logra atrapar a Mitch simulando una castidad inexistente como táctica para esposarlo. Sin embargo Stanley, que duda de Blanche y del destino del dinero obtenido por lo que él cree fue la venta de tan importante propiedad (sobre la cual, como esposo de una heredera, tiene derechos), se encarga de averiguar sobre el pasado de Blanche. Descubre sus relaciones con múltiples hombres y con jóvenes alumnos y el despido por ese motivo del trabajo. Sin dudar, se lo dice a su amigo con lo cual destruye la relación de éste con Blanche, pues Mitch se aleja. Blanche profundiza su crisis y acentúa su alcoholismo. La noche en la cual Stella está en el hospital dando a luz, Stanley vuelve a casa y encuentra a Blanche alcoholizada y vestida con sus ropas y "joyas· de reina. Stanley viola a Blanche con lo cual quiebra su última resistencia psicológica. Blanche sufre una crisis, enloquece y, al final de la obra, es internada en un psiquiátrico.

Esta es la trama de *Un tranvía llamado deseo*. Hemos tratado de señalar las circunstancias dadas que enmarcan las situaciones a construir. Tomaremos, como ejemplos, una escena, o partes de ella, para tratar de explicar la aplicación del método a las mismas.

Comenzaremos por la escena del Acto I, cuadro primero cuando Blanche, apenas llegada al departamento de su hermana, no encuentra a nadie y es recibida por una vecina, Eunice, quien la hace pasar y va a llamar a Stella que está acompañando a Stanley mientras éste juega a las bochas. Las réplicas o frases subrayadas en el texto son las que, hipotéticamente, consideramos las "bisagras" de la escena y las que nos permitirán realizar una construcción organizada de la misma a través de las improvisaciones iniciales. Tomaremos la escena desde que sale Eunice y Blanche queda sola en el departamento

(Blanche se sienta toda rígida en una silla con los hombros algo levantados, las piernas apretadas y las manos que tocan su cartera como si le hiciera mucho frío. Después de un momento la mirada apagada desaparece de sus ojos y poco a poco comienza a observar alrededor. Un gato maúlla fuerte. Blanche tira el aire contenido de su respiración y se sobresalta. <u>De pronto mira un armario de cocina entreabierto. Se levanta, se acerca y saca una botella de whisky. Se sirve la mitad del vaso y se lo bebe. Coloca la botella en su lugar con sumo cuidado y lava el vaso. Luedo vuelve a sentarse delante de la mesa</u>)

BLANCHE: *(En voz baja, a sí misma)* ¡Es necesario que me controle! ¡Absolutamente!

(Stella arriba a la esquina de la casa y corre hacia la puerta)

STELLA: *(Grita con alegría)* <u>Blanche!</u>

(Permanecen un instante mirándose. Blanche se levanta y corre hacia su hermana con un grito desenfrenado)

BLANCHE: ¡Stella; oh, Stella, Stella! Stellita de oro! *(Comienza a hablar con brío febril como si temiera que una o la otra se detenga un momento a pensar. Están apretadas en un espasmódico abrazo)* ¡Oh, finalmente! <u>¡Ahora, déjame mirarte! ¡Tú no, tú no me mires, Stella!</u> ¡No, no, no, ahora; no! Después de una ducha cuando estaré fresca y reposada! <u>¡Apaga aquella lámpara!</u> ¡Parezco un cadáver con esta luz! *(Stella ríe y obedece)* <u>¡Ahora vuelve aquí, pollito!</u> ¡Stella, Stella, Stellita de oro! *(La abraza nuevamente)* <u>¡Creía que no volverías más a este agujero!</u> Pero... ¿qué digo? ¡No quería decir esto! Es más, hubiera querido ser cortés y decir: "¡Pero qué lugar simpático, que…! Ja, ja, ja, gorrioncito! <u>¡No me has dicho ni una palabra!</u>

STELLA: ¡No me has dado el tiempo, Blanche! *(Ríe pero la mirada que da a Blanche es un poco preocupada)*

BLANCHE: Bueno, ahora habla tú. Estira la lengua y cuéntame todo <u>mientras yo busco si hay algún licorcito.</u> ¡Yo sé, yo sé que lo tienes escondido en alguna parte! ¿Dónde estará, dónde estará, digo yo? <u>¡Oh, caliente, caliente…!</u> *(Se precipita al armario y extrae una botella; tiembla entera y le falta la respiración mientras trata de reír; la botella casi cae de sus manos*

STELLA: *(Dándose cuenta)* <u>Blanche, siéntate, yo prepararé algo para beber.</u> No sé qué puedo mezclar. Debe haber una coca cola fría en el congelador. Ve a ver, querida, mientras que yo…

BLANCHE: ¿Coca a mí? ¡Por favor, no, no, con los nervios que tengo hoy! <u>¿Dónde, dónde, dónde está…?</u>

STELLA: ¿Stanley? Jugando a las bochas. Le gusta. Están haciendo un… <u>¡encontrado el seltz!</u> …torneo…

BLANCHE: ¡Agua solo, amor mío, per alargarlo! Escucha, no te agites tanto, no es que tu hermana es una alcohólica. ¡Es que estoy tan cansada, sudada, sucia! <u>Ahora te sientas y me explicas qué quiere decir esta casa. Qué estás haciendo aquí a adentro…</u>

STELLA: Blanche, disculpa…

BLANCHE: ¡Ah, hipocresías no te esperes de mi parte! Es mejor que aceptes mis críticas. Ni siquiera en sueños hubiera imaginado…ni en las pesadillas más horrendas hubiera imaginado… ¡Sólo Poe! ¡Sólo el Sr. Edgar Allan Poe podría estar a la altura de este lugar! ¿Qué hay allí afuera? ¿El bosque de Macbeth?

STELLA: No, querida, son los postes del ferrocarril.

BLANCHE: No, hablemos en serio ahora, sin bromear. ¿Por qué no me lo dijiste, por qué no me escribiste, por qué no me hiciste saber esto?

STELLA: *(Incómoda, sirviéndose la bebida)* ¿Decirte qué, Blanche?

BLANCHE: ¿Qué? ¡Decirme que estás viviendo en estas condiciones!

STELLA: ¿No te parece que estás exagerando? Yo estoy bien aquí. New Orleans es distinta a las otras ciudades.

BLANCHE: ¡Qué tiene que ver New Orleans! ¡Entonces podrías decirme que...que...pero, por favor, hija mía! *(Improvisamente corta lo que quiere decir)* ¡Stop, basta, asunto terminado!

STELLA: *(Un poco fríamente)* Gracias.

(Williams 15-17)

Hasta aquí la escena sobre la cual reflexionaremos y que, se puede decir, concluye un poco más adelante cuando Blanche dice a Stella que se ha perdido la propiedad llamada Belle Réve.

Habiendo leído toda la obra nos preguntamos:

-¿Cuál es el súper-objetivo de Blanche en toda la obra? ¿Qué deseo recorre su accionar – como acción transversal – y sintetiza, como un común denominador, su participación en esta historia? Hipotéticamente podemos decir que Blanche quiere "salvarse", quiere encontrar un hombre con el cual casarse y reorganizar su vida. Ella no ve otra opción para su futuro.

-¿Qué fuerzas se le oponen?: la hostilidad de Stanley, sus propios conflictos internos y la condición limitada de Mitch quien no podrá superar un chimento – así sea verdadero - sobre el pasado de Blanche.

-¿Cuáles son las circunstancias dadas de la obra en general?:

a)-Blanche ha perdido todo, no tiene adónde ir, ni dinero ni empleo, es alcohólica e ingerir bebidas de tal género es lo único que la calma, su pasado es considerado "infame" por los valores dominantes por lo que le conviene ocultarlo como así también que bebe. No sería un buen partido con tales antecedentes.

b)-Blanche estaba habituada a vivir en una mansión, con sirvientes y posee una cultura literaria y artística que los demás personajes no poseen.

c)-Blanche tiene entre 30 y 40 años y cree que, si no se casa de inmediato, "perderá el tren".

Veamos ahora la escena que, en particular, nos ocupa:

-¿Qué objetivos prioritarios tiene Blanche en esta escena?: su objetivo principal es llegar a decirle a su hermana que han perdido la propiedad familiar y mostrarse atrayente para ser aceptada por su cuñado, a quien no conoce y para que éste o su hermana le sirvan "de puente" hacia algún amigo

-¿Qué fuerzas se le oponen?: Los conflictos internos en los que se debate y lo que oculta, además de no saber cómo reaccionará Stella y su marido, ante el hecho de que se perdió, por deudas, Belle Réve.

-¿Qué objetivos tiene Stella?: Podemos intuir que el súper-objetivo de Stella en toda la obra es el de ser un colchón entre sus afectos. Tratar de evitar los conflictos y no perder a Stanley, su amor. Se le oponen Blanche y su personalidad extraña, Stanley y su desconfianza hacia Blanche y las acciones de Stanley hacia ella y hacia los demás. En esta escena Stella, podemos hipotizar, quiere ver cómo está Blanche y quiere hacerla sentirse bien en su casa.

-¿Cuáles son las circunstancias dadas de esta escena?

a)-Blanche llega de un largo viaje. No conoce a su cuñado y quiere mostrarse atractiva.

b)-No encuentra a los dueños en casa.

c)-Hace diez años que no ve a su hermana.

Hemos subrayado una serie de "bisagras" como para organizar la improvisación. Veamos:

a)-Blanche queda sola una vez que se va Eunice. ¿Qué quiere a partir de ese momento? Algunos alumnos responden: conocer el pequeño y decadente departamento en el que deberá quedarse. Es probable. No lo conoce y lo ve pequeño y en malas condiciones. Algunos agregan: acomodarse y cuidar su aspecto para que se la vea atrayente. También sería un objetivo lógico. ¿Qué fuerzas se le oponen?: las circunstancias dadas que Stella, y eventualmente Stanley, pueden llegar en cualquier momento. Se trata, si se parte con esta hipótesis, de operar construyendo un conflicto con el ambiente y, probablemente, de un conflicto interno entre levantarse o no, por ejemplo, para recorrer la casa.

b)- *"(De pronto mira un armario de cocina entreabierto)"* Esta sería la próxima "bisagra" en nuestra provisoria organización del plan para la acción. ¿Qué quiere? Beber. ¿Qué se le opone?: La circunstancia dada que los dueños de casa pueden llegar en cualquier momento y el conflicto interno de hacerlo o no, pues puede ser descubierta por el cuñado, a quien no conoce.

c)- *"Se sirve la mitad del vaso y se lo bebe. Coloca la botella en su lugar con sumo cuidado y lava el vaso.)"* Blanche ha alcanzado el objetivo anterior: beber alcohol. He aquí la "bisagra". Ahora ¿qué nuevo objetivo nace a partir de este momento? *¿Qué quiere?* Ocultar que ha bebido guardando la botella en donde estaba y enjuagando el vaso. ¿Qué se le opone? El conflicto con el ambiente, seguramente. O sea los objetos con los cuales opera y las circunstancias dadas del inminente arribo de los dueños de casa.

d) *"(Luego vuelve a sentarse delante de la mesa)"* ¿Qué quiere una vez que ha ocultado las "huellas" de que ha bebido? Tranquilizarse volviendo a sentarse para esperar en una posición favorable a sus objetivos. ¿Qué se le opone? Siguen presionando las circunstancias dadas del arribo inminente de los dueños de casa y, probablemente, su vestido, peinado y maquillaje que, en la acción de beber podrían haberse desacomodado. Aparece aquí el primer texto hablado de la escena. Blanche dice: "¡Es necesario que me controle! ¡Absolutamente!

e)- STELLA: "*(Grita con alegría)* ¡Blanche!". La entrada de Stella modifica el objetivo precedente de Blanche. Nace uno nuevo. ¿Qué quiere ahora Blanche?: recibir a Stella, saludarla, abrazarla. ¿Qué se le opone? Lo que ella considera como un peligro a sus objetivos: es decir que, a primera vista su hermana y su cuñado la vean demacrada, desarreglada y vieja.

¿Qué quiere Stella? Abrazar a Blanche, saludarla. ¿Qué se le opone? Habrá que ver cómo se desarrollan las improvisaciones, pero es posible que Stella sienta, en el abrazo de Blanche, algo que no es fluido. Algunas actrices que han interpretado Stella, buenas conocedoras de nuestro modo de trabajar, colocan objetos diseminados por el departamento, platos sucios, prendas de vestir sin lavar, etc. De tal modo, no sólo ayudan a la elaboración de las primeras "bisagras" de su colega, sino también agregan un problema a su personaje. Stella, que sabe que no está viviendo como está acostumbrada su hermana, entra con el objetivo no sólo de saludarla sino también con el de arreglar cuanto antes el lugar para hacerla sentir bien. En tal caso, esta actriz operará construyendo un conflicto con el otro más un conflicto con el ambiente.

Bien. Por ahora lleguemos hasta aquí y realicemos las primeras improvisaciones para construir estas cinco "bisagras". No avancemos más para que las actrices no tengan demasiadas cuestiones a resolver.

Ambas actrices suben al escenario. Quien interpreta Blanche se coloca algunos elementos de vestuario sobre los cuales accionar. Colocamos una valija grande en la cual Blanche trae sus pertenencias. También ubicamos unas botellas y vasos en el mueble que hace de armario de cocina. La actriz que interpreta Stella se prepara detrás de las bambalinas.

La actriz-Blanche se sienta. Comienza la improvisación.

La actriz-Blanche mira hacia arriba un momento y trata de trasmitir lo que el autor sugiere: una mirada vacía. Luego observa hacia alrededor, pero no se detiene en lo que observa. Trata de trasmitir un comportamiento agitado. Levanta los hombros, estrecha las piernas y aprieta la bolsa, tal como lo indica la acotación dramática del autor. Luego se acomoda con cierta tranquilidad la ropa y el peinado. Súbitamente descubre el armario en donde está la botella, corre hacia ella, la abre sin dificultad y bebe. Limpia el vaso, acomoda los objetos en donde estaban y vuelve a la silla. Allí emite el texto: "Tengo que controlarme". Entra Stella. Detengo la improvisación.

La primera cuestión que solicito a quienes observan la escena es que opinen sobre los que les parece positivo de la misma. Y que lo hagan desde el punto de vista técnico y no estético. Es decir que no se expresen con frases como "Me gustó" o "No me gustó", sino que realicen el esfuerzo por comunicar sus opiniones con un lenguaje técnico, intentando clasificar el tipo de conflictos en juego, el tipo de acciones (directas, autónomas, sublimadas y verbales), etc. Otra consigna es que las opiniones externas no deben expresar "yo hubiera hecho esto o aquello" pues de lo que se trata es de observar lo que proponen las compañeras que están construyendo la escena.

Las observaciones positivas se expresan, sobre todo, en que la actriz-Blanche ha respetado la secuencia de las "bisagras", que ha luchado por arreglarse para presentarse atractiva y que ha bebido de la botella con ganas.

Expreso mi opinión partiendo de lo que, nos parece, debemos respetar a rajatabla de una acotación dramática como por ejemplo, en este caso, el hecho objetivo de que Blanche bebe algo alcohólico. Pero opinamos que hay expresiones del dramaturgo que deben ser tomadas como sugerencias. Por ejemplo Williams escribe: *"(Después de un momento la mirada apagada desaparece de sus ojos y poco a poco comienza a observar alrededor)".* ¿Cómo hacemos para que la actriz no realice, como sucedió en este caso, un cliché de ese momento mirando en lontananza y tratando de entrar por la fuerza en un estado de ánimo determinado? ¿Cómo es una "mirada apagada"? Indudablemente se trata de una abstracción poética que sirve al autor para expresar su sentimiento sobre lo que sienten los personajes. Creemos que los actores, sin los cuales no hay teatro, deben poseer la libertad de encontrar la propia vida de sus personajes. Si trataran de repetir al pie de la letra todas las indicaciones subjetivas del autor, transformarían al teatro en un museo. O en un teatro de estereotipos. Williams es un autor que suele describir con demasiada precisión lo que hacen y sienten sus personajes. No nos parece mal. Es su trabajo de hombre de letras y muchas de las acotaciones dramáticas que ha escrito son literariamente muy bellas, pero seremos nosotros quienes, sin traicionar lo importante de sus obras, intentaremos recrearlas a partir del trabajo creativo de los actores que, quizás, encuentran acciones más interesantes durante el proceso de trabajo. O, al menos, sentidas por ellos y vividas por ellos y no una mera repetición de lo escrito por el autor.

En esta acotación dramática Williams señala que: *"(Blanche se sienta toda rígida en una silla con los hombros algo levantados, las piernas apretadas y las manos que tocan su cartera como si le hiciera mucho frío)"* Lo que hizo nuestra actriz es intentar repetir las acciones y la actitud sugerida por el dramaturgo. No partió de sí misma, de lo que ella haría en estas circunstancias.

Además la actriz ha tratado de entrar "a la fuerza" en un estado de ánimo. No ha dejado que éste llegue como consecuencia de la lucha conflictual. El hecho de sentarse e inmediatamente respirar agitadamente es una construcción mental de la actriz. Es notable que *describía* la agitación y no la sentía verdaderamente.

En segundo lugar, señalo que no construyó en profundidad el conflicto con el ambiente en tanto y en cuanto no jugaba al ping-pong con él. Miró alrededor pero sin detenerse en observar lo que sus ojos recorrían y no se dio tiempo para esperar qué venía del "otro lado", y de elaborarlo. Por lo tanto, no creó tensión ni conflictividad con profundidad. Sobrevoló el conflicto. Volviendo a la simple metáfora del auto, ha colocado sólo la punta de los tornillos para unir a los otros elementos de la estructura, pero no los ha insertado hasta el fondo. Cuando llega a la "bisagra" de descubrir la botella, sin conflictividad, ha corrido hacia ella y ha bebido. Y lo ha hecho sin conflicto, sin oposición, pues mientras bebía no construyó al oponente, o sea al ambiente que presiona sobre el personaje en cuánto a las circunstancias dadas ya que el personaje no sabe cuándo y quienes entrarán en la habitación. No sería un buen modo de presentarse a su desconocido cuñado si este la encontrara bebiendo o, también, ante su hermana a quien no ve desde hace años y quien desconoce lo sucedido en los últimos años en la vida de Blanche. Cuando acomodó y limpió los objetos, botella y vaso, también lo hizo con movimientos, no acciones, pues tampoco creó el conflicto con el ambiente. Y, para finalizar, observo que se sentó esperando pasivamente que su partenaire entrara en escena.

Propongo rehacer la improvisación.

La actriz-Blanche se sienta. Le he pedido que no entre "a la fuerza" ni se imponga sentir ningún estado de ánimo ni lo prevea, que se tome el tiempo necesario para elaborar (meter adentro) todo lo que suceda.

La actriz comienza la escena mirando hacia la puerta por donde salió Eunice, la vecina. Observa realmente y espera un poco. Pareciera que ese personaje desaparece de su campo visual. Luego gira lentamente la cabeza y se detiene observando la habitación. Hay platos sucios sobre la mesa, ropa tirada en el piso, etc. Se detiene en ellos y luego aparece una mueca en su rostro. Con ambas manos se aferra a la silla en la que está sentada. Mira nuevamente alrededor y parece detenerse en un detalle ubicado en el lado opuesto a la puerta de entrada. No sabe si levantarse hacia allí o no. Duda. Vuelve la mirada hacia la puerta, se asegura que no venga nadie y con rapidez se levanta. Va hacia el otro extremo del escenario y parece observar por una puerta interior. Comprueba que hay un solo cuarto. Elabora. Vuelve hacia la silla aturdida, cuando está sentándose divisa la botella. El primer impulso es correr hacia ella, pero no lo hace. Se reprime. Se sienta. Mira hacia la puerta exterior pero hay una fuerza del lado opuesto que la atrae: la botella. Lucha por no levantarse para ir hacia ella. Para no beber introduce una mano en su bolso, con agitación verdadera saca un espejo y se mira. Pero lo hace en relación a la puerta exterior, no se aísla con la acción. Se acomoda con rapidez el peinado, interrumpe la acción, mira hacia la botella, queda inmóvil en continua tensión, trata de resistir: no beber. Acelera la acción de acomodar sus cabellos y saca de su cartera elementos para maquillarse. Sin embargo, la línea de las acciones está contaminada de esa fuerza que la atrae y se opone a consumar lo que hace. La tensión crece. Con rapidez, con una reacción casi animal, salta de la silla dejando con fuerza los objetos que estaba usando sobre la mesa. Toma la botella temblando, trata de abrirla pero no puede, la tapa está dura. Lucha desesperada. Mira agitada hacia la puerta exterior. Toma un repasador para abrir la tapa. La botella casi se le cae, logra abrirla, con rapidez se lleva la botella a la boca y bebe de la misma. No usa el vaso. Mira hacia fuera, se pasa la mano por la boca. Coloca la palma de la mano frente a la boca y exhala el aliento para ver si tiene olor a alcohol. Comprueba que sí. Con agitación trata de acomodar la botella en el exacto lugar en el que estaba y trata de cerrar con fuerza la tapa. Corre hacia la bolsa, busca un caramelo. No lo encuentra con facilidad, se desespera. Saca un perfume, mira hacia la puerta exterior, rocía un poco en el dorso de la mano y se la pasa por la boca. Velozmente, sin perder el contacto visual con la puerta, introduce desordenadamente los elementos de maquillaje en su bolso. Se sienta, y dice: "¡Es necesario que me controle, absolutamente!". Acomoda sus ropas, certifica que no se ha manchado el vestido en la acción de beber. Entra Stella. La escena sigue y nosotros seguiremos reflexionando sobre ella hasta el punto señalado en este libro pero ahora saquemos conclusiones sobre esta improvisación.

Es notorio que ahora la actriz construyó conflictividad a través de sus acciones y de la represión de las mismas. Hagamos un recorrido por esos momentos tan interesantes y que demuestran cuánto pueden enriquecer una escena los actores cuando ponen en juego elementos técnicos que le permiten trabajar con libertad.

a)-La actriz comenzó la escena mirando hacia un lugar concreto: la puerta por donde salió la vecina y observó hasta que ésta desapareció de su campo visual. Jugó al ping-pong con la situación, no se apuró. Su mirada tuvo un objetivo concreto: asegurarse que Eunice se haya ido. Y ahí podemos señalar que, en la improvisación, la actriz creó una "bisagra". Su cuerpo descarga lo que siente con la acción sublimada de aferrarse de la silla.

b)-Ahora observa la habitación en la cual está. Se detiene en los objetos tirados y sucios. Su trabajo es concreto, mira cosas concretas y elabora lo que ellos le provocan. Juega al ping-pong con ellos. Una mueca de fastidio y asco aparece como verdadera y no como algo descriptivo.

c)-La actriz propone descubrir a fondo el departamento en donde está su personaje y mirar no le basta. Quiere saber cuántas habitaciones posee pues de ello dependerá en donde se acomodará ella. Sin embargo, a tal deseo, le coloca una oposición: ¿me levanto o no? Por lo tanto construye un conflicto interno simple. Tal contradicción interna está, a su vez, condicionada por el conflicto con el ambiente pues es posible que si los dueños de casa llegan en el momento en que ella está husmeando podría no ser muy apreciado por Stanley, a quien ella aún no conoce. Esa lucha interna simple comienza a generar tensión en ella. Vemos que comienza a "perderse" en la lucha. Vemos que aparecen acciones sublimadas en cantidad lo que es un excelente síntoma de que la lucha interna acontece.

d)-Resuelve ir hacia la puerta interior. Lo hace sin olvidar el conflicto con el ambiente, o sea, realiza la acción de levantarse de la silla con la finalidad de investigar de un *modo* que construye las circunstancias dadas y el conflicto: con rapidez pues el personaje no sabe cuánto tiempo tiene para hacerlo.

e)-Observa que hay un solo cuarto. Elabora. "Mete adentro" tal circunstancia. Juega al *ping-pong* con la situación. Vuelve hacia la silla para apoyarse.

f)-Cuando está por sentarse la actriz propone descubrir la botella de whisky, y con ello lo que la calma, el alcohol, y trabajar sobre un conflicto interno dinámico. Es decir: termino de sentarme o voy hacia la botella. Lucha para no beber por lo que reprime la acción de correr hacia la botella. Sentarse pasa a ser una acción consciente de fuga para no beber. Con el mismo objetivo realiza las acciones de fuga de sacar el espejo y maquillarse, pero no abandona la lucha interna. Una poderosa fuerza la atrae hacia la botella. La actriz "estira la cuerda del arco" a fondo y resuelve el conflicto con un estallido: realiza la *acción directa* de correr hacia la botella de un modo animal.

g)-Cuando toma la botella, la actriz encuentra una nueva dificultad: le cuesta abrirla. La lucha por beber y su interés crecen. Es de esa lucha, de esas acciones, como lo son correr hacia la botella producto de una lucha anterior para no beber, de tratar de abrirla a cualquier costo, etc., que se construirá la Blanche-alcoholizada. No con explicaciones abstractas o clichés sobre "cómo es" una alcohólica. Son las acciones las que construirán a Blanche y no Blanche la que construirá las acciones, pues Blanche Dubois no existe. Es la actriz la que, accionado, le dará vida durante el tiempo que dure el hecho teatral. Si trabajáramos con el primer método stanislavskiano quizás deberíamos pedirle a la actriz que recuerde el deseo de beber o un hecho similar, un deseo similar. En ese caso llevaríamos a la actriz a un momento de su pasado que puede haber vivido, o no. Su preocupación será recordarlo con precisión con lo cual deberá aislarse del "aquí y del ahora" del momento teatral que debe construir. En el caso de la escena analizada la actriz opera no sólo con el deseo de beber sino también con el conflicto con el ambiente pues el personaje no sabe cuándo entrarán los dueños de casa y por lo tanto debe beber cuanto antes. ¡Es este juego de presiones internas y externas lo que le hace vivir-comprender a la actriz cuántas ganas de beber tiene Blanche! No el recuerdo personal ni el pensamiento *apriorístico* pues: ¿cómo *es* un alcoholizado? No lo sabemos. Depende de cómo reacciona cada persona cuando bebe demás y en las circunstancias que lo hace y del grado de alcohol ingerido. Sería una reflexión parásita de nunca acabar.

La actriz encuentra la acción de tomar un repasador para hacer más fuerza y abrir la tapa. En el manejo de los objetos, en las acciones que realiza para abrir la botella, nuestra actriz está construyendo los conflictos y se está construyendo a sí misma, es decir, al personaje. De tal manejo contaminado por la presión interna y externa, observamos que no controla con precisión el uso de los mismos, casi se les caen. Nuestra actriz ha entrado en un estado de ánimo, de agitación real, como consecuencia de la aplicación de elementos técnicos en un orden procesual adecuado: acción-conflictos-ambiente-personaje.

Luego de destapar la botella, la actriz-Blanche encuentra beber directamente de la misma. ¡Muy bien! Nuestra actriz subvirtió la acotación dramática y omitió usar el vaso sugerido por Tennessee Williams. Si yo fuese el hipotético director de esta obra, me anotaría la acción para tenerla en cuenta más adelante pues metaforiza más la acción de beber a cualquier costo del pico de la botella que servirse en un vaso. Es más animal, más primitiva y por lo tanto "dice" más de Blanche y de su condición actual, que la acción más civilizada de hacerlo en un vaso.

h)-La actriz-Blanche encuentra la posibilidad de que su aliento la delate. Acciona en consecuencia generando nuevos problemas para el personaje. Deberá resolver tal cuestión. Realiza la acción directa de correr hacia el bolso a buscar un caramelo pero, operando correctamente, inserta una dificultad: no lo encuentra. Esto hace crecer al conflicto con el ambiente mientras busca. Ya está muy agitada y, podemos decirlo, desesperada. La actriz-Blanche encuentra un perfume y propone una solución para defender a su personaje: quitarse el olor a alcohol bañando el dorso de su mano con él y luego pasárselo por la boca. El espectador, seguramente, observará que las acciones que hace Blanche no son las de una persona que nada tiene que ocultar. Hay fuerzas exteriores e interiores que la atraviesan y que aún no conocemos pero que ya se insinúan.

i)-Presionada por el conflicto con el ambiente, realiza la acción directa de introducir, en el interior de la cartera, los objetos para maquillarse. El modo en el que realiza esta acción es eficaz pues lo hace con rapidez y brutalmente para evitar que la encuentren en una situación "desfavorable" con lo cual profundiza la construcción del conflicto con el ambiente. Después se sienta y dice, con mucha agitación: "¡Es necesario que me controle, absolutamente!"

¡Bien! Ahora sí La actriz-Blanche tiene material para controlarse pues en la construcción de los conflictos anteriores se ha descontrolado. La acción verbal, es emitida como una consecuencia, como un emergente, y no fruto de una causalidad abstracta y pensada.

La actriz ha construido el contexto a través de sus acciones y de la represión de las mismas, y de ese contexto ha surgido el texto hablado de Tennessee Williams.

j)-Para comprobar que ha logrado controlar la situación observa sus ropas y verifica si estas se ha estropeado o manchado por la situación anterior. Es en ese momento que arriba la nueva "bisagra" con la entrada de Stella.

¡Cuántas acciones no previstas han surgido en esta improvisación! ¡Cuántas nuevas y pequeñas "bisagras" ha construido la actriz! Lo ha hecho sin traicionar el súper-objetivo del personaje. Y algo muy importante: ha llegado a un estado de ánimo vivido orgánicamente, no ha partido de él, no nos ha "mentido". De la sistematización técnica, de la correcta operación procesual, esta actriz ha logrado vivir orgánicamente la escena. Se ha agitado, ha luchado por no beber y cuando lo ha hecho, fue como un desahogo "animal", se ha desesperado para evitar que su aliento la delate, etc. Además ha elaborado cada momento que ha construido, ha estado atenta al pong del oponente que, en este caso, al estar sola en escena, sólo puede venir del ambiente y de la lucha interior del personaje.

La actriz-Blanche se encuentre con su hermana Stella pero ya está "calentita", ha vivido momentos que verdaderamente el personaje desea ocultar a los demás. La relación a construir con Stella ya está condicionada por esta escena orgánicamente elaborada.

Sigamos con la improvisación de la escena a construir a partir de la "bisagra" del ingreso de Stella:

La actriz-Stella propone entrar corriendo y abrazar inmediatamente a Blanche. Es tal la potencia de la acción que la modifica físicamente, la despeina, la altera. Blanche reacciona a continuación. Ambas actrices permanecen un momento abrazadas con fuerza tratando de trasmitir, a la otra, su afecto. La actriz-Blanche introduce la "bisagra" verbal: "<u>Ahora, déjame mirarte</u>", con lo cual separa un poco a su hermana para mirarla, es apenas un instante en el cual Stella esboza una sonrisa, pero inmediatamente Blanche se gira y se aleja unos pasos "quitándole el cuerpo" a su partenaire mientras dice la "bisagra" que continúa: "<u>¡Tú no, tu no me mires, Stella!</u>". El objetivo de Blanche, alejarse de su hermana para no ser observada, transforma a ésta, pues se trata de una reacción inesperada luego de un abrazo tan efusivo que, del *modo* realizado, ha construido, sin proponérselo *a priori*, los diez años de ausencia. Stella queda inmóvil por un instante, no sabe qué hacer. Sin embargo intenta acercarse de nuevo. La nueva "bisagra" de Blanche la modifica en su intento por aproximarse: "<u>¡Apaga aquella lámpara!</u>" La actriz-Stella, inmediatamente y sin resistencia, lo hace. La acotación de Williams en esta "bisagra" dice sobre Stella: *"(Stella ríe y obedece)"*. Nuestra actriz no se ha reído. Luego analizaremos este momento.

La actriz-Blanche improvisa, con sus palabras, alguna justificación. Dice algo así como "No me gusta que me veas toda sudada". El texto correcto de Williams es "¡Parezco un cadáver con esta luz!". No importa, por ahora está bien pues no es una réplica muy lejana de la justificación que expresa Blanche. Poco a poco la actriz-Blanche incorporará el texto exacto de Williams. Mientras improvisa este texto, Blanche se reacomoda el vestido y el peinado, tal vez desordenados por el abrazo, con lo cual une la línea de acción interna del personaje y no pierde su objetivo más general

Inmediatamente inserta la próxima "bisagra" acordada una vez que su hermana ha apagado la luz: "<u>¡Ahora vuelve aquí!</u>". Stella lo hace y se abrazan nuevamente. Pero ahora el abrazo es controlado por Blanche quien está muy atenta a no desordenar su aspecto. Y Stella la abraza conmovida porque nota que hay algo extraño en el comportamiento de su hermana. Llega la nueva "bisagra" de Blanche: "<u>¡Creía que no volverías más a este agujero!</u>". La reacción de Stella es inmediata. Su cuerpo tiende a apartarse. Es evidente que la acción verbal de Blanche la ha modificado. No parece sentirse bien. Mira a su hermana pero vemos que hay otras fuerzas que la preocupan: la ropa tirada, los platos sucios, etc. Mientras la actriz-Blanche improvisa algunas acciones verbales para justificar lo que se le ha escapado de la boca, Stella, sin perder contacto visual con ella, comienza a recoger lentamente algunos objetos. Blanche dice: "<u>¡No me has dicho ni una palabra!</u>" La acción verbal surge como un reclamo. La actriz-Stella responde, algo confundida, "¡No me dejaste, Blanche!". La acotación dramática de Williams sugiere a Stella: "*(Ríe pero la mirada que da a Blanche es un poco preocupada)*"

Detengo la improvisación para que no se haga demasiado larga y podamos extraer algunas conclusiones al respecto.

Al preguntar a los demás alumnos qué piensan técnicamente de la escena, se aprecian positivamente algunos momentos a como la acción que encuentra Stella de comenzar a acomodar la habitación para contentar Blanche. También la correcta línea interior que está construyendo Blanche y que viene de la relación con la partenaire y no de la imposición textual. Ejemplo de ello es el segundo abrazo. Otra observación positiva es que no se ha detectado ningún momento en el cual las actrices han descripto el comportamiento de los personajes, lo han vivido orgánicamente sin preocuparse por las miradas de quienes observamos la escena y sólo se han concentrado en la relación con la partenaire.

Muy bien lo dice Stanislavski: "El mejor modo para seducir al público es ignorarlo del todo" (Toporkov 134)

Y con más precisión aún, agrega:

No presten atención al espectador, el público no debe existir para ustedes, Cuánto más lo ignoren, más el espectador seguirá con atención vuestras acciones, así como ahora nosotros hemos seguido lo que han hecho. Esta es una ley de la escena. (Toporkov 120)

Por supuesto, pensamos que Stanislavski hacía referencia al estilo teatral que en su época era vanguardia: el realismo o el drama burgués.

Cuando pasamos a analizar los que nos parece que debemos profundizar técnicamente, un alumno observa que en la "bisagra" en la cual Blanche pide a su hermana que apague la luz, no hubo conflicto pues Stella inmediatamente y sin elaborar ni resistir a esa orden, realizó lo que quería su hermana. Yo acuerdo con esta observación: en esa "bisagra" no hubo conflicto. La actriz que interpreta a Stella dice que, en la acotación dramática, el autor ha escrito que Stella ríe y que ella ha pensado que el pedido de su hermana no le provocaba otra cosa que una cierta simpatía.

Reflexionemos sobre esto: ya hemos expresado nuestra opinión sobre el rol de las acotaciones dramáticas pero más allá de eso, nos parece que hay un procedimiento equivocado por parte de la actriz-Stella en esta "bisagra": ha pensado antes que su personaje, al reír, no valoriza conflictivamente lo que sucede.

El maestro ruso opinaba: "No tienen que preocuparse por el sentimiento. Llegará solo, como resultado de vuestra concentración sobre las acciones en las circunstancias dadas" (Toporkov 137).

El hecho de prever mentalmente qué hará o sentirá su personaje en escena ha limitado a la actriz-Stella y también el respetar al pie de la letra lo escrito, como sugerencia, por el autor. Y suponiendo que respetemos esta sugerencia, ¿Cómo se ríe? ¿Siempre se ríe con alegría? ¿No es posible hacerlo para esconder o escapar de una situación embarazosa? ¿O por compromiso? Le pregunto a la actriz que interpreta a Stella que sintió cuando Blanche la apartó luego del primer abrazo. Me responde que la sorprendió, que vivió ese momento con cierto desagrado pues ella quería que se siguieran expresando cariño, físicamente, tocándose, luego de diez años de no verse, según lo establecido por las circunstancias dadas. Le pregunto por qué, entonces, ante el pedido de Blanche de apagar la luz, "bisagra" que viene a continuación, no continuó elaborando esa línea interna, ya que Blanche le quitó el cuerpo y se alejó para acomodarse. Valoro que, al alejarse Blanche, ella elaboró inmediatamente la sorpresa provocada por tal alejamiento, permaneció un instante inmóvil, confundida, y luego reintentó acercársele, pero este deseo fue paralizado con la acción verbal de Blanche que le pidió apagar la luz, cosa que hizo mecánicamente, desligado del momento anterior, y sin elaborar ni continuar con la línea interna que venía sintiendo. Hay un salto, un quiebre en el trabajo de Stella en esa "bisagra". Además, al no generarse conflicto alguno tal momento podría no estar.

He leído en internet versiones reducidas de *Un tranvía que se llama deseo* que cancelan este momento que parece intrascendente pero que, veremos, es muy importante. Es por ello que recomiendo a mis alumnos usar versiones completas y cuidadas de las obras a trabajar.

Solicito a las actrices improvisar nuevamente esta "bisagra" a partir del abrazo. Le pido a la actriz-Stella que profundice el objetivo de observar qué le sucede a Blanche una vez que ésta se aparta intempestivamente. También le solicito que no ejecute de inmediato la acción de apagar la luz, que resista, que deje que Blanche conquiste lo que desea.

Las actrices recomienzan la escena que procede correctamente, es decir, vitalmente, durante el abrazo. Blanche se aparta. Stella, nuevamente sorprendida pues su colega la empujó con más fuerza para apartarla, permanece inmóvil. Sin embargo, más contaminada por lo que siente como algo extraño, trata de acercarse pero Blanche dice la "bisagra":

"¡Apaga aquella lámpara!". Ahora Stella no obedece. Permanece inmóvil observando a su hermana, sin saber qué hacer. Blanche levanta la voz y repite la orden. Stella resiste y trata de acercársele nuevamente. Blanche se aleja y grita más fuerte e imperativa: "¡Te dije que apagues la luz, Stella!". Es tal la potencia y el descontrol de Blanche que, con preocupación y sin aislarse visualmente de su hermana, Stella se acerca al interruptor y apaga la luz. Cuando Blanche se gira, ya alcanzado su objetivo, dice ahora para aplacar el momento de tensión creado, la nueva "bisagra" "¡Ahora vuelve aquí!" Una sonrisa de compromiso aparece en el rostro de Stella.

Detengo la improvisación. Ahora se ha creado un conflicto intrapersonal a partir de la resistencia de Stella para apagar la luz, resistencia que no se ejecuta en sí o por sí, sino con el objetivo lógico y justificado del personaje de observar el comportamiento extraño de su hermana, cuestión que comienza a preocuparle. La actriz-Blanche ha encontrado, a causa de la resistencia de su partenaire, un estado de ánimo que antes no había sentido: se ha enfurecido porque su hermana menor no ha acatado inmediatamente su pedido. Ha alzado la voz, ha gritado y luego, como su personaje tiene un súper-objetivo claro que es quedarse en la casa y un objetivo más limitado a la escena que es llegar a confesar que se ha perdido la propiedad familiar, ha debido "bajar los decibeles" del momento, que se expresa en la "bisagra": "¡Ahora vuelve aquí, pollito! ¡Stella, Stella, Stellita de oro!". Comenzamos a construir la relación y las subjetividades de los personajes. ¿Cómo es una relación entre hermanas? Pregunta inútil y parásita: hay tantas relaciones entre hermanas como hermanas existen. Lo que debemos construir es ésta relación que no sabemos cómo será hasta que no la vivamos, haciéndola.

No tendría sentido sentarnos, antes de improvisar la escena, a reflexionar sobre la relación entre una Blanche abstracta y pensada y una Stella abstracta y pensada, más allá que pueda elaborarse una conclusión intelectual "correcta", pues condicionaríamos a las actrices a respetar esta información intelectual y las limitaríamos cuando deban expresarse con espontaneidad y sin tantos condicionamientos sobre el escenario.

Existe una circunstancia dada que no hemos mencionado con detenimiento: Blanche es la hermana mayor. Y no sólo por ese motivo podría reaccionar dando órdenes sino, sobre todo, porque no logra controlarse si no ha bebido lo suficiente. Esta reacción de Blanche comienza a construir con verdad el objetivo general de Stella que es acudir y proteger a su hermana en dificultad.

Es de las acciones que hacen las actrices luchando por los objetivos de los personajes, de su eventual represión, de la elaboración de lo que va sucediendo "aquí y ahora" y del ping-pong en cámara lenta entre ellas, que la escena se construirá con organicidad y vivencia y que comenzarán a nacer los personajes y sus relaciones.

Como emergentes de las acciones conflictuales y de su represión eventual, surgirán las acciones verbales que, para organizar el trabajo, nos han servido como punto de partida para, hipotéticamente, señalar "bisagras" a efectos de organizar la improvisación. Al final del recorrido, las actrices dirán exactamente el texto escrito por Williams – no otro – pero será un texto que se emitirá como consecuencia de la construcción de las "raíces del árbol" y no como tonalidades forzadas o preestablecidas.

Metodológicamente ha sucedido otra cuestión importante: en la segunda improvisación la actriz-Blanche se ha apartado de su hermana con un empujón más fuerte que el anterior. Y está bien, pues así ayudó a su colega a sentir el rechazo o, mejor, dicho a elaborar que la elección de Blanche de arreglarse o de no dejarse ver es prioritaria al contacto físico de afecto luego de diez años de separación.

La acción física ejecutada en profundidad no puede no provocar algo en el partenaire. Luego de la improvisación podemos analizar si es efectiva, si en el *modo* en que se la ejecutó construye o no la relación, si es una acción que acerca o aleja al oponente en el sentido deseado para potenciar el conflicto, etc.

Ahora ha surgido una sonrisa en Stella, pero es la consecuencia del nuevo pedido de Blanche de que se acerquen nuevamente. Puede ser también con el objetivo de bajar la tensión creada, puede ser de compromiso, pueden ser ambas o aún puede haber más significaciones. Lo importante es que esta reacción de la actriz-Stella fue la consecuencia de la relación orgánica y no de la repetición de una sugerencia autoral.

Hemos dicho repetidamente que, para nosotros, el teatro debiera ser lo opuesto al museo y no porque desconsideremos la importancia de tales instituciones, todo lo contrario. Pero tenemos que admitir que el rol de un museo es conservar fragmentos o huellas que el pasado nos ha dejado. El teatro, en cambio, posee el desafío de su inmediatez. Sucede "aquí y ahora". Pensamos que el mejor modo de respetar el extraordinario aporte de Tennessee Williams a la dramaturgia universal es "reviviéndolo", recreándolo, aportando nuevas posibilidades teatrales al objeto literario por él creado. Por supuesto que sin traicionar su obra ni modificarla en modo tal que sea otra cosa y no lo que él escribió. Es por ello que llegaremos, en el estreno, a decir el texto exactamente escrito por Williams, pero nos permitiremos no "obedecer" al pie de la letra sus sugerencias sobre los estados de ánimo de los personajes o sobre acciones no "bisagras". Estas últimas, "las bisagras" por supuesto que respetaremos pues producen modificaciones en los objetivos de los personajes.

Sigamos adelante con la construcción de esta escena. Habíamos llegado hasta la "bisagra" de Blanche "¡No me has dicho ni una palabra!"

-¿Qué quiere Blanche? Podemos responder, si realizamos una interpretación literal del texto, que quiere escuchar a su hermana. ¿Será eso? Lo coloquemos al menos en duda pues no es precisamente en ese momento en el que se detiene a escucharla. ¿Qué se le opone? Stella que, ante el comportamiento extraño de Blanche, no sabe bien qué decir. Y Blanche avanza con lo que, creemos, es su verdadero objetivo: beber.

El personaje dice: "Bueno, ahora habla tú. Estira la lengua y cuéntame todo mientras yo busco si hay algún licorcito. ¡Yo sé, yo sé que lo tienes escondido en alguna parte! ¿Dónde estará, dónde estará, digo yo?". Es evidente que lo que quiere Blanche es beber alcohol sin que su hermana se dé cuenta de cuán importante es esto para ella. Usa una táctica de enmascaramiento pues Blanche ya sabe en dónde están los licores. ¿Qué se le opone? La circunstancia dada que el personaje no quiere mostrar con evidencia su deseo. Se le opone lo que podría pensar Stella de ella y así comenzar a descubrir la verdad. ¿Qué quiere Stella? Habíamos observado que nuestra actriz ha sumado a la escena una preocupación por acomodar la casa más su objetivo prioritario de observar cómo está Blanche. ¿Qué se le opone? El modo veloz en que Blanche ejecuta la acción de buscar la bebida. El texto continúa así:

"¡Oh, caliente, caliente...! *(Se precipita al armario y extrae una botella; tiembla entera y le falta la respiración mientras trata de reír; la botella casi cae de sus manos)*" Blanche "encuentra" la botella pero, como consecuencia del modo en que ejecuta la acción, precipitado y confuso, pues debe ocultar su fuerte deseo de beber, no controla la precisión con la que opera sobre la botella.

Aquí llegamos a la próxima "bisagra" que pertenece a Stella quien dice: "Blanche, siéntate, yo prepararé algo para beber".

¿Qué quiere Stella? Calmar a Blanche a quien ve alterada no abandonando su objetivo central que es entender qué le pasa. Esto es importante, pues Blanche no sólo esconde que es una alcohólica y que ha perdido el trabajo como consecuencia de mantener relaciones sexuales con sus alumnos, sino que, en esta escena concreta, aún esconde que se ha perdido la propiedad de Belle Réve. No es que el personaje entra, saluda, abraza a su hermana e inmediatamente después le comunica la mala noticia que trae y que, entre otras causas, motiva su presencia allí. No, da un largo rodeo que, quienes se tomen el trabajo (o el gusto, mejor dicho) de leer toda esta escena completa (que no podemos reproducir aquí por cuestiones de espacio) advertirá que más adelante Blanche reprocha a su hermana que ella sola tuvo que ocuparse de enterrar a su parientes y de los problemas económicos de la familia mientras Stella gozaba con su marido en New Orleans. Con ello extorsiona a su hermana para preparar la "bisagra" con la que concluye su objetivo central en esta escena: comunicar la pérdida de Belle Réve.

Por lo tanto, podemos presumir que la actriz-Stella tendrá un objetivo importante, no expresado verbalmente, durante todo este momento: observar a Blanche en cada cosa que hace y cómo la hace, sin que Blanche se sienta observada ni incómoda, y Blanche tendrá también un objetivo contrapuesto y oculto, más allá de lo que dice, que es aparentar que no está tan mal, o usar su debilidad para llegar, en una posición lo más ventajosa posible, a comunicar la mala noticia.

Como vemos, la idea es organizar la lucha entre dos Myke Tyson que combaten, con tácticas diferentes, para lograr objetivos contrapuestos no explicitados en la literalidad del texto escrito.

La próxima "bisagra" es de Blanche que, una vez que su hermana comienza a prepararle un trago, expresa: "<u>¿Dónde, dónde, dónde está…?</u>"

¿Qué quiere Blanche ahora? Saber acerca de Stanley a quien no conoce y prepararse para ese encuentro. Podemos presumir que su comportamiento en relación a la bebida podría modificarse si Stanley hubiera llegado con Stella o si fuera inminente su arribo. La respuesta de Stella la calma momentáneamente. Stanley no llegará tan rápidamente. Puede beber con más tranquilidad aunque con la oposición de no mostrar a su hermana cuánto le gusta beber alcohol. Sobre esa oposición puede operar la actriz-Blanche. Esperar que le sirvan la bebida sin demostrar mayor interés en ello. Stella quiere hacer sentir cómoda a su hermana pero, seguramente, estará atenta a sus reacciones.

Stella inserta una nueva "bisagra": "<u>¡Encontrado el seltz!</u>". Y luego termina la réplica diciendo que Stanley está participando de un torneo.

¿Qué quiere Blanche a partir de esta "bisagra"? Disimular, a través de la acción verbal, cuánto desea beber, aunque ahora sabe que puede hacerlo con menos restricciones sabiendo que Stanley no llegará inmediatamente. ¿Qué se le opone? Si la actriz que interpreta Stella se toma un cierto tiempo en preparar la bebida, es probable que el objetivo reprimido de Blanche se potencie. La acción verbal de Blanche: "¡Agua solo, amor mío, para alargarlo! Escucha, no te agites tanto, no es que tu hermana es una alcohólica. ¡Es que estoy tan cansada, sudada, sucia!" tendrá como objetivo enmascarar lo que verdaderamente desea. Por lo tanto se tratará de una acción verbal de fuga.

La próxima "bisagra" es de Blanche: "<u>Ahora te sientas y me explicas qué quiere decir esta casa. ¿Qué estás haciendo aquí adentro...?</u>"

¿Qué quiere Blanche? Podemos presumir que desea una explicación de parte de su hermana sobre las razones que provocaron que ahora habite en un lugar decadente y muy diferente a la mansión familiar y a las costumbres de los aristocráticos Dubois, ex terratenientes del sur estadounidense. ¿Será solamente eso? Seguramente tal afirmación de Blanche profundizará la incomodidad de su hermana, ya iniciada cuando Blanche dijo "<u>¡Creía que no volverías más a este agujero!</u>". Pero tal objetivo se agotará en una eventual respuesta verbal de Stella que, entre otras cosas, sucede más adelante cuando dice: "Yo estoy bien aquí. New Orleans es distinta a las otras ciudades".

Es decir, todo podría quedar reducido a un intercambio "de razones". Ahora bien, si Blanche agrega el objetivo de hacer sentir mal a su hermana, pues ésta no la recibe en un lugar adecuado a la costumbre y condición social familiar, y prepara el terreno hacia su objetivo principal en la escena – comunicar la pérdida de Belle Réve -, usando la extorsión de la culpa, podemos presumir que la escena será aún más conflictual y que ambas oponentes se "medirán" en un combate no dicho pero orgánicamente vivido.

Se desarrolla, a partir de esta "bisagra" un cambio de réplicas en las cuales Blanche ataca y Stella se defiende, no hay cambios de objetivos, hasta que llegamos a la última "bisagra" cuando dice Blanche: "<u>¡Stop, basta, asunto terminado!</u>"

Propongo a ambas actrices retomar la improvisación.

Partimos de la "bisagra" de Blanche "¡No me has dicho ni una palabra!"

La actriz-Stella levanta los objetos caídos sin aislarse de su hermana, pues la observa para ver cómo está. Ha elaborado e incorporado la "bisagra" transformadora del "agujero" en el cual, para Blanche, ella habita con su esposo. Por lo tanto tiene cierto apuro en organizar el espacio pero trata de no perder contacto con su hermana con lo cual la actriz realiza estas acciones contaminada por el conflicto interpersonal y con el ambiente. Vemos que trata de controlarse y de dar una lógica a la concreta organización de la habitación (es decir, adónde coloca los objetos y cómo) pero su línea de acciones está "contaminada" por los conflictos y, a su vez, lo construyen.

La actriz-Blanche improvisa la próxima "bisagra" diciendo: "Seguro que tendrás algo para beber en casa" que equivale al texto escrito: "mientras yo busco si hay algún licorcito". Y se dirige al armario.

Stella detiene la acción de acomodar los objetos y observa a su hermana. Blanche inserta la bisagra "¡Oh, caliente, caliente...!" y "encuentra" la botella pero parece sentir la mirada de preocupación de Stella. Se gira mientras intenta aferrar la botella y disimular, así, su ansia por beber. Al realizar esta acción *directa* con ambigüedad no es precisa en levantar la botella, que se vuelca sobre otras. Éste accidente provoca la inmediata reacción de Stella que corre y ordena los licores. Luego toma a Blanche, la acompaña hasta una silla y dice la "bisagra": "Blanche, siéntate, yo prepararé algo para beber". No pierde jamás contacto con cada pequeña reacción de Blanche y Blanche está atenta a cada acción de Stella.

Stella, sin desconectarse, va hacia el armario de la cocina mientras sugiere a Blanche que puede mezclar la bebida alcohólica con coca cola. Blanche rechaza esta proposición justificándose con su estado de exaltación. En este momento observamos cómo la actriz-Blanche ha usado la acción verbal para mostrarse especialmente débil y preparar el terreno para lo que se propone y que explicitará más adelante. Se produce un silencio. En él Stella busca la bebida alcohólica sin dejar de observar a Blanche. Blanche lucha por controlarse y mira alrededor. Luego de unos instantes, Blanche parece "encontrar" la próxima "bisagra": "<u>¿Dónde, dónde, dónde está…?</u>"

Observamos que su preocupación no es sólo obtener una respuesta verbal de Stella, sino también tomar contacto con la acción de buscar la bebida que está realizando su hermana, pero sin que ésta se percate de ello. Aparecen, inconscientemente, variadas acciones sublimadas como mover un pie debajo de la mesa, pasarse la mano por la frente, morderse los labios, etc.

La "bisagra" de Stella: "<u>¡Encontrado el seltz!</u>" y la información de que Stanley está jugando un torneo de bochas, provoca una modificación en el comportamiento de Blanche que ahora trata verbalmente de enmascarar aún más su deseo, pero su cuerpo reacciona relajándose un poco pues beberá de inmediato y sin la presencia de Stanley.

Stella sirve la bebida para ambas. Blanche toma el vaso inmediatamente y bebe su contenido velozmente.

Detengo la improvisación y pregunto a la actriz-Blanche:

-¿Tu personaje quiere que Stella sepa cuánto le gusta beber a Blanche? La respuesta es. "No".

-¿Y entonces por qué te has arrojado de esa manera sobre el vaso?

La actriz me responde: "Es que tenía muchas ganas de beber y había "estirado la cuerda del arco" durante la "bisagra" anterior".

-Está bien. Pero si "arrojas la flecha" en este momento traicionas a tu personaje pues lo que hemos acordado es que lo que quiere es no mostrar que bebe en demasía. ¿Y si trabajas un conflicto interno simple entre: ¿ahora bebo o no? ¿Espero un poco o no? ¿Si lo hago ahora, ella se dará cuenta, o no? etc.

La actriz acepta esta sugerencia y continuamos la improvisación.

Stella coloca los vasos ya servidos sobre la mesa. Blanche no hace nada ¡pero hace tanto! pues observamos un cuerpo que vibra, sentimos un fuerte impulso hacia su vaso controlado que no se consuma. La actriz, para no beber de inmediato, aferra una servilleta de tela que hay sobre la mesa. Se trata, claro de una acción consciente *de fuga*, mueve sus piernas acompasadamente debajo de la mesa (acción inconsciente sublimada). Es allí que, con cierta furia, emite la acción verbal-"bisagra": <u>"Ahora te sientas y me explicas qué quiere decir esta casa. ¿Qué estás haciendo aquí a adentro...?"</u>. Y no sólo lo dice, sino que además toma a Stella de un brazo y a la fuerza la hace sentar.

Hemos encontrado que, de la represión de beber, se ha generado un estado de ánimo determinado que es coherente con el objetivo de la "bisagra" siguiente. Blanche reprueba a su hermana, con todo el cuerpo, el lugar en dónde vive y en dónde deberá vivir ella. Y además, tal estado de ánimo, seguramente tocará a Stella quien no desea que su hermana se sienta mal o incómoda por causa suya.

El diálogo que se desarrolla después y hasta la "bisagra" final de la escena a improvisar, está repleto de acciones autónomas y sublimadas por parte de Blanche que duda, a cada momento, entre beber o no, o en qué momento hacerlo y con qué frecuencia. Stella trata de desdramatizar pero vemos cómo no pierde de vista el comportamiento de Blanche y trata de calmarla y asegurarla. Vemos también que, en la medida en que crece el objetivo de Blanche de hacerla sentir en culpa, Stella elabora, hace suya, "mete adentro", cada acometida y comienza a encontrar acciones de fuga y sublimadas para resistir. Cuando la actriz-Blanche improvisa el texto: "Vives en la mierda" (se trata de las palabras que la actriz ha encontrado en la improvisación y que podrían equivaler al texto escrito por Williams: "¡Decirme que estás viviendo en estas condiciones!", la actriz-Stella se alza y va hacia la mesada de la cocina a buscar la botella de bebida alcohólica. No es que el contenido de los vasos se ha vaciado. Es que, con esa acción consciente de fuga, trata de resistir el objetivo de Blanche.

La actriz-Blanche se desencadena y prácticamente insulta a su hermana.

Detengo la improvisación, y felicito a ambas actrices por el eficaz trabajo realizado en la medida en que han profundizado los objetivos, han accionado, Blanche ha hecho sentar a la fuerza a su hermana, etc. pero, sobre la última parte de la escena pregunto a la actriz que interpreta a Blanche:

-¿Tu personaje tiene otro lugar adónde ir?

-No.

-¿Hace cuánto que Blanche no ve a Stella?

-Diez años.

-¿Podría haber cambiado Stella en ese período?

La actriz piensa. Luego responde:

-Sí, podría. Es posible.

-¿Le conviene a tu personaje llevar las cosas a una eventual ruptura que sería más que abrupta? Blanche no tiene un centavo. ¿Adónde pasaría la noche? ¿No le conviene más luchar por controlarse en todo sentido, no solo en beber sino en reprochar con tanta intensidad a su hermana? Reprocharle para hacerla sentir en culpa, sí, pero no insultarla, pues luego te costaría más llegar al objetivo prioritario de tu personaje en esta escena que es decirle que se ha perdido Belle Réve. Y además, ¿no sería interesante sumar como objetivo de Blanche estudiar también las reacciones de su hermana? Hace una década que no se frecuentan.

La actriz me escucha, asiente e improvisamos la última parte de la escena.

Ahora vemos que Blanche ataca con la acción verbal pero trata de controlarse, no se desahoga sin control, no "eyacula" de una vez, lucha por controlarse, a veces lo logra, a veces no. No olvida su lucha interior entre beber o no. La acción verbal surge entrecortada, como si el personaje encontrara razones, las reprimiera y luego las dejara salir a mitad. Stella siente que Blanche no sólo le está reprochando muchas cosas en modo implícito, sino también que no está bien, que no logra expresarse con fluidez. La escena termina con la "bisagra" de Blanche: "¡Stop, basta, asunto terminado!"*y* el texto liberador de Stella*:* "Gracias". Al decir la "bisagra" final, Blanche bebe un buen sorbo de licor.

Hasta aquí hemos tratado de trasmitir una síntesis del trabajo metodológico sobre esta escena de *Un tranvía que se llama Deseo*. Sabemos que en una publicación es imposible expresar lo que la experiencia y el trabajo de tantos años nos ha enseñado sobre el escenario. Sin embargo creemos que el recorrido metodológico es claro. Por supuesto que los resultados técnicos – no estéticos, pues no se trata de una puesta en escena y las improvisaciones se realizaron en el marco de una relación pedagógica – dependen de las capacidades individuales, pero lo que nos afirma y estimula es la constatación de que los alumnos logran construir "el auto", o sea la situación teatral, con solidez, más allá de las diferencias y de los talentos particulares. Decíamos antes que la belleza, es decir la construcción del objeto estético, es un paso posterior y está sujeto a la necesaria subjetividad del director y de los actores. Describir tal momento subjetivo puede ser interesante pero creemos que las conclusiones que se pueden extraer son aplicables a una experiencia estética particular, no repetible. Aquí tratamos de demostrar un procedimiento técnico y no de mostrar una experiencia artística.

Hemos elegido la primera escena conflictiva de *Un tranvía que se llama Deseo* para ejemplificar nuestro proceder con el comienzo de una obra teatral, cuestión que nos parece interesante porque, en general, suelen ser los momentos menos conflictivos de las mismas. En estas escenas iniciales, los conflictos suelen esbozarse para después desarrollarse y explotar sobre el final. A veces, es más simple, para los actores y alumnos, construir escenas con conflictos claros, evidentes y de mayor dimensión expresiva pues estas suelen poseer aristas más salientes de las cuales aferrarse. Las iniciales suelen, en definitiva, poseer una complejidad más acentuada y colocan al actor en el desafío de construirlas con conflictividad atrayente.

En lo sucesivo reflexionaremos sobre escenas ubicadas en otros momentos de las obras como para tratar de explicitar nuestro modo de trabajar.

Abordemos, entonces y a continuación el trabajo sobre una escena del teatro de Antón Chejov.

8- TRABAJO SOBRE UNA ESCENA *EL JARDÍN DE LOS CEREZOS* DE ANTÓN CHEJOV

Sostenemos con frecuencia en nuestros cursos y seminarios que un actor o una actriz que no hayan trabajado con escenas u obras de este gran dramaturgo ruso poseen una seria limitación en su formación técnica.

Es que trabajando sobre las creaciones de Chejov el actor se encuentra, verdaderamente, frente a la especificidad de su trabajo, con una claridad absoluta. ¿Por qué? Porque será él quien deberá construir por sí y sin pistas demasiado evidentes que provengan de la literatura teatral chejoviana, la situación teatral. Creemos que lo que hace enorme, inconmensurable, a Antón Chejov es que se trata del dramaturgo que, en la historia del teatro universal, ha colocado sobre la escena el divorcio entre la palabra y el deseo. Los personajes chejovianos no expresan en palabras lo que les sucede o desean, salvo en momentos finales o muy conflictuales en donde no tienen escapatoria. Y, a veces, como veremos, ni siquiera en ellos.

Si hay un común denominador en la poética chejoviana es su crítica a la falta de coraje del ser humano para vivir la vida según sus deseos.

La palabra, en Chejov, suele funcionar como una acción verbal de fuga, con lo cual resulta muy difícil para los actores construir la situación partiendo de la literalidad del texto. Si leemos una obra de Chejov observaremos que los personajes dicen una cosa contraria a lo que, trabajando luego en el escenario, encontraremos que desean y, a veces, tal situación suele expresarse en las acotaciones dramáticas que contradicen lo que las palabras expresan. Es por ello que los actores se encuentran de frente a lo que tiene de específico su trabajo que no es interpretar literariamente un texto, ni decirlo más o menos bien, ni pensarlo. Deben construirlo accionando – y, en este caso, reprimiendo las acciones directas - y, como obras de arte que las obras chejovianas son, pueden ser construidas en un sentido o en otro, todos válidos, pues allí radica su riqueza: en su naturaleza polisémica.

Si leemos un texto de Chejov parece que no sucede nada. No encontramos grandes conflictos en lo que se dice. Es que lo más importante radica en lo que no se dice y en lo que no se hace. Hay, entonces, un abismo entre las palabras y las apariencias en relación a los hechos y la realidad.

Esta conflictividad no evidente sucede, sin embargo, en el interior de los personajes y no suele provenir tanto de hechos extraordinarios de las circunstancias dadas. No es que sucedan grandes acontecimientos en las obras de Chejov como asesinatos, robos, etc. salvo en algunas obras juveniles. La tendencia al suicidio se hace presente en esas obras (*Platanov*, *Ivanov* y *La gaviota*, para dar algunos ejemplos) pero, en general, nos encontramos frente a vidas melancólicas que, en algún momento reaccionan, o quisieran hacerlo, pero después todo vuelve a acomodarse como antes. La vida trascurre entre hechos cotidianos que, sin embargo, no carecen de profundos conflictos interiores. No hay héroes en el teatro de Chejov, sino seres "grises" que transcurren la vida escapando de intentar modificarla.

En una primera lectura de sus obras nos sorprenden llantos o risas imprevistas. Frases inconclusas, comportamientos que no se condicen con lo dicho por los personajes.

Es por ello que, al inicio de este trabajo escribimos sobre una escalera de complejidades pedagógicas a recorrer por el alumno en su camino formativo. En el teatro de autores como Tennessee Williams, por ejemplo, observamos que más allá de la belleza poética del texto y de las situaciones dramatúrgicas creadas con suma sensibilidad, la palabra y la acción no están muy distantes. Es verdad que los personajes, a veces, esconden lo que les sucede, pero en algún momento lo expresan con claridad o podemos deducir con mayor facilidad lo que desean. En la poética chejoviana no.

Un detalle: en una entrevista a Tennessee Williams realizada para la revista *The Paris Review*, en 1981, se le preguntó al autor estadounidense sobre las influencias en su escritura. Williams respondió antes las preguntas: "¿Qué escritores me influyeron en mi juventud?: Chejov. ¿Cómo dramaturgo?: Chejov. ¿Cómo cuentista?: Chejov".

Sorprende también en la lectura de los textos teatrales chejovianos la frecuencia con la cual el autor nos sugiere pausas y silencios. Trabajando en el escenario hemos comprobado que la importancia de tales momentos es fundamental. Y no se trata de un respeto a-crítico en relación a su literatura teatral sino a la verificación práctica de que el silencio no es la repetición de un modelo anquilosado, a "un modo de museo para hacer Chejov", sino que se trata de una necesidad que potencia los conflictos mucho más que cientos de palabras.

Creemos que el teatro de Chejov no es naturalista. Podríamos definirlo como impresionismo realista y, si queremos establecer comparaciones de su poética con otras artes, lo asemejaríamos al lirismo musical de Tchaicovski o al paisajismo de Levitán en la pintura. Chejov aporta al drama burgués sencillez, belleza y autenticidad. Busca una verdad esencial. Una frase de este gran autor ruso resume su pensamiento artístico: "La verdad es siempre más fuerte que su más fuerte imagen".

Nada más lejano a Chejov que la exageración, que la ampulosidad exterior de los comportamientos y la ostentación. Es tan profunda su dramaturgia que cada personaje, así sean los de "segundo orden", llevan consigo algún drama oculto, algún sueño escondido. La vida no está expresada en palabras.

No es casual, entonces, el afortunado encuentro artístico entre Chejov y Stanislavski. Ambos creadores poseían objetivos comunes: expresar los conflictos humanos sin ampulosidad ni artificiosidad. Chejov escribió varias obras a pedido de Stanislavski y fue este encuentro extraordinario lo que potenció ambos aportes geniales a la historia del teatro. Como en el caso de Tennessee Williams podemos afirmar, estudiando la vida y las obras de Chejov, la profunda relación entre la existencia del autor ruso y sus creaciones artísticas.

Antón Chejov nació en Taganrog, ciudad del sur de Rusia, en 1860, en el seno de una familia de características patriarcales y autoritarias. Su padre, un riguroso jefe de familia, poseía un negocio de ramos generales con los que mantenía a sus siete hijos. El pequeño Chejov solía observar las características de los clientes y llegó a organizar, con sus hermanos y primos, un pequeño teatro en el interior de su casa, en donde los niños representaban e imitaban a los compradores que frecuentaban el almacén y también a integrantes de la familia. No es casual que en uno de los primeros textos de espesor de Chejov, *La Gaviota*, observamos al comienzo de la obra un teatro construido en una propiedad familiar.

El contacto de Chejov con la naturaleza y su preocupación por preservarla, cuestión que aparece con frecuencia en sus textos teatrales y en su relatos (creemos que fue uno de los primeros ecologistas) parece haber nacido de los continuos viajes que, siendo niño, realizaba con sus padres a través de la estepa para visitar a un abuelo que vivía a 70 verstas (una medida rusa que equivaldría a un poco más de 70 kilómetros). Uno de sus más célebres cuentos *En la estepa* es un ejemplo claro de ello. Y la distancia – 70 kilómetros – se repite constantemente en sus obras.

Según sus biógrafos, en uno de esos viajes, siendo niño Chejov contrajo un fuerte resfrío que se transformó en neumonía y estuvo en peligro de muerte. Fue un médico alemán, el doctor Strempf, quien lo acudió y logró salvarlo. Tal situación parece haber influido en las futuras elecciones de vida de Chejov en cuanto a sus estudios de medicina y a su laurea como médico. La adolescencia de Chejov fue traumática pues su padre quebró económicamente y, acosado por las deudas, tuvo que vender la propiedad familiar y el almacén y trasladarse a Moscú para buscar mejor fortuna. Lo curioso es que vendió la propiedad a un ex empleado y dejó en ella al joven Chejov, un adolescente de 16 años, con un hermano menor a su cuidado. Antón se encontró ante la contradictoria situación de alquilar una pieza de su ex casa, que lograba pagar a cambio de enseñar a leer a un hijo del nuevo propietario. Tampoco consideramos casual que, en sus obras, es frecuente la situación en la que se dejan, se rematan, se abandonan o se venden, casas y propiedades (*Platonov, El jardín de los cerezos*), o es posible que ello suceda, o se desea hacerlo (*Tío Vania, Tres hermanas*)

Aparece, en sus obras teatrales y también en algunos de sus cuentos, está situación como algo reiterado, como un lugar que se va a dejar o se dejó y que provoca melancolía y tristeza. Una sensación de calor perdido y añorado.

Chejov comienza a escribir muy joven, a los 17 años, en 1877. Escribe cuentos para revistas cómicas y llega a editar una revista artesanal llamada *El tartamudo*. A los 18 años esboza su primera obra teatral que llamó en un primer momento *Orfandad* y luego *Platonov*, texto que concluyó dos años después y que no se llegó a estrenar en vida del autor. Se estrenó en Francia a mediados de los años 20. En esta obra aparece la temática del "hombre inútil", o mejor dicho, que se considera como tal. Se trata de un personaje escéptico y desilusionado de la vida con sólo 35 años que se siente frustrado por no poder concretar sus sueños y sus grandes ideales de justicia y verdad. También, en esta primera obra juvenil, se insinúa otro tema que será recurrente en las obras de Chejov: la idea del suicidio. Platonov no llega a concretarlo pero tal situación aparece como una posibilidad.

En 1879, con 19 años, Chejov deja su ciudad natal ya recibido de bachiller y se transfiere con su hermano menor a Moscú, a la nueva casa de sus padres: un lugar no muy apropiado para tantas personas. Abandona Taganrov y con ello, sus amigos de infancia, sus objetos queridos, sus lugares conocidos, su naturaleza cercana y amada. Una gran ciudad lo espera y con ello nuevos desafíos. Esta partida, al parecer, profundiza en el autor sus sentimientos de nostalgia por lo que se deja atrás, por lo que se pierde y abandona, como dimensión emotiva. Tal sensación podemos percibir en el cuento *La desgracia ajena* y la obra teatral *El jardín de los cerezos*, por ejemplo.

En Moscú, Chejov se hace cargo económicamente de su familia y de los problemas que en ella acontecen, como la tendencia a beber de su padre y el alcoholismo de su hermano mayor. Logra aportar dinero escribiendo para revistas y folletines, tan comunes en la época. Adopta un seudónimo: Antojha Chejonte. Entre 1879 y 1881 publica 20 cuentos en la revista *El espectador*. Paralelamente estudia medicina y se recibe en 1884, a los 24 años. La sensibilidad de Chejov por las condiciones humanas de pobreza, enfermedad y miseria es enorme. Sin tomar posiciones partidarias, Chejov demostrará a través de los actos de su vida una profunda sensibilidad social.

La dicotomía escritor-médico es muy bien asimilada por el genial autor ruso quien llega a expresar, con su humor irónico y característico que, para él: "La medicina es mi esposa, la literatura es mi amante."

El ejercicio de la medicina decide realizarlo en áreas rurales (recordemos al personaje del doctor Astrov en *Tío Vania*), instalándose en Voskrensek, localidad campestre no muy distante de Moscú (que le inspira dos cuentos muy conocidos: *El fugitivo* y *La cirugía*) y suele frecuentar las mansiones de propietarios terratenientes. En Bábkino, una hacienda cercana a Voskresenk, conoce a personalidades y figuras del ambiente artístico. Es quizás en ese lugar en el que acumula estímulos para escribir su futura obra *Tío Vania* (primero llamada *El genio del bosque*) pues la hija del propietario de ese lugar sufre el mismo conflicto que Sonia en *Tío Vania*. En esas reuniones en Bábkino conoce a Tchaicovsky y a Leviton. En 1884 sufre su primer ataque de tuberculosis, enfermedad que lo llevará a la muerte, en 1904, a la edad de 44 años.

En 1887 escribe su segundo texto teatral. Se trata de *Ivanov*. Lo hace por encargo en 15 días y va entregando las escenas y los actos a medida que los termina. En esta obra reaparece el tema del "hombre inútil" y frustrado. Con sólo 35 años, Ivanov no logra conservar esperanzas en la vida. No hay causas extremadamente importantes que lo lleven a tal determinación. Siente culpas por haberse enamorado de otra mujer que no es su esposa enferma. Su malestar existencial parece habitar con potencia adentro del personaje más que en las circunstancias a las que enfrenta. Al final de la obra Ivanov se suicida. En una novela corta que escribe en esos años, *Las luces*, expresa: "Nada se entiende en esta vida".

La escritura de Chejov trata de ser imparcial y objetiva en el sentido en que el autor se coloca en la posición de testigo de los hechos y trata de relatarlos o representarlos con la mayor objetividad posible. Pero vemos que, de modo indudable, lo que le va sucediendo en la vida, aparece con claridad en sus obras. Chejov trata, conscientemente, de rechazar los dogmas ideológicos. Sin embargo, su último texto teatral, *El jardín de los cerezos* escrito en 1903, ya preanuncia, probablemente sin que el autor se lo proponga, los profundos cambios que sufriría la sociedad rusa unos años después, en 1917.

En 1888 escribe una farsa-comedia, *El oso*, que se convierte en un enorme éxito teatral como consecuencia del cual Chejov gana mucho dinero. Tal es así que logra concretar un sueño anhelado: la compra de una propiedad rural con parte de lo recaudado. Con humor, nuestro autor afirmaba que había equivocado el nombre de este acto único pues debería haberlo llamado "La vaca lechera". En 1899 escribe otra farsa extraordinaria *El pedido de mano* en donde su vena cómica se despliega con bella eficacia. La temática central de Chejov se mantiene también en sus obras cómicas: la falta de coraje para guiar la propia vida. Ese mismo año escribe *El canto del cisne*, *El genio del bosque* (que preanuncia *Tío Vania*) y la comedia *El casamiento*. En esos años escribe numerosos relatos, además de los ya nombrados, como *La misa*, *La bruja*, *En el camino*, la novela corta *La cigarra*, *Cuentos de Melpomene*, *El crepúsculo*, *Palabras inocentes*, *La estepa*, *La dama del perrito*, *El arrepentimiento*, *Las bellas*, *¡Olvido!*, etc. Con *El crepúsculo* gana el premio Pushkin en 1888 y se consolida como un afamado hombre de letras.

En 1890 Chejov decide hacer un viaje de 7.000 kilómetros, atravesando toda Rusia, hasta las islas Sakhalin, ubicadas en el extremo noreste de ese país, a las cuales, entre otros lugares, solían ser deportados los prisioneros políticos y también los presos comunes. Su objetivo fue hacer un censo de los deportados e interiorizarse de sus condiciones de salud y de vida. El viaje duró tres meses durante los cuales Chejov tomó contacto con la todavía virgen naturaleza de su vasto país. En las islas-cárcel realizó estadísticas y llegó a censar cerca de 10.000 personas. De esa experiencia de vida surge su relato *Las islas Sakhalin*. Es de destacar que durante toda su vida Chejov, sin hacer alarde alguno, contribuyó con los presos de Sakhalin enviando dinero para asilos, bibliotecas y escuelas a construir en ese desolado lugar.

Al poco tiempo de su regreso a Moscú, volvió a viajar para conocer la Europa occidental visitando Austria, Italia y otros países. De regreso en Rusia se instaló en su casa campestre de Melíjovo — ¡a 70 km, de Moscú! — en donde solía recibir a personalidades de las artes, el teatro y la literatura rusa. Escribe el cuento *El duelo*. También escribe la comedia *El aniversario*, una recreación teatral de su cuento *Una criatura indefensa* y conmovido por los sucesos políticos que acontecían en su patria, compuso el cuento *Relato de un desconocido* sobre el accionar de un terrorista.

En 1895 conoció a una mujer importante en su vida, Lika Misinova, de 22 años, bastante menor que él — Chejov tenía 35 — y, contemporáneamente, escribió *La Gaviota*, cuya trama tiene mucho que ver con el amor inconcluso entre Antón y Lika. El personaje femenino protagónico de *La Gaviota* se llama Nina. Como le sucede a Nina en la obra, Lika Misinova, viaja a Francia con un pintor, Potapenko, (en *La Gaviota* el personaje se llama Trigorin y es un escritor). Se trata de un hombre casado que luego la abandonará, embarazada, en París. De esa unión nació una niña, Cristina, quien falleció al poco tiempo. Un acontecimiento similar le sucede a Nina en la obra referida.

Podemos decir que *La Gaviota* es una obra de mayor espesor que las anteriores. Chejov la entregó a una compañía de San Petersburgo que la puso en escena con muy poco tiempo de ensayo e interpretando literalmente el texto, sin escarbar en sus aspectos no dichos verbalmente. La obra, ejecutada de tal manera, fue puesta en escena como un melodrama y recibió el rechazo del público y de la crítica. Chejov prometió no escribir más para el teatro.

En 1898, a partir de la insistencia del socio de Stanislavski, el director Nemirovic-Danchenko, socio fundador con el gran maestro ruso del Teatro del Arte de Moscú, Chejov aceptó que se pusiera en escena *La Gaviota* con la dirección de Stanislavski.

El nuevo modo de ensayar, la exhaustividad en el trabajo sobre la obra (cosa inaudita para el teatro de la época en donde los actores recibían sus "partes", se la aprendían de memoria y subían al escenario a recitarlas retóricamente – al parecer Arkadina, el personaje de *La Gaviota*, es un ejemplo de ello -), la búsqueda de la verdad escénica, la construcción de un "mundo subterráneo" que no se limitaba a la verbalidad, fueron cartas ganadoras y el éxito fue total. Se produjo una suerte de revolución en el teatro ruso de la época. El público apreciaba cómo los personajes no decían sus textos por decirlos o porque estaba escritos, apreciaban los silencios cargados de tensión y conflictividad, etc. Nada de eso podía apreciarse en otras puestas en escena del momento. Una vanguardia sólida se instalaba en el arte teatral de la época.

La relación entre la dramaturgia de Chejov y las puestas de Stanislavski se acentuó. En 1899, a pedido de éste, Chejov escribió *Tío Vania*, un nuevo éxito artístico y también de público. En esta obra se profundizan los temas recurrentes en Chejov: el amor no correspondido, la falta de coraje para cambiar de vida (tal expresión de esa cobardía podemos encontrarla en la relación entre Astrov y Elena, como así también en Vania y en Sonia), la posibilidad de la venta de la propiedad y, por último, el regresar a un modo de vivir monótono y sin salida.

La enfermedad de Chejov se acentuó y decidió trasladarse a Yalta. En esos años conoció a quien luego fue su esposa, Olga Knipper, actriz de la compañía de Stanislavski. Con ella realiza un viaje que inspira su famoso cuento *La dama del perrito*. También profundiza su amistad con Máximo Gorki y en el año 1900 es nombrado miembro de la Academia Rusa de Letras. Escribe otro relato célebre, *En la quebrada*, en el cual afirma su preocupación central pues relata cómo no debe vivir la gente. Es decir, cobardemente.

Su estadía en Yalta, lugar aconsejado para atenuar su enfermedad debido al clima más favorable, le hace estar lejos de Olga quien sigue trabajando en Moscú como actriz del Teatro de Arte. No es casual que, nuevamente a pedido de Stanislavski, escriba en 1900, *Tres hermanas*, el drama de tres hermanas que ansían regresar a Moscú y que pasan sus vidas frustradas, sin amor y sin satisfacciones, en un aislado lugar del interior ruso, rodeada de militares de una guarnición del ejército. Una de ellas, Masa, casada, descubre que ama a otro hombre, un militar también esposado. Sin embargo tal amor no se consumará y la hermana menor, Irina, aceptará, sin amar, a Tuzembach quien perderá la vida en un duelo. La ilusión de regresar a Moscú se esfuma y poco a poco la infiel cuñada, Natasha, casada con Andrei, hermano de las tres mujeres, se irá apropiando de la casa paterna. La obra *Tres hermanas* debutó en 1901 con gran éxito.

En 1902 Chejov renunció a la Academia de Letras en solidaridad con Gorki rechazado de la misma con un pretexto pero, en realidad, por sus ideas políticas de izquierda.

En 1903 Chejov escribió el cuento *La novia* y comenzó a escribir *El jardín de los cerezos*, su última obra teatral, estrenada por el Teatro del Arte con dirección de Stanislavski en 1904, poco antes de la muerte de Chejov, ocurrida el 2 de julio de 1904.

En esta obra se puede intuir el cambio de época que se estaba incubando en Rusia y que significaría un acontecimiento de orden internacional: la revolución de octubre de 1917.

La enorme Rusia no tuvo, como los países de Europa Occidental más poderosos, un desarrollo lineal y por etapas. En ese enorme país, uno de los más extensos del planeta, convivían en la época de Chejov modos de producción propios del feudalismo con modos de producción industriales, tan adelantados como los de Inglaterra, Francia o Alemania (en este último país, más tardíamente). Es lo que se denomina ley del desarrollo desigual o combinado según la cual en los países periféricos suelen coexistir modos de producción combinados. En el país "más joven" (es decir que ha llegado más tarde al proceso de acumulación y desarrollo capitalista, en un mundo cada vez más integrado económicamente), se pueden instalar y desarrollar los últimos adelantos tecnológicos de los países centrales que van a convivir con modos y relaciones de producción anteriores, como el feudalismo. Rusia fue un claro ejemplo de ello. Es así que las características económicas y culturales de la Rusia del siglo XIX y comienzos de XX presentaba profundas contradicciones; ciudades desarrolladas con periferias industriales y gran cantidad de obreros concentrados en esos lugares por motivos de trabajo, y grandes extensiones de tierra en manos de terratenientes con campesinos sin tierra a su servicio, o arrendatarios de las mismas, y también campesinos propietarios (los kulaks) con extensiones más pequeñas pero no por ello poco importantes.

En las ciudades administrativas e industriales rusas más importantes, Moscú y San Petersburgo, se desarrollaban la cultura y el arte en modo explosivo al nivel de cualquier capital europea. El modelo dominante, la referencia para la aristocracia zarista y para la burguesía rusa era Francia y especialmente París.

La abolición de la esclavitud en Rusia, en 1861, se realizó por la necesidad de la burguesía local y de las inversiones imperialistas, de contar con mano de obra asalariada que se ocupara, en las grandes ciudades de la producción manufacturera y en la campaña, en alianza de intereses con los grandes terratenientes rusos en un intento de desarrollar la maquinaria industrial agrícola, de producir más sin el peso de la protección señor feudal-vasallo ni del mantenimiento de esclavos. Esta industrialización "forzada" ejecutada en el siglo XIX y comienzos de XX cambió radicalmente la concepción secular del mundo que imperaba en la "Gran Madre Rusia". Los campesinos y agricultores, en muy pocos años, pasaron a ser obreros y emigraron a las ciudades. Los que se quedaron en la campaña sintieron que el mundo en que habían vivido desde hacía siglos, ya no existía más. Las relaciones sociales habían cambiado en forma radical. Tal pasaje conflictivo y contradictorio es lo que podemos observar en obras como *Tío Vania*, *Tres hermanas* y *El jardín de los cerezos*, con mayor claridad en esta última en donde apreciamos una lucha entre dos concepciones diferentes de la vida: la de la familia de Andreevna Ranesvskaya, una terrateniente en quiebra junto a su hermano Gaev quienes no entienden que una nueva época está llegando y tratan de conservar lo que ya no puede ser conservado, y la irrupción de una burguesía prepotente y ambiciosa que trae consigo nuevas concepciones del mundo, representada en la obra por Lopajin, un próspero mercante hijo de un campesino que ahora es un nuevo rico, y por los jóvenes que sueñan con París y sus "luces".

La familia terrateniente, endeudada, debe rematar la propiedad que se caracteriza y es conocida en el lugar por el hermoso y antiguo jardín de cerezos que posee. Lopajin les ha propuesto lotear ese terreno para venderlo, en parcelas, y así pagar las deudas. Sin embargo, ciegos y aferrados a un mundo caduco que está cambiando rápidamente, los hermanos se niegan a aceptar la solución ofrecida por el mercader. La casa va a remate y quien la compra es, precisamente, Lopajin, quien llevará adelante su plan económico.

En la escena final, una vez que la familia tradicional ha abandonado la casa, el viejo criado Firs, que ha quedado solo en ella, olvidado por los demás, vestido como sirviente, se sienta y entre otras cosas dice en la réplica final: "La vida ha pasado, es como si no hubiera vivido… (Se acuesta) Me reposo un poco… No tienes más fuerzas, no te ha quedado nada, nada… ¡Eh, tú!...ingenuo. *(Queda acostado inmóvil)*"

Luego Chejov escribe en la acotación dramática final:

"*(Se siente un sonido lejano, como si viniera del cielo, el sonido de una cuerda de violín que se corta, un sonido triste, moribundo. Cae el silencio. Se escuchan, lejanos, los golpes de hacha que se abaten sobre los árboles)*". (Chejov 514)

Como vemos *El jardín de los cerezos* metaforiza una bisagra entre un mundo caduco y uno nuevo que está llegando.

Las circunstancias dadas de la obra nos dicen que la dueña de la casa, Andreevna Ranesvskaja, ha abandonado la propiedad de referencia hace cinco años abrumada por la muerte de su esposo y, un mes después, por la de su hijo de siete años, ahogado en un río. Ha vivido en París con su hija Ana. Cuando comienza la obra, es el momento del regreso. Están en la ruina y no poseen dinero.

El personal de servicio de la casa, como así también Varia, hija adoptiva de Andreevna Ranesvskaja, que ha permanecido en la propiedad todos esos años, viven el acontecimiento con ansiedad y nerviosismo. Entre Lopajin y Varia, desde niños, se ha desarrollado una simpatía mutua que, todos esperan, y ellos también, desemboque en la unión matrimonial. Sin embargo, nunca Lopajin dijo nada a Varia sobre sus sentimientos. La trama de la obra avanza sin que Andreevna ni su hermano Gaev logren detener el remate de la casa. Como señalamos, será Lopajin quien la compre.

En el acto IV hay una escena extraordinaria por su espesor, su conflictividad y su resolución. Consta de sólo 13 réplicas pero, me parece, es una escena emblemática del teatro chejoviano. Pasemos a reflexionar sobre ella y su construcción teatral.

En esta escena, ubicada al final de la obra, nos encontramos ante la circunstancia dada de que la casa ya ha sido comprada por Lopajin y que la familia ha organizado la mudanza. En la habitación en donde se desarrollará la escena hay cajas, baúles, objetos empaquetados. En la escena anterior Andreevna Ranesvskaja ha hablado con Lopajin y le ha dicho que Varia, su hijastra, está muy mal pues ha quedado sin trabajo y sin casa. Le pregunta por qué no le ha confesado todavía su amor ya que resulta evidente que ambos se aman. Con dos palabras todo se resolvería tanto para Varia como para él. Lopajin le responde que ha llegado el momento, que cobrará valor y se declarará.

Andreevna Ranesvskaja le pide que espere sólo un minuto, que llama a Varia para que, a solas, él se lo diga. La mujer sale con el joven Jasa dejando a Lopajin solo en escena en espera de su amada. Las réplicas o pausas subrayadas son las hipotéticas bisagras que proponemos para construir esta escena.

El texto de Chejov es el siguiente:

LOPAJIN: *(Mira el reloj)* Si...

(Detrás de la puerta se escucha una risita contenida, un roce de vestido. <u>Luego *entra Varia*</u>*)*

VARIA: *(Revisa en una valija)* ¡Qué extraño, no logro encontrar...!

LOPAJIN: ¿Qué está buscando?

VARIA: Lo he puesto por aquí pero no recuerdo dónde.

<u>Pausa</u>

LOPAJIN: ¿Adónde irá ahora Bárbara Mijailovna?

VARIA: ¿Yo? A casa de los Ragulin...He arreglado con ellos para trabajar como ama de casa.

LOPAJIN: ¿En Jasnevo? A unos setenta kilómetros de aquí.

Pausa

<u>Y así la vida en esta casa se ha terminado...</u>

VARIA: *(Buscando en las valijas)* Pero... ¿adónde estará?...Quizás lo puse en el baúl... Sí, la vida en esta casa se ha terminado...no habrá más...

LOPAJIN: Y yo, en cambio, voy a Karkov...en el mismo tren...con ellos. Tengo muchas cosas que hacer. Aquí dejo a Epicodov...lo he contratado.

VARIA: ¿De verdad?

....

LOPAJIN: El año pasado en estos días nevaba ya. ¿Se acuerda? Ahora, en cambio, está sereno, hay sol. Hace sólo un poco de frío... tres grados bajo cero.

VARIA: No he visto.

Pausa

Se ha roto el termómetro...

Pausa.

(Voz que viene de afuera: "¡Ermolaj Alekseic...!")

LOPAJIN: *(Como si esperara esa llamada de hace tiempo) se da tempo* ¡Voy!

(Sale apurado. Varia, sentada en el piso, con la cabeza apoyada en un bulto de ropas, llora silenciosamente. Se abre la puerta, entra cautamente Andreevna)

(Chejov 510-511)

Hasta aquí la escena a construir.

Como comprobará el lector no es muy fácil determinar, a simple lectura, la ubicación de las "bisagras" pues los personajes hablan de cualquier cosa menos de lo que desean decir.

Vemos cuánto resulta más complejo trabajar sobre los textos chejovianos pues no es en la palabra escrita en donde encontraremos mucha ayuda para organizar nuestro trabajo.

Pero podemos, para comenzar, señalar algunas que después, trabajando pueden modificarse a partir del hacer de los actores.

El primer momento está señalado por la salida de Andreevna Ranesvskaja y el posterior ingreso de Varja. Son las "bisagras" que delimitan esa unidad dramática. Lopajin queda solo:

LOPAJIN: *(Mira el reloj)* Si...

(Detrás de la puerta se escucha una risita contenida, un roce de vestido. Luego entra Varia")

-¿Qué quiere Lopajin en este momento? El actor me responde que quiere prepararse para recibirla, que quiere acomodar su indumentaria.

-¿Qué se le opone?: Que debe hacerlo de inmediato, pues Varia entrará a la habitación en modo inminente. Se trataría de un conflicto con el ambiente. Le pregunto si sólo eso. Me responde que puede también trabajar con un conflicto interno. ¿Cuál?, pregunto. Me responde: ¿Se lo digo o no se lo digo?

Bien, pero trato que el actor concretice aún más ese conflicto para que la lucha interior no pase sólo por el pensamiento: "¿Adónde se lo digo? ¿La hago sentar o le digo apenas entre, de pie?" Estas consideraciones concretas ponen al actor de frente a cuestiones simples a resolver. De esta lucha surgirá un estado de ánimo en el actor. No partirá de ello. Será un punto de llegada.

La improvisación comienza.

El actor mira hacia la puerta, acomoda con rapidez su saco, se pasa la mano por sus cabellos ordenándolos. Lo hace sin perder contacto con la puerta por la que entrará Varia. Divisa una silla, no sabe si acercarse a ella o no, se retrae con una pequeña acción de alejamiento. Luego vuelve a mirarla. Mira hacia la puerta. Permanece inmóvil sin saber qué hacer. Extrae del bolsillo un reloj de cadena y mira la hora. Emite la palabra "Si". Mira hacia la puerta nuevamente y con el reloj en la mano. Vuelve a decir "Si", para reafirmar su determinación. Entra Varia.

Las acciones que ha ejecutado el actor construyen ambos conflictos. El modo en el que se ha acomodado la ropa y los cabellos, su relación con la inminente entrada de Varia, su duda entre colocar la silla en un lugar determinado, etc. Pueden ser estas u otras las acciones elegidas, dependerá de cada actor que interprete el papel pues no hay ni una escena arquetípica ni un personaje arquetípico. Todo depende de cómo construyamos ambas cosas, siempre y cuando sea realizado en modo coherente con los límites que el material del autor nos impone. Pero lo importante es que el actor tenga "pan" – o sea conflictos - para "comer". Mejor dicho: que construya su "pan" a través de las acciones, y su represión eventual.

Observamos, sin embargo, que el actor saltó mecánicamente los pasajes de las "bisagras" que él mismo va construyendo y que serían: a) se acomoda ropa y cabellos, b) no sabe si acomodar una silla para hacer sentar allí a Varia, c) decide no hacerlo y realiza la acción de mirar la hora pues, con ello construye la circunstancia dada que no tiene mucho tiempo (cinco minutos para partir según lo que dice Andreevna en la escena anterior ya que él tomará el mismo tren por lo que podemos sumar a la escena un tercer conflicto: con el ambiente).

Opinamos que cada pasaje se realizó sin jugar al ping-pong "aquí y ahora" entre las fuerzas oponentes, sin elaborar cada pong que, para el personaje, son impredecibles.

Veamos ahora el fragmento entre la entrada de Varia y una pausa que hemos acordado como "bisagra":

"(Detrás de la puerta se escucha una risita contenida, un roce de vestido. Luego <u>entra Varia</u>)

VARIA: *(Revisa en una valija)* ¡Qué extraño, no logro encontrar…!

LOPAJIN: ¿Qué está buscando?

VARIA: Lo he puesto por aquí pero no recuerdo dónde.

<u>Pausa</u>

-¿Qué quiere Varia cuando entra? ¿Para qué entra?, pregunto. La respuesta de la actriz es: Quiere escuchar la declaración de amor de Lopajin y la propuesta de matrimonio.

-¿Qué se le opone?: Lopajin que no lo hace.

Tenemos, entonces, un conflicto entre personajes para construir.

-¿Qué quiere Lopajin? Mejor dicho: ¿Qué quisiera Lopajin?: declararse.

-¿Qué se le opone? Su propia falta de coraje para hacerlo. Por lo cual podemos presumir que el actor deberá construir un conflicto interno profundo en el marco de un conflicto interpersonal pues en escena está Varia que sabe lo que él desea hacer.

La improvisación comienza.

Entra Varia. Observa un segundo a Lopajin y dice: "¡Qué extraño, no logro encontrar…!" Y comienza a buscar algo entre las valijas sin mirar a Lopajin.

El actor-Lopajin intenta profundizar su conflicto interno. Se produce una pausa. Luego dice: "¿Qué está buscando?". Ella, mientras sigue buscando en las valijas, dice: "Lo he puesto por aquí pero no recuerdo dónde."

Detengo la improvisación.

Vuelvo a preguntar a la actriz qué quiere su personaje cuando entra y obtengo la misma respuesta anterior. Le señalo que ella no esperó a que esta posibilidad – la declaración de Lopajin – se produjera.

Anticipó lo que debería ser la consecuencia de que Lopajin no dice nada. Le pregunto si el personaje entra para buscar algo que no encuentra o para escuchar una propuesta de amor. Es claro que se trata de la segunda posibilidad pero, de los hechos realizados, de las acciones ejecutadas por la actriz, no observamos que haya luchado por ese objetivo. Parecía que entraba a la habitación para buscar un objeto y que encontraba allí a Lopajin, lo miraba un instante y luego accionaba para encontrar algo.

Le señalamos también que, si su finalidad es escuchar la declaración de Lopajin y ésta no se produce inmediatamente, ella se aísla de su partenaire en la acción de buscar en el baúl, pues no está totalmente definido aún (el "partido dura 90 minutos") que él no se declarará. La actriz sabe cómo termina la escena. Varia no lo sabe.

Observamos también que este aislamiento de la actriz-Varia en la acción de buscar en un baúl, dejó solo al colega que tuvo que fabricarse el conflicto interno *en sí* y no en relación con la otra presión que el sujeto sufre: Varia está allí, presente, y espera sus palabras o una acción que inicie la relación de amor entre ellos.

Se reanuda el trabajo sobre el escenario.

Entra Varia. Ahora espera en el umbral de la puerta, ambos se miran a la distancia. Lopajin "vibra" pero no se mueve. Vemos pequeñas acciones sublimadas que aparecen en su comportamiento: mínimos movimientos de sus dedos, una fuerte tensión corporal, un casi imperceptible mordisco del labio inferior. Luego de un silencio, que crea una fuerte tensión, Varia camina dos pasos hacia Lopajin siempre mirándolo a los ojos con la evidente finalidad de estimularlo para que él se declare.

Esta acción hace crecer el conflicto interno en Lopajin fruto de la ayuda que la acción de la colega ha ofrecido y que construye el conflicto con el otro.

Lopajin "vibra" aún más. Luego de otra pausa de gran intensidad y cuando la tensión provocada por el silencio pleno de conflictividad está maduro, Lopajin se acerca a la silla que observaba antes de que Varia entrara y la da vueltas para colocarla, girada, sobre otra silla. Parece que la preparara para ser transportada en la mudanza.

Varia lo observa. Elabora la fuga sin apurarse y con evidente desilusión va hacia un baúl y comienza a buscar algo. Luego dice: "¡Qué extraño, no logro encontrar...!". Ahora sí se trata de una acción física de fuga seguida de una acción verbal también de fuga. Mientras busca no pierde el contacto visual ni auditivo con Lopajin. Éste percibe que ella ha acusado que él no ha dicho o hecho lo esperado. Su conflicto interno se potencia mientras acomoda las sillas. Lo resuelve con una acción de acercamiento muy reprimida y ambigua: deja las sillas y realiza un paso en dirección a Varia. Parece que dirá algo importante. En cambio, murmura: "¿Qué está buscando?"

La respuesta de Varia está cargada de desilusión y conflictividad: "Lo he puesto por aquí pero no recuerdo dónde".

Ambos se miran intensamente. Nuevo silencio pleno de tensión. Luego, ella se incorpora para insistir en la acción directa de colocarse en una actitud receptiva y estimuladora. El conflicto interno y el interpersonal crecen en Lopajin. Éste dice, para escapar de la tensión, y como una suerte de defensa: "¿Adónde irá ahora Bárbara Mijailovna?"

Hemos entrado en una nueva "bisagra" que, pensamos, ha comenzado en el silencio anterior que ha provocado la acción directa de la actriz-Varia quien se incorporó para estimular a Lopajin.

Detengo la improvisación. Valoramos que ahora sí se han construido con mayor profundidad los conflictos. Los actores no se han apurado, han dejado que cada momento madure dentro de sí, han elaborado el ping-pong "aquí y ahora".

Le pregunto a la actriz si ha sentido algo durante la escena. Me responde que ahora sí ha sentido la desilusión de la inacción de Lopajin pero que ha luchado, durante toda esta unidad dramática, en mantener viva la esperanza.

Le hago la misma pregunta al actor que interpreta a Lopajin y me responde que lo ayuda mucho que Varia no abandone su objetivo de esperar la declaración pues esto profundiza su crisis. Ya no trabaja solo. Ambos actores, oponiéndose en el sentido justo, construyen los conflictos sin presionar, sin "forzar" sobre ellos. Los conflictos se potencian como consecuencia de la relación y no del trabajo aislado de cada uno. Parecen unidos por un hilo invisible y constante que se estira y se acerca pero nunca se corta.

Reflexionamos sobre la construcción del sujeto-personaje que, como vemos, no es el resultado de un pensamiento abstracto *a priori*. ¿Cómo se *es* cobarde, en el caso de Lopajin? No lo sabemos, no podemos saberlo, pues esa palabra define una actitud, un estado de ánimo de temor o de impotencia, que no se puede explicar, se siente o no. Es posible que Lopajin sea capaz de batirse a duelo con coraje pero que no lo ejercite para decirle a una mujer que la ama. Es perder tiempo reflexionar sobre ello antes de hacer la escena. Lo que construye la "cobardía" de Lopajin, "aquí y ahora" es esa "balanza" de lucha interior en donde una parte presiona para decir lo que desearía decir y otra para escapar. Tal fuga se construye con acciones concretas como acomodar las sillas, por ejemplo que, además, comienzan a adquirir un significado metafórico pues, colocar de tal manera las sillas podría significar que no hay vuelta atrás en cuanto al destino de la casa y del rol de Varia.

Por ahora no haremos tal observación a los actores pues si ellos comienzan a preocuparse por proponer acciones metafóricas, se debilitará lo importante de esta fase de construcción que es crear la relación y realizar acciones transformadoras, así ellas sean "sucias", los actores den la espalda al público, o no se vean o se escuche con demasiada claridad. Ya llegará el momento de "limpiar" y ordenar. Pero lo haremos sobre la verdad de la relación construida y no sobre bases falsas y artificialmente "teatrales".

Continuemos con la escena.

Varia, ante la última acción verbal de Lopajin: "¿Adónde irá ahora Bárbara Mijailovna?", se retrae. Sus expectativas sufren un duro golpe. Vuelve a accionar en un baúl, "buscando" algo. Ahora vemos que la actriz trata de concentrarse en esa acción, que trata de hacerla más verdadera para Lopajin (y, quizás también para ella) sin perder de vista a su oponente pero más alejada afectivamente. Lo observamos en el modo en que realiza la acción de buscar. Es más torpe y agresiva que antes.

Mientras busca responde a su partenaire con cierta rabia: "¿Yo? A casa de los Ragulin…He arreglado con ellos para trabajar como ama de casa."

Lopajin advierte este estado de ánimo. Duda, lucha interiormente, pero no logra decir lo que desea. Expresa una acción verbal autónoma, caso obvia y sin sentido: "¿En Jasnevo? A unos setenta kilómetros de aquí."

Ella lo mira con una expresión de reproche. Lopajin se aleja y se apoya en una ventana. Desde allí, sin girar, murmura: "<u>Y así la vida en esta casa se ha terminado…</u>"

La acción verbal de Lopajin funciona efectivamente como una "bisagra". Varia profundiza la acción de buscar, quiere alejarse de él. Mientras "busca" dice: "Pero... ¿adónde estará?...Quizás lo puse en el baúl... Sí, la vida en esta casa se ha terminado...no habrá más..."

El modo de la acción verbal es un golpe, un claro reproche a la actitud de Lopajin. El actor acusa la intención de su partenaire y gira. Observa cómo Varia realiza la acción. Es evidente que está contrariada. Lopajin se aproxima unos pasos e intenta un acercamiento a través de una réplica que suena, en la situación, como una explicación absurda: "Y yo, en cambio, voy a Karkov...en el mismo tren...con ellos. Tengo muchas cosas que hacer. Aquí dejo a Epicodov...lo he contratado."

Observamos cómo la actriz-Varia valoriza que Lopajin nombra a Epicodov y que expresa que lo ha contratado. Se profundiza su acción de buscar y el modo más agresivo con que lo hace. Es una clara acción de fuga contaminada por un estado de ánimo que expresa rabia e impotencia. Lo que dice Varia: "¿De verdad?", suena con ironía.

Nos damos cuenta que, de la improvisación organizada de la escena, ha surgido una "bisagra" no prevista en la lectura. Subrayamos, entonces, <u>"Aquí dejo a Epicodov...lo he contratado."</u>, como una "bisagra".

Se produce un silencio sólo alterado por el rumor de la búsqueda de Varia. Lopajin, que ha asimilado el modo en el que ha respondido Varia, intenta acercarse nuevamente.

Varia, atenta, detiene la acción y lo mira intensamente. Lopajin duda, está conmovido, no sabe cómo resolver la situación. Ambos cuerpos permanecen activamente inmóviles. La tensión crece "hasta las estrellas." Lopajin gira hacia la ventana y mientras escapa dice: "El año pasado en estos días nevaba ya. ¿Se acuerda? Ahora, en cambio, está sereno, hay sol. Hace sólo un poco de frío... tres grados bajo cero". Varia baja la cabeza. No busca más. Parece profundamente conmovida y desilusionada. Dice: "No he visto. Se ha roto el termómetro..."

En este caso no se ha realizado la sugerencia de una pausa escrita en el texto de Chejov luego de "No he visto". La actriz ha sentido la necesidad de juntar ambos textos.

Luego que dice esto sí se hace un silencio. Lopajin apoyado en la ventana, lucha intensamente en su interior. Se aferra con fuerza a un borde de la misma.

Llega la "bisagra" del exterior, el llamado a Lopajin: "¡Ermolaj Alekseic!..."

Lopajin gira hacia Varia. Ésta se pone de pie. Es la última oportunidad. Como una súplica, Varia mira a Lopajin. Lopajin grita: "¡Voy!" aun mirándola y luego corre hacia la puerta y sale de escena.

Varia queda un momento inmóvil. Luego lentamente se arrodilla sobre un baúl y baja la cabeza. La escena termina.

Creemos que ambos actores han trabajado con profundidad y se han relacionado encontrando estados de ánimo coherentes con el texto chejoviano. Sin embargo expresamos que podemos encontrar aún otros caminos. Lo importante es que las acciones han construido los conflictos y que estos han condicionado las acciones y las reacciones.

Muchas veces hemos trabajado esta escena en las clases. Nunca hemos partido de resultados obtenidos en experiencias precedentes. Debo decir que siempre las escenas fueron distintas y aunque muchas versiones fueron parecidas, nunca fueron iguales. Cada alumno y cada alumna las han construido con su corazón, su cuerpo y su cabeza. Orgánicamente, es el término que usamos con frecuencia para señalar este compromiso.

Desde ese punto de vista sostenemos que el teatro es, para nosotros, como un amor que se renueva en cada momento.

Hemos trabajado con, prácticamente, todas las obras de Chejov en nuestros seminarios específicos sobre este gran autor, y hemos comprobado cómo esta metodología es perfectamente aplicable a estilos teatrales más extrovertidos que el comportamiento realista-naturalista como puede ser la farsa, por ejemplo.

En varios actos únicos de Chejov (*El oso, El aniversario, El pedido de mano*, etc.) se apela al humor y a la comedia farsesca para expresar conflictos humanos profundos.

En *El pedido de mano*, por ejemplo, asistimos a una situación muy similar – sobre todo en el segundo encuentro entre Lomov y Natalia Stepanovna, la escena VI –, a la que hemos analizado anteriormente de *El jardín de los cerezos* sólo que es desarrollada en clave cómica. Podemos afirmar que el método de las acciones físicas elementales funciona con eficacia. Los silencios, la represión de la acción, las acciones de fuga, etc. promueven la risa de un modo exponencial.

No poca razón tenían los mejores discípulos de Stanislavski cuando le pedían al maestro una metodología que permitiera acometer la construcción de otros estilos teatrales más lejanos de realismo. Tal crítica, tal punto de vista no conformista, debió ayudar mucho a Konstantin Sergeevic a poner en pie los principios básicos de una metodología que hacía girar todo su "Sistema".

Veamos ahora cómo hemos procedido con otro estilo que no es el drama burgués dominante en la época de Stanislavski. Nos referimos al trabajo sobre el teatro de William Shakespeare.

9- TRABAJO SOBRE UNA ESCENA DE *RICARDO III* DE WILLIAM SHAKESPEARE

En un capítulo anterior señalábamos que, desde el punto de vista pedagógico, nos parecía que el teatro del gran autor inglés, debía ser un punto de arribo. Y no pensamos que ello sea así debido a que la figura de Shakespeare haya sido erigida en un ícono sinónimo del arte teatral. Creemos que los conflictos humanos profundos que nos presenta sobre el escenario son de un gran espesor y profundidad. Pero Shakespeare era un poeta. Usaba a la situación teatral en función de la palabra poética. No es tan difícil desentrañar técnicamente cuáles son los conflictos que viven los personajes, como sí se da en el caso de Chejov. Los mismos personajes, en Shakespeare, suelen expresarlos en monólogos o en diálogos en los cuales, con gran belleza poética, no dejan dudas sobre sus deseos.

El uso de la acción verbal es fundamental. Y no de cualquier acción verbal. No nos estamos refiriendo a una cotidiana y cercana a los actores. Lamentablemente no estamos habituados a hablar con poesía. Nuestro lenguaje se va empobreciendo cada vez más y las metáforas e imágenes poéticas suelen ser cada vez menos usadas en el hablar cotidiano. Los personajes shakesperianos hablan, constantemente, con imágenes poéticas. Se suelen tratar de largos parlamentos de características, podríamos decir, barrocas. El uso de la acción verbal en este estilo no sólo tenía la función de exponer en el escenario una poesía de altísimo nivel, sino también el de comunicar a los espectadores el sitio o el momento en los que sucedía la escena.

Las características del teatro isabelino - llamado así porque se desarrolló con mucho vigor durante el largo reinado de Isabel Tudor (1558-1603) – que proponía un espacio vacío y el uso de pocos elementos escenográficos – digamos que más bien de utilería – establecía un código teatral cargado de un alto grado de convencionalidad, como lo afirmamos en otro apartado de este trabajo.

Los antecedentes del teatro isabelino en Inglaterra podemos buscarlos en un recorrido que parte del misterio medioeval, teatro de características religiosas que convertían al rito católico en una representación espectacular con la utilización de grandes recursos escénicos. Luego aparecen las llamadas *Moralité* (Moralidades) como una adaptación al ambiente político en transformación. En tal expresión teatral vemos la lucha entre lo bueno y lo malo, como organizador de los valores del mundo. Los personajes son abstracciones como, por ejemplo, La Virtud, La Avaricia, La Bondad, etc. y la representación teatral adquiere paulatinamente la función primordial de aportar a la instauración de un orden político de acatamiento a las sucesivas familias reales que, a partir de los Plantagenetos, se instalan en el poder con el Rey Juan, el hermano del llamado Ricardo "Corazón de León", en 1199.

La aparición de una nueva forma teatral se insinúa en 1548 cuando el obispo John Bale escribe *Rey Juan*, primera pieza teatral sobre la historia inglesa. En esa etapa surgen los Interludios (ludos-inter), juegos teatrales que, como entremeses, se insertaban en piezas de larga duración para entretener cómicamente al público. Es en este pasaje que comienzan a delinearse personajes con características personales particulares y nombres propios que se alejan definitivamente de los personajes abstractos de las *Moralité*. Tal cambio no deja de tener que ver con el ingreso de las concepciones humanistas que, desde Italia fundamentalmente, aportaban al surgimiento del Renacimiento y dejaban atrás el período medioeval. Los interludios poseían tramas de mucha acción y realismo pero aún había una relación con lo religioso pues las soluciones solían llegar desde el "más allá".

A diferencia del Renacimiento italiano, el teatro inglés se ligó más al gusto popular y la necesidad de unificación nacional. El pulimiento del idioma inglés y el orgullo de hablarlo fueron valores importantes y esta actitud se constituyó como un modo de distinción nacional. En 1561 se puso en escena *Gorboduc* (un antecedente directo del *Rey Lear*) Entre ese año y el 1588 se produce un gran fermento de obras teatrales tanto en las capas aristocráticas de la corte como a nivel popular y, con ello, aparecen los actores profesionales que debieron evitar la represión instaurada a través de la Ley contra el Vagabundeo (que penaba a quienes no trabajaban) enrolándose bajo la protección de los nobles. Surgen, así, las compañías teatrales como las del Conde de Essex, del Príncipe Eduardo, del Conde de Laicester, etc. que eran solventadas por tales personalidades. Estos primeros actores que vivían de su trabajo eran considerados artesanos. No es casual que en *Sueño de una noche de verano* de Shakespeare sean artesanos los personajes-actores.

El teatro isabelino poco a poco fue delineando sus propias características y llegó a cumplir, en la época, un rol similar al que puede poseer hoy la televisión como mediador entre las masas y el poder. No pocas conspiraciones (como la que le costó la cabeza al Conde de Essex en 1601 y rozó la responsabilidad de Shakespeare sin que tuviera consecuencias para él pues demostró que no estaba al tanto de la misma y que fue contratado por los conspiradores sin conocer sus fines) se estimularon a través de las representaciones teatrales. Como vemos la televisión actual no inventó, en substancia, nada nuevo pues en esa época el teatro cumplía el rol de formador de opinión y las obras se "leían" en el escenario en vinculación directa con la situación política de la época.

No por nada la corte, en el reinado de Enrique VIII, instauró la censura teatral a través de un funcionario que controlaba los contenidos de las obras teatrales. En 1576 surgió en Londres – fuera de los muros de la ciudad antigua controlada por los puritanos para quienes el teatro era nocivo pues estimulaba las "malas costumbres y la "vagancia" – el primer edificio teatral destinado exclusivamente para tal fin con autorización de la Reina Isabel Tudor al Conde de Laicester. Este primer edificio teatral respetaba la estructura arquitectónica en la cual se había expresado el teatro "de sala" hasta el momento: las posadas. En ellas, al aire libre y en el patio, se realizaban las representaciones teatrales. Este primer teatro se llamó simplemente "Teatro" y fue construido por el carpintero James Burbage, padre de John, quien fuera, años después, amigo y socio de Shakespeare. Posteriormente se construyeron otros espacios teatrales como "La Rosa", a cargo de Philip Henslowe, por ejemplo, y también un teatro cerrado, único en Londres, el "Blackfriars", en un antiguo monasterio, en donde una famosa compañía de adolescentes, la de San Pablo, representaba sus obras.

Lo relevante de señalar es que en una ciudad de 200.000 habitantes como poseía Londres entre mediados y fines del 1500, se construyeron 20 salas teatrales en el lapso de 30 años, lo que demuestra el consumo popular extraordinario del arte teatral.

La capacidad de las salas llegaba hasta 2.000 espectadores y se realizaban funciones a las tres de la tarde de martes a domingos izando una bandera negra en la torre del teatro si se representaba una tragedia o una blanca si se ponía en escena una comedia. Es de destacar que todos los días se cambiaba de obra lo que pensamos, definió el uso del espacio y precisó las particularidades del teatro isabelino ya que los actores trabajaban en un espacio vacío. Probablemente el cambio de escenografías no resultaba posible por el poco tiempo disponible ni era económico en relación a la gran afluencia de público que pagaba una entrada con lo que se instauró la boletería en el hecho teatral como fuente de ingresos para los actores, dramaturgos y empresarios. El teatro pasó a ser, también, un negocio.

¿Por qué sucedió tal fenómeno en Inglaterra? Karl Marx analiza con lucidez en *El Capital* el proceso de acumulación capitalista originaria en ese país que luego llevaría a la revolución industrial y al triunfo planetario del capitalismo como sistema de producción dominante y como relación social instaurada entre los hombres. En un proceso que va desde comienzos del 1300 hasta la revolución de Crownell a mediados del 1600 (250 a 300 años), estas pequeñas islas se convierten en una de las principales potencias mundiales.

La asimilación de los yaomen (campesinos libres propietarios de pequeñas parcelas de tierra) durante el reinado de Enrique V en los primeros años del 1400 a un régimen feudal, fue el primer paso de este proceso. En 1485 Enrique VII, (en el comienzo de la dinastía Tudor, finalizada la Guerra de las Dos Rosas entre la familia Lancaster y la familia York, enfrentamiento que concluye con la caída de Ricardo III en ese año) concluye con la definitiva expropiación de la propiedad de estos pequeños campesinos y el otorgamiento de tales tierras a las familias nobles constituyéndose, así, una nueva nobleza. Esta expropiación territorial convirtió a los ex campesinos en asalariados pues se imponía unificar el mercado de la lana como producto competidor contra los holandeses, provocó una mayor concentración de la riqueza en pocas manos, proceso que se acentuó con la concesión de las tierras fiscales a tales familias.

El proceso de unificación nacional no fue tanto una cuestión súper-estructural de honor sino una necesidad económica de regulación más ordenada del mercado. Tampoco podríamos reducir a un problema familiar la ruptura de Enrique VIII (reinó entre 1509 y 1547) con la Iglesia de Roma y la creación de la Iglesia Anglicana, sino más bien podríamos afirmar que se debió a la expropiación de las tierras del papado por parte de la corona inglesa entre 1536 y 1540. Tal proceso de apropiación de la tierra por la nobleza inglesa convirtió a la tierra en una mercadería más y con ello se fue preparando el advenimiento del mercantilismo y del capitalismo.

Durante el feudalismo la construcción y venta de la mercadería, sea ésta de materia prima o de características artesanales, poseía la finalidad de obtener dinero para la generar más mercadería, una fórmula que podríamos sintetizar en Mercadería >Dinero > Mercadería. En el mercantilismo capitalista original tal fórmula se altera por Dinero > Mercadería > Dinero. Es decir el objetivo ya no es el cultivo, venta y producción de las materias que la tierra y de los animales o de su posterior elaboración artesanal para la producción en mayor escala de esos mismos elementos, sino en la reproducción, a partir de un capital original, de más dinero. Hoy podríamos decir que, dado el desarrollo virtual del capitalismo financiero especulativo, tal fórmula podría ser expresada en Dinero > Dinero > Dinero. O sea la reinversión de capitales, no en el sistema productivo, sino en la especulación financiera.

Volviendo al período que nos ocupa y que explica la aparición del teatro isabelino como fenómeno teatral que influyó de manera decisiva en la historia del teatro universal, podemos decir que Londres comenzó a convertirse en la capital mundial de un nuevo momento histórico.

El desarrollo de la piratería en los mares, a partir del financiamiento de Isabel de excursiones de latrocinio de las naves españolas que trasportaban los metales preciosos expoliados por la corona ibérica de los países de América Central y del Sur, fue otro elemento importante para afianzar ese proceso de acumulación original de capital, como así también lo fue el comercio de esclavos de las poblaciones africanas.

Inglaterra se alzó como una potencia marítima incuestionable a partir de la derrota de la Armada Invencible española en 1588 y generó una sensación de optimismo en el pueblo inglés y de confianza ilimitada en su futuro. Los Tudor habían logrado proporcionar las condiciones de estabilidad y de orden que el naciente capitalismo inglés necesitaba para afianzarse a través de una alianza circunstancial entre la nobleza inglesa y la burguesía naciente. El proceso de diferenciación entre la agricultura y la industria comienza a desarrollarse y se produce una transferencia económica del campo a la ciudad con la afluencia masiva de inmigrantes de la campaña a los centros urbanos, principalmente a Londres. Si podemos resumir la historia del capitalismo en una frase podría ella ser: el pasaje de la civilización del campo a la ciudad.

Es en ese contexto que podemos interpretar la aparición de Shakespeare en el marco de una dramaturgia y de un teatro que ya se había desarrollado con brío y potencia. La Inglaterra de aquellos años contaba con espacios teatrales, dramaturgos, actores profesionales protegidos por la nobleza, y un público masivo compuesto por todas las clases sociales que pagaban una entrada para ver teatro.

Las fuentes del teatro de Shakespeare podemos encontrarlas en:

a)-La historia de su país a través de *Las Crónicas de Holinshed*, una saga de relatos históricos que tienden a afirmar la particularidad de la historia inglesa desde el 1200 en adelante y de *Las Crónicas de Hall*, otro historiador inglés anterior a Holinshed.

b)-La literatura clásica de Plutarco (*Vidas paralelas*), de Ovidio (*Metamorfosis*), de Séneca (*Sententiae Puerileae*) y de Esopo *(Las Fábulas)*.

c)-Los relatos y leyendas italianas con Boccacio y su *Decamerón*, y Cinzio y su *Hecatomiti*.

d)-La dramaturgia inglesa que lo precede en pocos años, o sea los llamados "poetas universitarios": Lyly y su primera versión de *Hamlet* y *La Tragedia Española*; Kyd y su aporte extraordinario al desenvolvimiento dramatúrgico de la trama y, fundamentalmente Cristopher Marlowe con su *Tamerlán*, su *Fausto* y *El Judío Maltés*. Será Marlowe y no Shakespeare quien usará, por primera vez, en el teatro, el verso blanco o yámbrico.

El teatro de Shakespeare (aunque hay teorías que dudan de la autoría de sus obras) expresará la nueva época que se está instalando y la concepción del mercantilismo que impregna las relaciones personales y de los afectos. Bien lo señala Shakespeare a través de sus personajes, cuando Otelo dice a Desdémona: "En un tiempo eran los corazones a dar la mano. Pero la nueva heráldica es: manos, no corazones" (Shakespeare. 2.379).

El nuevo orden dará valor a lo que no hay en demasía (el oro, por ejemplo) o la propiedad de la tierra, y quitará valor a lo que está demasiado disponible. Tal vez esta terrible y despiadada realidad se traslade aún a nuestros días pues, también en el "terreno" de los sentimientos, solemos buscar a quien nos rechaza y rechazar a quienes nos buscan. Una nueva concepción del deseo se instaura, durante la época de Shakespeare, en las relaciones personales, en donde el hombre ha pasado a ser el centro del universo, y en donde la lucha por la propiedad sobre el otro se afianza y una vez obtenida, tal persona comienza a tener menos importancia para el poseedor.

Basta leer con atención *Troilo y Crésida*, entre tantas otras obras shakesperianas, para comprobar tal aseveración. En Shakespeare observamos que el deseo de los personajes siempre es estimulado por un mediador como bien lo señala René Girard en su interesante libro *Shakespeare, el teatro de la envidia* publicado por Adelphi Editores. Milán, en 1996. Siempre hay alguien que dice o hace algo que exacerba el deseo de quien escucha o mira. La terrible y bella frase de Shakespeare sintetiza este concepto: "Estamos condenados a amar lo que otros ojos aman".

Así se expresa, con desgarradora belleza, las ganas de poseer lo que otro tiene o desea. Es porque otro desea o "posee" a una persona, a un objeto o una situación de poder, por ejemplo, que produce el deseo de quien no lo tiene con ese objeto, persona o situación, una relación de posesión. El deseo que encuentra obstáculos genera aún más deseo. La lucha por alcanzar el deseo genera el conflicto, éste genera la violencia y la violencia produce el sacrificio en forma de la figura de un "chivo expiatorio" de la situación.

Shakespeare, un preciso "radar" de su tiempo, época que necesitaba orden y seguridad para afianzar el proceso de acumulación capitalista, rechazaba el desorden y la falta de respeto por la jerarquía encarnada en la nobleza que servía como antesala imprescindible de orden para preparar la irrupción burguesa. Él mismo fue un hombre de una mentalidad burguesa desarrollada, pues llegó a ser prestamista, (en la época no existían aún los bancos como entidades usurarias que son) y empresario teatral, y dio a la posesión de dinero un aspecto fundamental en su vida, compró su título de nobleza a pesar de ser sospechado de pertenecer a una familia católica apostólica romana, muy perseguida por el anglicanismo.

De *Las Crónicas* de Holinshed (1587) y de las de Hall (1548), como dijimos, tomó Shakespeare argumentos para muchas de sus obras y dramas históricos. De ella surgirá su *Ricardo III*, una de cuyas escenas analizaremos más adelante.

Podemos distinguir tres etapas en su producción:

1)- 1590 a 1601 en donde escribe (o reescribe) *Segunda Parte de Enrique VI, Tercera Parte de Enrique IV* (1590) y *Primera Parte de Enrico VI* (1591); *Ricardo III* y *La Comedia de las equivocaciones* (1592); *Tito Andrónico* y *La fierecilla domada* (1593), *Los dos hidalgos de Verona, Trabajos de amor perdidos* y *Romeo y Julieta* en su primera versión (1594); *Ricardo II, Sueño de una noche de verano, Rey Juan* (1596); *El mercader de Venecia, Enrique IV (Primera Parte), Enrique IV (Segunda Parte), Las alegres comadres de Windsor* (1597); *Mucho ruido y pocas nueces, Enrique V* (1598); *Julio César, Como os gustéis* (1599); *La duodécima noche* (1600).

2)- 1601 a 1609, período en el cual escribe: *Hamlet* (1601), *Troilo y Crésida, Todo está bien lo que bien acaba* (1602); *Medida por medida, Otelo* (1604); *Rey Lear, Macbeth* (1605); *Antonio y Cleopatra* (1606); *Coriolano, Timón de Atenas* (1607) y *Pericles, príncipe de Tiro* (1608).

3)- 1609 a 1612 en donde escribe: *Cimbelino* (1609), *Cuento de invierno* (1611); *La tempestad* (1612) y *Enrique VIII* (una colaboración con Fletcher, en la cual parece que Shakespeare prestó su firma por dinero).

Un total de 37 obras a las cuales podemos agregar, según últimos descubrimientos, *Doble mentira o la historia de Cardenio o los amantes preocupados*, representada dos veces en 1613 y, probablemente, también escrita en colaboración con Fletcher.

Se trataría, entonces de 38 obras, la mayoría de las cuales toman como argumento textos anteriores o historias precedentes. Son muy pocos los textos teatrales que pertenecen exclusivamente a la imaginación de Shakespeare. Quizás podamos nombrar a *Los dos hidalgos de Verona, Sueño de una noche de verano, La duodécima noche, Medida por medida* y *La Tempestad* como creaciones propiamente suyas. En general los demás textos toman como punto de partida obras precedentes o historias conocidas que son transformadas por la genialidad del gran poeta inglés.

La vida de Shakespeare (aunque algunos dudan hasta de su existencia) metaforiza ese camino del campo a la ciudad que señalábamos. El hecho de haber nacido en Strafford-on-Avon, en 1564, una pequeña ciudad de campaña a orillas de río Avon, probablemente potenció su conocimiento y relación con la naturaleza que atraviesa toda su obra. Hay en ellas innumerables citaciones a plantas y hierbas (108); a distintos tipos de aves (60); al oficio de la halconería (80), al río (59) y a las inundaciones (26), cosa muy frecuente con que sucedía con el río Avon, de su ciudad natal.

La profesión de su padre, un guantero que fabricaba tales objetos con pieles de animales que él mismo criaba y luego sacrificaba en un proceso de secado a través de la orina y los excrementos, probablemente influyó para que en la obra shakesperiana haya numerosas referencias a los olores y a los distintitos tipos de sangre. Existen también numerosas referencias a términos legales (al parecer trabajó en su juventud, por poco tiempo, como ayudante de una suerte de escribano) y muchísimas a la sexualidad (cerca de 1.300), no siendo pocas las dirigidas directamente al órgano sexual femenino (66), una de las cuales nos resulta particularmente irónica: "Platito de las limosnas".

Al parecer debido a problemas legales por haber cazado en terrenos ajenos y para alejarse de su mujer mayor que él a quien había dejado embarazada y con quien tuvo dos hijas, Susan y Judith, y un hijo, Hammet, muerto a muy corta edad, Shakespeare emigró a Londres en 1587 a la edad de 23 años. En esa ciudad se integró a la vida teatral cuidando los caballos de los asistentes a las obras, recién llegado, y luego como copiador de textos. Al parecer tal actividad estimuló su capacidad creativa y su conocimiento intuitivo de la dramaturgia, aunque Shakespeare siempre aspiró a ser considerado más un poeta que un escritor teatral. En poco tiempo escaló posiciones y notamos que en sólo tres años (1590) estrenó su primera obra como autor, a pesar de tratarse de una reescritura.

Shakespeare era, además, actor aunque al parecer no de primeros papeles. Esa condición, más su talento en la escritura y su mentalidad y actitud de riesgo, lo llevaron a convertirse en accionista de la compañía teatral en la que trabajaba percibiendo dinero por medio de estas tres fuentes. Poco a poco acumuló capital y se convirtió en un hombre rico que compró propiedades en su ciudad natal y en Londres.

No nos detendremos demasiado en detalles de su vida pues innumerables biógrafos han escrito sobre ella con mucha más propiedad que nosotros. Lo que podemos decir es que la etapa más importante de su creación acontece entre 1600 y 1609. Allí escribe sus obras más importantes y profundas. Al parecer situaciones afectivas personales, la muerte de la Reina Isabel I en 1603 y el advenimiento al trono de Giacomo I, un Estuardo escocés de quien se decía restauraría el catolicismo de Roma en Inglaterra, cosa que no ocurrió, provocaron no pocos cambios en su dramaturgia.

La melancolía ee Shakespeare se acentuó y el paso de los años, a pesar de no ser un hombre demasiado viejo, provocaron que, al parecer, cerca de cumplir 50 años, volviera a instalarse definitivamente en su ciudad natal en 1612. Es esa la fecha de su última gran obra, *La Tempestad*, luego de la cual Shakespeare prácticamente no escribió más y murió en su pueblo natal en 1616, supuestamente de tifus.

La gran obra shakesperiana, rescatada y alabada por Goethe y Coleridge, fue, de alguna manera, apropiada por el romanticismo. Sin embargo, nos parece que la raíz de su teatro no abreva en tal corriente estética sino en la de su época, rica en profundas transformaciones y en cambio radical en el sentido de la ética y la moral precedentes, en la cual el dinero, la compra y la venta, etc. pasa a tener una importancia fundamental en la vida de las personas. Tal vez por ello – y, por supuesto, por su enorme estatura poética – convierten a Shakespeare en un autor tan contemporáneo. Es que hace 400 años nacía este sistema de producción que aún domina las relaciones entre los hombres. Allí, en ese lugar y en ese tiempo, radica la matriz que todavía condiciona nuestros días.

Hemos elegido una escena paradigmática del teatro universal: la escena II del Acto I, de *Ricardo III* para ejemplificar nuestro trabajo con el método de las acciones físicas en la construcción de un estilo teatral alejado del drama burgués y del realismo cotidiano. Tal escena se desarrolla entre el futuro rey Ricardo III y Lady Ana, viuda de Eduardo, príncipe de Gales, y nuera de Enrique VI, ambos muertos por Ricardo III en su lucha por ascender al trono.

La escena se desarrolla durante el cortejo fúnebre de Enrique, cuando Ricardo detiene el sepelio e intenta seducir a Lady Ana. Con ello demuestra una audacia sin límites ya que se sospecha, con sólidos fundamentos y testimonios, de su responsabilidad en ambos crímenes.

La escena a trabajar, cuyas bisagras hipotéticas están subrayadas, fue tomada del volumen con las obras completas de Shakespeare de la edición de Newton Compton adaptada por mí a efectos de la finalidad de esta publicación. Se desarrolla de esta manera:

(Entra Ricardo, Duque de Gloucester)

RICARDO: ¡Alto, ustedes que traen el ataúd! ¡Bájenlo!

ANA: ¿Qué negro mago evoca a este demonio que detiene los ritos de la caridad? RICARDO: ¡Abajo el cadáver, canallas, o, por San Pablo, haré un cadáver de quien desobedezca!

GENTILHOMBRE: Apartáos, mi señor, y dejad pasar el ataúd.

RICARDO: ¡Perro desgraciado! ¡Detente, si yo te lo ordeno! ¡Quita la alabarda de mi pecho, o por San Pablo, te extiendo a mis pies y te golpeo, andrajoso, por tu audacia!

(Los ayudantes bajan el ataúd a tierra)

ANA: ¿Por qué todos tembláis? ¡El miedo os turba! ¡Huid de Satanás y escapan de él vuestros ojos! *(A Ricardo III)* ¡Vete, enviado del Infierno! ¡Sólo poder sobre el cuerpo tienes, no sobre el alma!

RICARDO III: ¡Por caridad, templa tu furia!

ANA: ¡Demonio! ¡Por Dios! ¡Déjanos, vete! Infierno de esta hermosa tierra hiciste. *(Señala el ataúd)* ¡Aquí está la muestra de tus matanzas! Sangre dan, de Enrique, las heridas. <u>¡Oh, señores! ¡Mirad!</u> ¡De secas venas, frías y sin sangre es tu hazaña cruel! <u>¡Dios, venga su muerte! ¡Tierra, venga su muerte!</u>

RICARDO: No olvides, Señora, la ley de la caridad, que obliga a recompensar el daño con perdón.

ANA: ¡No conoces ley alguna! Hasta los chacales algún destello de piedad, conocen.

RICARDO: Pero yo no conozco la piedad, entonces chacal no soy.

ANA: ¡Asombra que el demonio diga la verdad!

RICARDO: Más asombra que se enoje un ángel. <u>Permíteme que me sincere de crímenes supuestos.</u>

ANA: ¡Por tanto mal el Cielo te maldiga!

RICARDO: Hermosura, que enmudecer hace a la lengua, oye un rato tranquila, mis disculpas.

ANA: Tu única disculpa es que te ahorques.

RICARDO: Yo no los maté.

ANA: Entonces... ¿Nadie los mató? ¡Muertos están, y por tu mano!

RICARDO: Yo no maté a tu esposo. <u>Fue Eduardo el asesino.</u>

ANA: ¡Miente tu inmunda boca! La reina Margarita vio humear tu vil hierro. También contra su pecho lo esgrimiste pero pararon el golpe sus hermanos.

RICARDO: Me provocó su lengua calumniosa que echó sobre mis hombros las culpas de otros.

ANA: ¡No! ¡Te provocó tu espíritu sangriento que sueña sólo con matanzas! ¿Al rey, acaso, no mataste?

RICARDO: <u>Lo hice.</u>

ANA: ¿Lo aceptas, entonces? ¡Que te condene Dios por lo que hiciste! Era un modelo de virtud, de bondad y de templanza.

RICARDO: Por ello ahora goza de la cercanía de Dios. Es el Cielo su lugar, no este mundo.

ANA: ¡Y el lugar adecuado para ti es el Infierno!

RICARDO: Otro sitio, si me permites.

ANA: ¡La cárcel!

RICARDO: <u>No. Tu cama.</u>

ANA: No podrás dormir donde te acuestes.

RICARDO: Es verdad, Señora, hasta que contigo no me acueste. Pero dulce Ana, dejemos esta lucha de mutuas agudezas y tranquila te pido que me digas: ¿No tiene igual culpa la causa que provocó la muerte de Eduardo y de Enrique como la culpa de su verdugo?

ANA: ¿Y cuál es esa causa?

RICARDO: Tu hermosura. Fue ella que me impulsaba en sueños a dar muerte con la esperanza de reposar, por una hora de mi vida, en tu dulcísimo regazo.

ANA: ¡Asesino! ¡De ser cierto con las uñas arrancaría de mi rostro la hermosura que pregonas!

RICARDO: Mis ojos no podrían resistir el naufragio de tantas perfecciones. Tu hermosura es el sol que alumbra al mundo. Es mi vida y es mi luz.

ANA: Tu luz es de sombras. La sombra es tu vida.

RICARDO: No maldigas más, hermosura, que ambas cosas eres: luz y vida.

ANA: ¡Ambas cosas sería para vengarme!

RICARDO: No es natural vengarse de quién ama.

ANA: ¡Es justo hacerlo con el cruel que asesinó a mi marido!

RICARDO: Quién lo hizo te ayudará, Señora, a conseguir mejor esposo.

ANA: No existe otro mejor en este mundo.

RICARDO: Existe. Y tiene amor más grande.

ANA: ¿Quién es? ¿A dónde está?

RICARDO: ¡Aquí!

(Ana le escupe la cara) ¿Por qué me escupes?

ANA: ¡Ojalá fuera veneno!

RICARDO: Nunca veneno fue tan dulce.

ANA: ¡Vete! ¡Mis ojos infeccionas!

RICARDO: Ya los tuyos, a los míos, contagiaron.

ANA: ¡Si fuera para matarte!

RICARDO: ¡Ojalá así muriera pues hoy con viva muerte me asesinas. Tus ojos a mis ojos arrancaron amargas y humildes lágrimas. Ojos que ni una lágrima antes derramaron, jamás enternecidos. No lloré la muerte de mi padre y estos ojos varoniles ni una lágrima derramaron. Pero lo que tal pena no produjo, hoy lo produce tu hermosura. Hoy tu beldad y mis lágrimas, lo ciegan. No he suplicado ni a amigo ni a enemigo. Jamás mi lengua supo articular palabras seductoras. Mi galardón es hoy tu hermosura y mi orgulloso corazón suplica. Se agolpan palabras en mi lengua. *(Ella lo mira con desprecio)* El desprecio no muestres en tus labios. Besos, Señora, no el desdén, le cuadran.

Ya que tu duro corazón no cede, ¡Toma mi espada! *(Se la da)* ¡Si quieres clávala en mi pecho y da salida al alma que te adora! La estocada mortal, desnudo, aguarda.

(Se arrodilla y abre su pecho. Ella apunta la espada) No, no te detengas. Yo he matado a Enrique, pero fue tu hermosura la culpable. Yo asesiné a tu Eduardo. Tu celestial semblante me empujaba. *(Ella arroja la espada al piso)*

Alza la espada o álzame del suelo.

ANA: ¡Hipócrita! ¡Levántate! ¡No quiero ser tu verdugo aunque tu muerte ansíe!

RICARDO: ¡Pídeme que me mate y lo haré!

ANA: Ya te lo dije.

RICARDO: Pero ciega fue tu furia. Repítelo y mi mano, que por tu amor mató, matará por tu amor al amor más verdadero. De ambas muertes serás cómplice.

ANA: <u>Ciñe tu espada.</u>

RICARDO: Dime que estamos en paz.

ANA: Más tarde lo sabrás.

RICARDO: ¿Puedo aguardar con esperanza?

ANA: Esperando vive todo mortal.

RICARDO: *(Entregándole un anillo)* <u>Ruego que uses este anillo.</u>

ANA: *(se lo coloca)* Recibir no es conceder.

RICARDO: Tu dedo este anillo circunscribe como tu pecho a mi corazón circunda. Úsalos a ambos, los dos son tuyos. Sólo un favor pido de tu graciosa mano.

ANA: ¿Qué favor es ese?

RICARDO: <u>Encamínate al palacio de Crosby que yo, después de ocuparme de este entierro con gran pompa, iré con toda ansiedad a verte. Por razones que callo, desearía obtener esta, tu gracia.</u>

ANA: De todo corazón. Y me complace verte así arrepentido.

RICARDO: <u>Despídete de mí.</u>

ANA: No lo mereces. Pero ya que me enseñas a adularte, puedes imaginar que adiós te dije.

(Salen Tressel y Berkeley con Ana)   (Shakespeare 1378-1383)

Hasta aquí la escena a trabajar.

Como el lector observará la gran poesía de Shakespeare se expande con potencia abrumadora. También observará que los objetivos de los personajes son claros y definidos. Organizar – siempre de un modo hipotético – el trabajo con las "bisagras" no ofrece demasiadas dificultades pues resulta bastante simple hacerlo. ¿Qué quiere Ricardo durante toda la escena?: Podemos responder que seducir a Lady Ana. ¿Qué se le opone?: La misma Lady Ana que se resiste, dadas las circunstancias, pues ese hombre ha asesinado a su marido y a su suegro, además del temor que le inspira Ricardo. Pero la audacia y la habilidad de este para quebrar su resistencia es tal (o el ansia de poder de Lady Ana no es menor) que provoca la aceptación de Lady Ana.

¿Qué quiere Lady Ana?: Rechazar al asesino. ¿Qué se le opone?: La tenacidad y la habilidad de Ricardo. Ésta lucha de objetivos se plantea hasta el momento, creemos, en que Ricardo ofrece el anillo y ella lo acepta. A todas luces, podemos presumir que tenemos, como conflicto preponderante, el interpersonal. Nos preguntamos: ¿Pero los demás asistentes al cortejo no escuchan lo que dicen los personajes, no oyen la confesión de Ricardo, no ven que éste ofrece un anillo y la reciente viuda lo acepta del propio asesino?

Es aquí en donde observamos el alto grado de convencionalidad del teatro isabelino. Los personajes se expresan verbalmente sin mayores conflictos con el ambiente, operan con conflicto con el otro y, posiblemente, con conflictos internos, sobre todo en el caso de Lady Ana. Construir esta escena con los parámetros del drama burgués no sería posible pues no es verosímil para el realismo naturalista tal situación. Si quisiéramos hacerlo con esa lógica es probable que, para no ser escuchados, sobre todo cuando Ricardo confiesa ser el asesino o cuando se dan una cita posterior, deberían bajar tanto la voz que la poesía de la acción verbal se perdería. Y en la "bisagra" del anillo resultaría absolutamente inverosímil que los asistentes al cortejo no lo observaran.

Probablemente los actores tratando de construir la verdad, en el código del estilo isabelino, hagan referencia a la presencia de los demás en esos momentos pero no de un modo tal que se pierda la belleza de la acción verbal.

Como vemos la dificultad no será tanto la construcción de la lucha entre objetivos contrapuestos sino el modo en el cual se emitirá la acción verbal, que no es cualquiera, pues se trata de una de las expresiones más altas de la literatura teatral universal.

Tal desafío nos lleva, en nuestra búsqueda por tratar de dar respuestas técnicas según los diferentes estilos a realizar, a alterar los momentos procesuales de construcción de la estructura dramática. Hay aquí acciones y conflictos pero observamos que el texto pasa a cumplir, en este caso, un rol fundamental.

El planteo que hacemos para este caso, y que hemos comprobado en nuestra experiencia práctica en numerosos seminarios sobre el teatro de Shakespeare que hemos dictado como así también en las puestas en escena realizadas, se resume a cuatro momentos:

a)- Improvisación física de base.

b)-"Ligamiento" de los actores.

c)-"Desligamiento" de los actores.

d)- Síntesis de las acciones directas.

Tratemos de explicar cada momento:

a)- Improvisación física.

Partimos del mismo punto que en otros estilos teatrales para lograr crear una relación sólida cuerpo a cuerpo entre los actores. Pensamos que tal momento inicial es insustituible si queremos llegar a expresarnos a través de un teatro vital y pasional. Los cuerpos deben crear la relación a través de la acción primitiva y transformadora. En el caso del teatro de Shakespeare se trata de dar cuerpo "de base" a las palabras que deben salir orgánicamente, de las vísceras, y no sólo "del movimiento del músculo de la lengua", como diría Stanislavski.

Como los objetivos suelen ser muy claros y definidos, esta primera etapa suele superarse con cierta facilidad pues los actores, luchando hasta el fondo por los objetivos y los deseos de sus personajes, accionan, sobre todo, con acciones directas. Además han llegado a afrontar la complejidad del teatro shakesperiano pasando por etapas precedentes donde han incorporado la técnica de la improvisación. No solicitamos, tampoco, que en esta fase, los actores se preocupen por decir el texto de Shakespeare.

En las primeras improvisaciones de esta etapa, la actriz que interpreta Lady Ana corre para empujar a Ricardo que se entromete en el paso del cortejo. El actor-Ricardo trata físicamente de calmarla, ella lo rechaza de un empujón, él baja la mirada y pide comprensión y piedad, ella lo vuelve a empujar. Él da la culpa a otro de la muerte de su marido. Ella lo agrede físicamente de nuevo y le grita que confiese que es el asesino. Él se arrodilla y la abraza confesándoselo. Ella trata de desligarse pero él le dice que la ama, que quiere estar con ella y la abraza con fuerza. Ella lo separa con un empellón y lo escupe, él soporta tal humillación. Con energía saca su espada, toma el brazo de ella y se la coloca, prácticamente a la fuerza en la mano, mientras se arrodilla exigiéndole a gritos que lo mate. Ella levanta la espada y lanza un grito para tomar fuerzas. Él la estimula. Ella, con la espada en alto duda. Luego de un momento de gran tensión, la arroja con fuerza lejos. Él se levanta, corre y alza la espada. Vuelve a acercársele y se coloca la espada en el cuello pidiéndole que le dé la orden de matarse y que él la cumplirá.

Ella se aleja y le pide que enfunde la espada. Él comprende que ha ganado una buena parte de la lucha. Saca el anillo y se lo ofrece. Ella se resiste y no quiere mirarlo. Él se acerca y la gira. Luego le muestra el anillo. Ella duda, él le toma la mano, pero ella lo rechaza. El actor-Ricardo entiende que "apurándola" físicamente no logrará su cometido. Entonces se aleja y le extiende el anillo para que sea ella quien se acerque a tomarlo. Ella duda, pero lo hace. Él extiende el brazo con el anillo entre dos dedos y es ella quien lo enfila. Él, sabiendo que ha ganado, se acerca y le dice algo al oído. Ella sonríe. Y le hace una seña cómplice. Luego sale de escena.

Como vemos, los actores han respetado, en general, las "bisagras" marcadas por el texto. Han usado sus cuerpos y sus palabras cotidianas para acercarse o repelerse. Y lo han hecho "primitivamente".

Solemos repetir estas primeras improvisaciones físicas, con sus siempre nuevas variantes, tantas veces como sea necesario hasta que la relación entre los actores y los deseos de los personajes se han consolidado y se siente, en escena, rechazo, odio, etc.

Es, entonces que pasamos a la fase sucesiva.

b)- "El ligamiento" de los actores.

Para comenzar esta nueva fase resulta indispensable dominar de memoria el texto escrito por Shakespeare. Aquí, como vemos, se altera el proceso de construcción que hemos seguido en otros estilos.

Es, ahora, necesario decir las frases poéticas de Shakespeare. El desafío es cómo hacerlo sin perder la vida que han tenido las improvisaciones físicas, los objetivos de los personajes y el estado de ánimo alcanzado.

Pedimos a los actores que se coloquen lo más lejanos posible, en los extremos del espacio disponible. Cuánto más alejados estén, creemos que más útil será esta fase.

Luego les pedimos que, en una posición fija, bien plantados, y con una actitud de avance corporal hacia el partenaire, sin moverse, comiencen a colocar todos los impulsos y las acciones físicas que desearían realizar hacia el oponente usando como único recurso de la *acción verbal*. Si podemos dar una idea aproximada de este momento del trabajo podríamos imaginar a dos cuerpos muy distanciados, "atados" y activamente inmóviles, que no pueden realizar la mínima acción directa, autónoma o sublimada y que sólo pueden agredir al otro, pedir piedad, suplicar, etc. mediante el único recurso que es la palabra. La idea que "toquen" al otro con lo que le dicen, que dirijan la acción verbal en profundidad y que no pierdan el deseo de concretar el impulso físico y la relación acumulados en la primera fase. Pedimos que el contacto visual sea permanente pues bajar la mirada ya sería una acción de fuga.

Otra consigna de la etapa es no emitir la acción verbal si no se la "siente", es decir, si no está madura y es el resultado de un impulso físico reprimido.

Como en los casos anteriores trabajamos "bisagra" a "bisagra", sin colocar al actor frente al desafío de recordar un texto tan extenso y rico como el de esta escena, por ejemplo.

Observamos cómo las palabras comienzan a "salir con cuerpo". Hay una gran tensión. Los actores vibran y, como el cuerpo no puede "descargarse", toda la intención se concentra en la acción verbal. Los textos de Shakespeare son emitidos con una poesía cargada de pasión. Creemos estar en el buen camino.

No podemos hacer un recorrido descriptivo por esta fase pues nos resulta imposible trasmitir mediante el lenguaje escrito las distintas inflexiones, pausas, silencios, entonaciones y "colores" que las acciones verbales van proponiendo en esta etapa de "atadura". Lo que sí podemos afirmar es que la poesía "nos toca físicamente", como deseaba Borges. Nos conmueven las imágenes poéticas del gran autor inglés. Y no sólo por ellas, sino porque los cuerpos de los actores son el medio vital que las expresa.

No observamos retórica alguna. Las palabras se dicen hacia el otro, están dirigidas a alcanzar un objetivo, a transformar y, como digo seguido a mis alumnos, a "hablarle a los huesos" del otro, a entrar, a perforar, a "acuchillar".

Luego de los primeros intentos, vemos que al detener la escena, los actores respiran agitados, es como si se "desinflaran" luego de haber vivido un momento de gran tensión conflictiva.

Nos detenemos en cada "bisagra". Aún no realizamos un trabajo profundo sobre las modulaciones en sí de la voz. Nos interesa que la relación conquistada en la primera fase a través de la acción física directa no se pierda. Ya llegará el momento de pulir la musicalidad de las réplicas, aunque hemos comprobado que tal musicalidad y ritmo llega solo, como una consecuencia de la combinación de los demás elementos insertados en el momento justo.

Comprendemos y compartimos las preocupaciones de Stanislavski por la verdad y la belleza de la acción verbal en el teatro, expresadas por su discípula María Knebel en su libro *El análisis de la obra y del rol mediante la acción* en la edición de Ubulibri, Milán, 2009 y denominada técnica del eloquio (Knebel 123), o de la atención en los signos de puntuación (Knebel 127) y su lógica y correcta interpretación por parte del actor. Según Knebel, Stanislavski hacía un parangón entre el arte del decir y el de la pintura. Refiere estas palabras del maestro ruso:

> ¿Ustedes saben cómo, en la pintura, se crea profundidad en el cuadro, o sea, la tercera dimensión? En efecto, no existe tercera dimensión sobre la superficie plana de la tela tensada en la cual el pintor realizará su obra. Pero la pintura crea la ilusión de una cantidad de planos. Parecen profundizarse hacia el interior, hacia los planos más "alejados" de la misma tela, mientras el primer plano es como si resaltara saliendo afuera del marco en dirección a quien mira" y ella agrega: "Entre nosotros, en el teatro, en el hablar, existen fenómenos similares. La palabra más importante se distingue en manera más clara respecto a las demás y es colocada en el primer plano sonoro. Las palabras menos importantes crean múltiples series de planos más profundos. (Knebel 127)

Pensamos que tal dominio, en sí, del arte de la palabra, es fundamental pero creemos que no debe afrontarse aislado de los otros elementos de la situación teatral.

El mismo Stanislavski lo dice cuando afirma: "Es difícil concebir el desarrollo de la teoría y de la técnica de cualquier forma de arte si no se conocen los elementos que la componen" (Toporkov 145)

Es por ello que tratamos de colocar a la palabra – una de las posibilidades del comportamiento humano – en relación a los otros elementos que, según nos parece, deben entrar en juego para que el decir no sea algo "en sí", "por sí", sino una consecuencia emergente (y también causal, pues se trata de una relación dialéctica) del encastre de estos elementos en una secuencia condicionada por el estilo a construir.

Por supuesto que, a veces, se trata de corregir, antes del estreno, problemas de dicción o dificultades específicas físicas en el aparato fonético de algún actor, cuestión que ocupa otro desafío para la técnica de la actuación, pero estamos convencidos que en tanto y en cuanto el actor construya la escena desde la vivencia del "aquí y ahora", con la vitalidad de no dejar un segundo de lado la lucha conflictual y la relación con los oponentes, y así sea que ella se exprese fundamentalmente con la acción verbal poética, como en este caso, la poesía y la pasión del gran autor inglés cobrarán vida en el presente.

Esta segunda etapa suele costar mucho pues lo que resulta más difícil es recordar el texto escrito mientras no se pierde el impulso físico. Pero hemos comprobado que trabajando pacientemente, "bisagra" a "bisagra", poco a poco, el actor comienza a incorporar el texto escrito y a recuperar —si se ha debilitado – el impulso de la primera etapa. A veces hemos tenido que regresar a ese primer momento y rehacer improvisaciones de contacto para luego retomar la "atadura" y la concentración, en la acción verbal, como único medio "permitido" en esta segunda fase.

c)- El "desligamiento" de los actores

Esta fase tiene por objetivo lograr una síntesis entre las dos etapas anteriores. Se trata de mantener el impulso pero de no concretarlo (hasta que la "bisagra" textual lo permita, por supuesto) y de decir los textos shakesperianos con todo el cuerpo "sin atadura" alguna, pero no haciendo "competir" lo que se dice con lo que se hace.

Las improvisaciones en esta fase suelen ser muy interesantes pues notamos que los actores, guiados por la propia experiencia acumulada con el partenaire en los momentos precedentes, suelen accionar física y verbalmente en el "momento justo". Las palabras potencian a las acciones físicas y a la inversa.

La actriz-Lady Ana no corre ahora hacia su oponente como en las primeras improvisaciones para apartarlo a empujones, pero camina dos o tres pasos con un impulso intenso, que detiene, para luego decir el texto. El actor-Ricardo elabora ese impulso de la oponente y, adquiere una actitud física de sumisión y aparente respeto. Sus palabras, con el objetivo de calmar a Lady Ana, son emitidas con dulzura y seguridad. Sin embargo, mantiene la mano sobre el mango de la espada envainada y no pierde de vista al entorno ni a Lady Ana.

Los insultos de ésta, siempre en una actitud de "querer saltar" físicamente sobre Ricardo, pero sin acercarse demasiado, crecen en intensidad. La actriz va encontrando distintas formas de expresar con acciones verbales este largo momento, pero lo interesante es que no lo hace *por sí*, sino en relación a la actitud de Ricardo. Cuando este baja la vista, por ejemplo, ella inmediatamente sube la voz, cuando él la mira, decrece el volumen de la acción verbal aunque no su intensidad. Pareciera que "ojos contra ojos" ella puede decir hiriendo con más eficacia que insultándolo a los gritos.

Cuando llegamos a la "bisagra" en la cual Ricardo trata de endilgar a otro su último asesinato, la actriz, enfurecida, se acerca aún más a Ricardo quien, sin retroceder, adquiere una actitud defensiva, como un animal que está cercado. La insistencia de Lady Ana, "colocando contra las cuerdas" a Ricardo, produce que la nueva "bisagra": <u>"Lo hice. Lo concedo"</u>, a una distancia menor entre los actores que las anteriores, surja como una confesión a baja voz. Ricardo está agazapado, mira alrededor y mira hacia ella que, algo sorprendida, por el reconocimiento retrocede un paso y mira hacia el ataúd al decir: "Era un modelo de virtud, de bondad y de templanza".

Ricardo, al elaborar este pequeño retroceso, parece tomar un impulso muy medido por la observación del terreno adonde "pisa", que parece un campo minado. La "bisagra" de Ricardo: <u>"No. Tu cama"</u> es introducida en un momento en donde el impulso del primer ataque de Lady Ana ha pasado pues él ha confesado y ahora es él quien ataca. La actriz- Lady Ana elabora la audacia de su oponente y no pudiendo creer en lo que escucha retrocede unos pasos. Con cautela Ricardo avanza. Son pequeñas acciones las de ambos, como un hilo elástico que se tensa y destensa, pero que va expresando cómo los dos contendientes luchan por sus objetivos.

Ricardo va creciendo en la medida en que ella va perdiendo fuerza. Sus acciones verbales son justas, tratan de acariciarla con dulzura y observa cada reacción a lo que dice. Permanece inmóvil o avanza físicamente según las reacciones de su partenaire. No "empuja" demasiado ni la alaba "sobre la línea". Lo hace teniendo en cuenta de que en frente tiene un animal pronto a saltarle al cuello.

Cuando llegamos a la "bisagra" en la cual él se propone como su nuevo esposo y *"<u>(Ana le escupe la cara)</u>"*, Ricardo está relativamente cerca. La reacción de Lady Ana parece modificar la táctica de Ricardo quien se toma un tiempo para limpiar su rostro. Después el actor *encuentra* la acción de llevarse los dedos bañados por la saliva de Lady Ana a la boca. Luego emite el texto mientras gira dándole prácticamente la espalda aunque sin desconectarse de ella. Los ojos del actor, de soslayo, están atentos a ella.

Lady Ana vuelve al ataque. Ricardo, ahora un poco más alejado y semi-girado de espaldas, comienza su largo monólogo sin dirigirlo, al comienzo, directamente hacia su antagonista. Poco a poco va girando. Enfoca bien a su oponente a los ojos mientras dice, refiriéndose a sus lágrimas: "Tus ojos a mis ojos arrancaron amargas y humildes lágrimas. Ojos que ni una lágrima antes derramaron, jamás enternecidos. No lloré la muerte de mi padre y estos ojos varoniles ni una lágrima derramaron. Pero lo que tal pena no produjo, hoy lo produce tu hermosura. Hoy tu beldad y mis lágrimas, lo ciegan". Lady Ana duda un momento. Ricardo está logrando que ella se conmueva. Sin embargo, elaborando el conflicto interno, y como un modo de resistencia, ella llega a la "bisagra": _"(Ella lo mira con desprecio)"_

Ricardo, atento a la duda, en vez de retroceder, ataca. Desenfunda la espada con vigor, recuperando la misma "animalidad" de las primeras improvisaciones y se la arroja a los pies mientras dice la "bisagra": "Toma mi espada! _(Se la da")_ .Ricardo se arrodilla y se abre la camisa mientras dice el texto. Luego Lady Ana mira la espada, duda, pero luego con suma intensidad la alza del piso y la levanta en alto mientras emite un grito construyendo así la "bisagra": _"(Ella apunta la espada)"_

Es de destacar que los actores han conservado la vitalidad y la fisicidad de las primeras improvisaciones en estas "bisagras" de contacto con objetos y de acciones físicas de relación.

La actriz queda detenida con la espada en alto dudando entre descargarla sobre Ricardo o no. Entonces éste juega su carta más difícil y acelera la acción verbal como rogando una definición.

La actriz-Lady Ana ejecuta la acción señalada en la acotación dramática: _"(Ella arroja la espada al piso)"_ Ricardo sonríe apenas en el momento justo en que ella no lo mira. Acomete la embestida final de este momento: retoma la espada, con energía, y se la coloca en la garganta mientras dice la "bisagra": "¡Pídeme que me mate y lo haré!"

Lady Ana está en retirada. La acción verbal de Ricardo, bellísimas palabras de Shakespeare, no hacen más que profundizar ese retroceso que se consuma cuando ella expresa: "Ciñe tu espada". Ricardo se levanta y vemos que el actor, como un torero que prepara el ataque final, saca el anillo y, sin acercarse, lo extiende hacia su partenaire mientras dice: *"(Entregándole un anillo)* Ruego que uses este anillo." Ambos quedan inmóviles un momento, él con el brazo totalmente extendido y en tensión, con el anillo entre sus dedos, ella mirando el anillo sin saber qué hacer. Al fin Lady Ana se acerca y es ella quien endosa el anillo. El actor, cuando ella está introduciendo su dedo en el mismo, acciona también ayudando a que entre, con placer. Sin habérselo propuesto, nos parece, ambos han encontrado una acción metafórica interesante: reverbera un acto sexual ejecutado con la acción de colocar el anillo consumado entre ambos.

Lady Ana retira la mano y observa su nuevo anillo, objeto que puede significar muchas cosas, entre ellas, compartir el poder. El actor se acerca, la rodea y le dice, insinuante, al oído: "Encamínate al palacio de Crosby que yo, después de ocuparme de este entierro con gran pompa, iré con toda ansiedad a verte. Por razones que callo, desearía obtener esta, tu gracia."

Lady Ana esboza una pequeña sonrisa, retoma el tono de intimidad ofrecido por su partenaire y responde: "De todo corazón. Y me complace verte así arrepentido." Ricardo insiste, también cercano y con una sonrisa entre los labios: "Despídete de mí".

Lady Ana responde con malicia y sale de escena.

Hemos descripto esta síntesis de improvisaciones alcanzada como resultado de un no poco fatigoso camino. Por cuestiones de espacio y con la idea de no aburrir al lector con las idas y vueltas que todo trabajo de construcción artística posee, la hemos expresado de un modo sintético y condensado.

Creemos que, en el ejemplo arriba descripto, los actores lograron un buen manejo de la acción verbal en función de la relación con el otro, Los cuerpos accionaron físicamente "escuchando" las reacciones u acciones del otro y las palabras poéticas de Shakespeare no sólo no se perdieron en una "competencia" con la acción, sino que se potenciaron y tuvieron el "cuerpo" necesario como para conmover a quienes observamos la escena.

Sin embargo, nos parece que se hace necesario otro pasaje para construir "el auto" de un modo más sólido y para acercarnos a lo que es, para nosotros, el trabajo con un estilo en dónde la acción verbal cumple un rol determinante.

d)- Síntesis de las acciones físicas directas

Hemos observado que en el teatro shakesperiano las acciones que con mayor frecuencia se ejecutan son las directas, tanto verbales como físicas.

Ya nos hemos referido a la importancia de las primeras pues sin ellas el teatro de Shakespeare perdería sentido o sería otra cosa. Observamos muy pocas situaciones en las cuales las acciones de fuga se utilizan.

Ahora, nos parece necesario reflexionar sobre el uso de las acciones físicas directas pues suelen ser muy usadas en un teatro de estas características. Por ejemplo, en esta escena, tenemos situaciones en las que Lady Ana escupe a Ricardo, en dónde él le ofrece la espada, en dónde él propone quitarse la vida si no es perdonado o en el que le entrega el anillo.

¿Cómo trabajar esas acciones en esta etapa muy cercana a la elaboración del objeto estético? Al comienzo de las improvisaciones, las acciones directas que se realizaron fueron ejecutadas desde el realismo ya que los actores se propusieron transformar al partenaire y construir la relación como cuestión prioritaria y no hubo preocupación alguna por expresarse en el estilo a elaborar. Se trataron de acciones "sucias", primitivas, plenas de impulso y vitalidad. Si intentáramos aplicar de este modo las acciones y hacerlas encastrar con el texto poético de Shakespeare encontraríamos múltiples dificultades pues no coincidiría la acción verbal, como código teatral, con la acción física.

En la tercera fase de esta propuesta metodológica- "desatar" a los actores para que encuentren una síntesis entre las dos primeras etapas – hemos observado que las acciones *directas* se sintetizan y comienzan a alejarse del criterio "de verdad" propio del drama burgués. Comienzan a adquirir otro criterio de verosimilitud que es, nos parece, cercano al estilo que queremos construir.

Sin embargo aún hay residuos del realismo-naturalismo en esas acciones pues fueron vivenciadas en la primera parte del proceso y luego, de alguna manera, elegidas unas y descartadas otras en función al crecimiento de la acción verbal en la tercera fase.

Nos parece que se hace necesario sintetizarlas. Darles una concreción definida y propia de un estilo, que no es el drama burgués, y sin perder el impulso visceral que las construyó. Por ejemplo, cuando Lady Ana toma la espada del piso y luego la levanta sobre la cabeza de Ricardo observamos que el modo en que realiza la acción es en "varios tiempos". Es decir, si registráramos sólo las imágenes de ese momento y las observáramos desligadas del resto de la escena, veríamos que podría ser una acción realista. Nos parece que se hace necesario sintetizar esa acción de manera tal que sea más contundente, más "filosa" y efectiva a los efectos de construir un estilo diferente y, por contradicción, que potencie la acción verbal barroca de los personajes.

Pedimos a los actores que trabajen sobre esas acciones tratando de ejecutarlas sin mediaciones y en los "menores tiempos" posibles. Es decir, definir bien la acción de levantar la espada. Conservar el impulso inicial y hacerlo con una total y potente síntesis, no de una manera realista en donde podría ser realizada con una suma de pequeñas acciones. Pedimos una sola y definida.

Segunda acción: levantar la espada para intentar matar a Ricardo. Proponemos que la actriz la ejecute de "una sola vez" y en modo definido. No en pequeñas secuencias. O arrojar la espada cuando el personaje decide no matar a Ricardo: realizarlo de un modo tal que sea definitivo, que durante su ejecución no haya dudas. Lo mismo pasa cuando Ricardo toma la espada y amenaza con matarse: una sola acción, como la de un animal que se arroja sobre el arma.

Tal vez esta última imagen sea la más apropiada para tratar de definir lo que queremos expresar: cuando se realicen acciones directas realizarlas sin mediaciones y de un modo preciso y definido, aunque con toda la pasión posible. Como si se tratara un cuchillo que corta la música de la verbalidad. Y que, creemos, sirve dialécticamente, para potenciarla. Veremos actores que están estirando el arco mientras se expresan a través de las palabras bellísimas de Shakespeare pero que están agazapados para explotar físicamente y, cuando lo hacen, no hay mediaciones, son "golpes de karate".

En la acción de ofrecer el anillo, para citar otro ejemplo, pedimos al actor que la realice como él lo desee pero de un modo definido. No extendiendo el brazo en dos o tres momentos, sino en uno y haciéndolo al máximo, "abriendo el espacio", para potenciar el símbolo. Se crea, entonces, una tensión física y una distancia entre su cuerpo y el objeto – el anillo - que amplifique la importancia del mismo y comience a darle una categoría simbólica

Pensamos que, de tal manera, conservamos la vitalidad de la acción física que no es fagocitada por la riqueza de la acción verbal y proponemos un tipo de teatro que combina la belleza de la palabra con la fisicidad corporal. Poesía y pasión, quizás los dos ingredientes más importantes del teatro shakesperiano.

El trabajo con los objetos en este estilo no puede ser el mismo que en el drama burgués. Creemos que los pocos objetos que suelen usarse adquieren, aún más que en el realismo, una dimensión más abstracta y simbólica. Una espada es "la espada", la síntesis abstracta del arma, es un símbolo. El anillo no es cualquier anillo que viene tocado y usado como acción cotidiana: es el Poder, la unión sin escrúpulos, el ansia de escalar a cualquier precio o lo que el grupo de creación teatral decida, pero resultaría contradictorio usar los objetos del mismo modo que en el drama burgués.

Hemos encontrado, trabajando, que a mayor distancia entre el actor y los objetos que usa, la capacidad simbólica de estos se potencia.

Seguramente hay decenas de formas y técnicas para construir este estilo teatral, o estilos similares, en donde la poesía juega un rol importante. Nosotros hemos practicado y elaborado esta propuesta con la certeza de que no hay una sola manera de hacer Shakespeare (o Chejov o Tennessee Williams, o lo que sea), sino que los caminos son variados y que existen otros procesos eficaces para construir teatralidad. Lo que sí creemos es que, del modo en que sea, lo que el teatro no puede perder es su vitalidad, su "jugarse a todo o nada" en esas horas o minutos que dura un espectáculo.

La cuestión suele complicarse aún más en el caso del gran autor inglés pues es frecuente encontrar en sus obras una mezcla de géneros: comedia y drama, tragedia y farsa.

Hay opiniones de estudiosos del teatro isabelino que afirman que Shylock, el personaje de *El mercader de Venecia* era interpretado de una manera clownesca y grotesca y que el actor se colocaba una nariz roja para ridiculizarlo aún más. O, por ejemplo, leyendo con atención en *Macbeth* la escena sucesiva al terrible asesinato del Rey Duncan, vemos que el portero del castillo, al ir abrir las puertas del mismo, en estado de embriaguez, propone una escena cómica en un contexto tenebroso y trágico.

Shakespeare nos coloca de frente a enormes desafíos metodológicos pues su teatro "salta" y trasgrede normas estilísticas. Nuestra tarea técnica debería ser adaptarnos a cada escena realizando, por supuesto, una inevitable "fagocitación" de su teatro. Sería absurdo e imposible intentar reproducirlo y, por otra parte, poco artístico. Convertiríamos al teatro en un museo patético.

Lo que nadie puede poner en discusión es que la poesía de Shakespeare y la acción verbal juegan un rol fundamental en su teatro.

La descripción del proceso metodológico con el teatro de Shakespeare hasta aquí realizada, nos ha llevado a la ejecución de un tipo de acción que comienza a tocar una suerte de "narración vivenciada".

Creemos que el teatro de Bertolt Brecht no podría haber existido sin el de Shakespeare, como sin el de otros grandes autores que antecedieron al escritor alemán, por supuesto. Pero pensamos que las características casi cinematográficas del teatro isabelino son un antecedente directo de las propuestas del teatro brechtiano que, a continuación expondremos, intentando establecer las conexiones entre el método de las acciones físicas del último período de Stanislavski y el trabajo con los actores de Brecht también en la última fase de su vida.

10- CONEXIONES ENTRE EL MÉTODO DE LAS ACCIONES FÍSICAS DE STANISLAVSKI Y EL TEATRO DE BERTOLT BRECHT

Durante muchos años, fruto de la poca información y de las dificultades de comunicación entre lo que se llamó "los países de la cortina de hierro" y "el mundo Occidental", se estableció en el ambiente teatral internacional, una afirmación, no totalmente cierta, sobre la contradicción entre la metodología stanislavskiana y el teatro del gran dramaturgo alemán Bertolt Brecht.

Las elaboraciones teóricas de Brecht sobre el denominado teatro épico, expresadas en sus *Escritos Teatrales*, colocaban un abismo entre el trabajo introspectivo del actor y el actor "narrador", distanciado de la vivencia sicologista del personaje.

La dinámica de la historia es cambiante, sin embargo. Nos parece necesario intentar aclarar este punto pues el aporte teórico y práctico de estos dos grandes hombres de teatro del siglo XX fue modificándose a medida que la experiencia y la práctica fueron provocando que sacaran conclusiones diferentes y transformadoras a las que habían sostenido precedentemente.

La vida de ambos y la especialización de cada uno, tuvo características, también, muy diferentes. Stanislavski realizó toda su carrera en Rusia (más allá de su estancia temporaria en países extranjeros siempre trabajó en el Teatro de Arte de Moscú) y su trabajo fue el de director, actor y pedagogo. El maestro ruso vivió en su patria el zarismo, la revolución de octubre de 1917 y la degeneración estalinista a partir de mediados de los años 20, proceso que se acentuó en los años 30 con las purgas estalinianas y el "triunfo" de la teoría del "socialismo en un sólo país", cuestión que mostró su absoluta falta de eficacia y de posibilidad histórica con el derrumbe real del llamado "campo socialista" a partir de 1989.

Sus gustos y posiciones estéticas fueron influenciados por la vanguardia artística de fines del siglo XIX y comienzos del XX: el naturalismo y el realismo, que significaron una gran revolución en el campo del teatro y de la actuación especialmente, pues estos movimientos estéticos se rebelaron contra una forma artificial y retórica de actuar y de concebir la teatralidad. A partir del naturalismo y del realismo, además, se afirmó la figura del director de escena como un "guía" de los actores quienes ya no sólo debían declamar sus "partes", sino actuar de un modo realista y verosímil, lo más próximo posible al comportamiento de la realidad externa. El "ojo" del director se ocupa, a partir de ese momento, de reflexionar sobre el modo de actuar "creíble" de los actores y no sólo sobre los decorados o los movimientos escénicos.

El cimbronazo de la Revolución de Octubre provocó, también, el exilio de numerosos artistas y actores muchos de ellos emigrantes a los EEUU y a distintos países europeos.

La instauración por la fuerza del poder burocrático, en los años 20, de un estilo oficial, el llamado realismo socialista, con sus moldes del "hombre positivo", de los "valores del proletariado" y de la "personalidad socialista" influyeron, por supuesto, en la coagulación de un estilo teatral que había tenido característica de renovación algunas décadas atrás.

La eliminación de toda otra forma de teatro y de arte en la entonces Unión Soviética provocó, no sólo el amordazamiento de la expresión artística, sino también la muerte y el asesinato de importantes hombres de teatro como fue el caso ya señalado de Meyerhold, para citar sólo el más emblemático.

Stanislavski, pese a no rebelarse contra ese proceso degenerativo, fue muy sensible a la crítica que sus discípulos más inquietos le formulaban en relación a los límites que la memoria emotiva colocaba a la construcción de la situación teatral en estilos más alejados del realismo. Creemos que ello, y la capacidad autocrítica del maestro ruso y su profunda observación de la práctica teatral, influyó en modo determinante en el giro radical a su metodología que, con la elaboración del método de las acciones físicas, comienza a insinuarse a fines de los años 20, como hemos visto, y se consolida entre 1934 y 1938.

Fue muy distinta la experiencia de Bertolt Brecht quien fue substancialmente, como él mismo se definía, "un escritor de obras teatrales". El trabajo de Brecht con los actores y el contacto más profundo y directo con las dificultades de la actuación se acentuaron en la última fase de su vida, que podemos ubicar entre 1948 y 1956, año de su muerte, período en el cual Brecht regresó a Berlín luego de un largo exilio que había comenzado en 1933 con la llegada del nazismo al poder. Es en ese período en que el "escritor de obras teatrales" se concentra en la dirección de sus obras – escribe muy poco teatro en ese momento – y descubre, probablemente en un coloquio sobre Stanislavski, realizado en Berlín en 1953, la nueva técnica del maestro ruso que, pensamos, intentó aplicar en la puesta en escena de *El cerco de tiza del Cáucaso* entre noviembre de ese año y octubre de 1954, según lo registrado en diario de Hans-Joachim Bunge editado en italiano en el libro *Brecht Director*, por Il Mulino Editor. Bolonia, 1989, a cargo de Claudio Meldolesi y Laura Olivi.

El contacto de Brecht con la metodología de la primera fase de Stanislavski se había producido en los EEUU, durante el exilio de Brecht y su permanencia temporaria en ese país (1941- 1947) por la influencia que el primer y más difundido momento técnico del maestro ruso, había tenido en el teatro y el cine norteamericano a partir de la trasmisión de actores rusos exiliados, alumnos de Stanislavski, como Richard Bolelavski y María Ovspenskaya, por ejemplo. Fue tal influencia – corporizada en la fundación en 1924 del American Laboratory Theatre realizada por los docentes rusos (la que determinó la aparición del Group Theatre poco tiempo después) y la exacerbación de la metodología de la memoria emotiva realizada por Lee Strasberg, posteriormente, con su Actor's Studio.

Es de destacar que la fama de la metodología strasbergiana y su difusión mundial no pueden desligarse del boom del cine como industria en ese país y el movimiento de dinero que eso significó. El modo de producción cinematográfica, tan distinta a la teatral para el actor, permite momentos de introspección que preceden a la registración de imágenes con las cámaras. Además la producción cinematográfica no suele ser cronológicamente coherente con la historia de la trama lo que coloca al actor frente al desafío de la construcción de su personaje sin una línea interna temporalmente cronológica y, a veces, a sostener un diálogo, por ejemplo, sin la presencia de un partenaire. Es muy posible que, en esos casos, la memoria emotiva sea una técnica de gran utilidad para el actor pues tiene el tiempo necesario para ensimismarse, reconstruir la imagen afectiva, emocionarse y luego actuar. El teatro no ofrece esta posibilidad. Hay un "aquí y ahora", irrepetible, que no pude detenerse. Es conocido lo forzado que significaba en el teatro practicado por el Group Theatre, el denominado "minuto strasbergiano", lapso de tiempo en el cual, se había medido, un actor entrenado en esta técnica necesitaba para ensimismarse y llegar a la emoción. Durante ese "minuto" sus colegas usaban artilugios distrayendo la fluidez de la acción teatral para permitirle la "burbuja" solitaria que le permitiera concentrarse y conmoverse.

Además el costo sicológico que para el actor significa revivir, por ejemplo, momentos dolorosos de su propia vida disminuye en el cine, en donde se realizan algunas filmaciones de la misma escena desde distintos puntos de vista y basta. Serán, luego, los montadores y el director quienes elegirán las imágenes que el público verá. Es distinto el caso del actor de teatro que todas las noches en que debe representar la obra debería realizar tal recorrido emotivo personal.

La capacidad auto-crítica de algunos actores norteamericanos fundadores del Group Theatre provocó, sobre todo a partir de la visita de Stella Adler y Harold Clurman a Stanilavski, durante la permanencia del maestro ruso en la capital francesa en la primavera boreal de 1934, una revisión de la metodología de la memoria emotiva para el arte del actor teatral, ya que los actores estadounidenses conocieron el radical cambio producido con la aparición del método de las acciones físicas.

No es casual el alejamiento de Lee Strasberg, en 1935, del Group Theatre y la posterior elaboración de alternativas más objetivas basadas en la materialidad de la acción como la de Sanford Meisner que podemos recoger de su libro *La actuación* editado por Dino Audino Editores. Roma en el 2011. (Meisner18-19).

Brecht, creemos, tomó contacto con la exacerbación del método strasbergiano que se había difundido en los EEUU y en todo el mundo, con la legitimación, a partir del cine, de los actores más conocidos del siglo XX. Y tomó distancias, pues él buscaba una teatralidad no basada en la exclusiva "vida sicológica" de los personajes sino una que desnudara las relaciones sociales para exponer problemas y conflictos de clase en la sociedad capitalista.

La experiencia de Brecht con los actores se había interrumpido con su exilio en 1933. Y antes de ese período no podemos decir que fue demasiada ya que se limitó a la dirección de algunas obras y, casi siempre, con la ayuda de colegas que le aseguraban la solvencia en la dirección de actores.

No podemos decir que Brecht haya reflexionado profundamente sobre una metodología actoral. Es decir, expresó principios generales (que, como veremos, él mismo se encargó de desmentir al final de su vida) que no llegó a profundizar quizás por las circunstancias que le tocó vivir como lo fue el largo exilio y el cambio continuo de países a lo que debió someterse. Como afirmamos, es a partir de su regreso a Berlín, en octubre de 1948, y la posterior fundación del Berliner Ensamble, en noviembre de 1949, como institución estatal dependiente del Ministerio de Educación Popular de la recién creada República Democrática Alemana (7 de octubre de 1949), que su tarea de director teatral y su contacto con el trabajo de los actores se profundizó.

En mi estadía en el Berliner Ensamble en 1988, luego de obtener una beca por concurso nacional en el Fondo Nacional de las Artes de Argentina con un proyecto de investigación sobre los puntos de contacto entre el método de las acciones físicas de Stanislavski y el teatro de Brecht, pude tener contacto con actores, directores, escenógrafos y técnicos que llegaron a trabajar con Brecht como Manfred Wekwerth, Manfred Grund, Eduard Fischer, Ekkehard Schall, etc. quienes me confirmaron el giro que había tenido Brecht a partir de aquel Congreso sobre Stanislavski en 1953 y de su descubrimiento de los nuevos principios del método de las acciones físicas, tan diferentes a los de la memoria emotiva que él había conocido en EEUU y en su breve pasaje por la Unión Soviética durante su exilio.

Encontraba ahora Brecht una metodología que permitía al actor extrovertirse en escena sin necesidad de recurrir al ensimismamiento y a la propia sicología personal. Además reconocía que en el nuevo método de Stanislavski se expresaba el materialismo dialéctico como filosofía fundante pues se establecía una tesis (una acción) la oposición de una antítesis (la reacción) y el encuentro de una síntesis como resultado de esa lucha, que funcionaba como una nueva tesis en un proceso de cambio conflictual continuo provocado por el trabajo del actor en relación a sus partenaires y a las fuerzas de las circunstancias dadas que se le enfrentan.

No es casual la expresión de Brecht en su *Agregado al Pequeño Órganon para el Teatro. Breviario de Estética,* en donde afirma:

> Las mentes no preparadas conciben la contradicción entre la representación (demostrar) y el vivir la situación (identificarse) como si en el trabajo del actor hubiera lugar sólo para una de las dos posibilidades (...) En realidad se trata, naturalmente, de dos procedimientos contrarios que, sin embargo, se concilian en el trabajo del actor (...) El actor obtiene sus propios efectos tomándolos de la tensión y de la profundidad de los dos elementos en contraste. Responsable del malentendido es, al menos en parte, el estilo de mi Órganon, que con frecuencia confunde, quizás porque es demasiado impaciente y exclusivo en designar el lado más importante de la contradicción. (Brecht 187)

La capacidad autocrítica de Brecht, como la de Stanislavski en su momento, es enorme. Él mismo se da cuenta, a partir de la experiencia concreta del trabajo con los actores en la década del 50, que sus teorías anteriores sobre el arte de la actuación entraban en cierta contradicción con la práctica y que, en verdad, era el estilo el que determinaba la verdad escénica.

En sus propias creaciones textuales Brecht transita diversos estilos teatrales pues no es lo mismo *Vida de Galileo* ni *Los fusiles de la madre Carrar* en comparación a *La ópera de dos centavos* o *Santa Juana de los Mataderos* o sus piezas didácticas, por ejemplo.

Al igual que Stanislavski quien, al final de su vida, pide a sus actores y alumnos que se olviden de la memoria emotiva, Brecht al final de la suya solicita a sus actores que no se "aten" a lo establecido en su teoría sobre el teatro épico, que proponía una distancia fría con el personaje por el temor de que la empatía provocada por el "perderse en la situación", hiciera olvidar al público de que estaba en el teatro y que debía mantener una distancia crítica que lo hiciera reflexionar sobre las relaciones sociales y no sobre la historia particular del personaje. El último Brecht pedía a los actores que construyan, a partir de sí mismos, "a través de la acción". (Entrevista del autor a Manfred Wekwerth, Director Artístico-Intendente del Berliner Ensamble. 5 de noviembre de 1988)

Es que la relación con el público, en el marco de la supuesta construcción de una nueva sociedad, había cambiado. Ya no se trataba de que el espectador solamente criticara el *statu quo* con una actitud distante. En los años 50, en la parte oriental de Berlín, la circunstancia dada de que se estaba "creando una nueva sociedad", impulsaba a estimular no sólo la crítica del espectador sino, fundamentalmente, su participación en esa construcción. Es decir, el público ahora debía participar, no sólo con su mente, sino con una actitud vital y orgánica en el momento del hecho teatral. La diferencia entre razón y emoción desapareció en Brecht en la etapa final de su vida, fase tan distinta a la que había vivido durante la ascensión del nazismo en donde la mayor parte de la población alemana se había extraviado mediante la empatía emocional con un líder en el que todo un pueblo (y cada individuo) delegaba sin elaboración crítica, su propia voluntad y libertad.

Pensamos que es bajo la óptica de la dinámica de la historia, cambiante y nada estática, que debemos observar el aporte de Stanislavski y de Brecht a la historia del teatro y del arte del actor y no desde los dogmas o de una actitud idealista y esquemática.

La dicotomía entre la teoría brechtiana y la práctica se expresa con claridad en las declaraciones de Hans-Joachim Bunge, director y escritor quien registró los ensayos de *El cerco de tiza del Cáucaso*. En una entrevista de Laura Olivi, publicada en el libro *Brecht Director* afirma cuando le preguntan si pedía a sus actores que leyeran sus escritos teóricos:

> No, no pretendió jamás que leyeran sus teorías. Recuerdo que una vez, mientras esperaba a un grupo de alumnos de Leipzig, estaba un poco preocupado: "Ahora me preguntarán – confesó a un asistente – qué he escrito en el Pequeño Órganon y yo no me recuerdo. Lo que escribí entonces en ese tiempo andaba bien pero ahora todo es diferente". (Meldonesi-Olivi 244)

Es que entre 1948, año en que escribió el *Breviario*, y 1953-54 existe un abismo marcado por diversos eventos como la profundización de su práctica teatral como director, el Congreso sobre Stanislavski, la muerte de Stalin y el levantamiento de los obreros de Berlín Oriental, estos tres últimos acontecimientos sucedidos en 1953.

No fue poco el control que el estado estalinista ejecutó sobre el Berliner Ensamble que debía funcionar como un símbolo del "campo socialista". Con diversas tácticas y formas elusivas, Brecht logró conciliar su rol como dirigente cultural y no denunciar la represión estalinista.

Según todos los testimonios que hemos recogido en nuestra visita al Berliner entre 1988 y 1989 coinciden en el hecho de que Brecht, en sus últimos montajes, apostaba a la improvisación de los actores como técnica para iniciar la construcción de la situación teatral. (Entrevista del autor a Manfred Wekwerth, 5/11/1988. Entrevista del autor a Ekkehard Schall, actor del Berliner Ensamble y yerno de Brecht. 8/11/1988)

Ese punto de partida, igual al elegido por Stanislavski en cuanto a la relación del actor con el objeto textual, es de suma importancia para conectar ambas experiencias. Ya no se trataba de una mirada preconcebida y abstracta del personaje sino de la construcción, partiendo del actor, en su lucha por alcanzar los objetivos del personaje y no de la mera repetición del texto o de un análisis de mesa *a priori*.

En sus *Escritos Teatrales*, en el capítulo *Estudios sobre Stanislavski (1951-1956)*, al reflexionar sobre la identificación, en vísperas del Congreso sobre el director ruso de 1953, ante la opinión de un hombre de su teatro, Danegger, quien expresa: "Pero a Stanislavski le bastaba, o mejor dicho, él exigía la total identificación también en el caso de trabajos realistas", Brecht responde: "De las publicaciones que he podido procurarme no he tenido esa impresión. Él habla continuamente de lo que llama súper-finalidad de un trabajo y prescribe subordinar todo a esta idea" (Brecht 227-228)

En el mismo encuentro, su mujer y actriz del Berliner, Helene Weigel, con relación al público y a su trabajo, reflexiona:

> Se representa para la gente una persona diversa de nosotros. Es un hecho. ¿Y por qué no se debería ser consciente de este hecho? (…) ¿Cómo podría yo, por ejemplo, en el rol de Madre Coraje, cuando los negocios al final me han costado hasta el último de mis hijos, decir la réplica: "Tengo que recomenzar con mi comercio" si no fuese personalmente conmovida por el hecho que la mujer que represento no tiene capacidad para aprender? (Brecht 228)

Vemos, con claridad, cuán lejano está Brecht, en esos años finales de su vida de identificar al método de la memoria emotiva con el de las acciones físicas. Y cuánto se distancia, en la opinión de su mujer, de sus propios escritos anteriores, pues Helene Weigel no puede no reconocer que se emociona en el escenario pero, claro, se trata de una emoción escénica, producida allí y no "traída" de su experiencia emotiva personal.

Weigel hace referencia a que Madre Coraje (no ella) no ha aprendido nada de lo que le pasó.

Una vez pasado el Congreso sobre Stanislavski, seguramente habiendo profundizado el conocimiento de la nueva técnica del maestro ruso, Brecht opina: "A mi criterio Stanislavski propone una serie de procedimientos mediante los cuales el actor puede hacer callar la propia conciencia personal y substituirla con la del personaje que representa" (Brecht 231)

Y más adelante señala en relación a la poca información disponible sobre el trabajo del gran maestro ruso en la última fase de su vida:

> Pocas de sus obras han sido publicadas y su teoría, durante cuarenta años de su actividad teatral, han sufrido transformaciones notables, como lo demuestran el par de volúmenes publicados, aquí, por nosotros, por sus alumnos (...) El actor está efectivamente en el escenario al mismo tiempo como actor y como personaje del drama (...) Persiguiendo la súper-finalidad de Stanislavski, el actor, de hecho, representa la sociedad en relación a su personaje. También en Stanislavski. (Brecht 231)

No caben dudas que esos dos mundos que se separaban con el primer método de la memoria emotiva, o sea, por un lado el mundo privado del actor y sus experiencias pasadas y, por el otro, el mundo concreto del hecho teatral, con un público que observa, con los técnicos que están detrás de las bambalinas, con las luces de escena, etc., ahora están integrados por la nueva técnica pues ya no se trata de aislarse para encontrar las imágenes interiores sino de accionar "aquí y ahora" para alcanzar los objetivos del personaje, no los del actor en cuanto persona viva.

Y para despejar la mínima duda, Brecht expresa:

Las acciones físicas – para usar el término de Stanislavski – no sirven solamente para construir realísticamente la parte: resultan el punto de orientación esencial para el rol, precisamente sometiéndose a la trama. Esto debe ser pensado y estudiado bien a fondo porque se trata de un paso absolutamente esencial. (Brecht 232)

Cuando nos hemos referido a los estadios de la acción no podemos dejar de establecer la conexión con la nueva idea de Gestus o acción brechtiana como una acción metafórica, simbólica, que será el punto de llegada y no de partida.

Al comienzo de los ensayos de *El cerco de tiza del Cáucaso*, según lo registrado por Bunge, Brecht solicitaba a sus actores partir de la "ingenuidad" y no de acciones pre-establecidas mentalmente. En el primer ensayo de esta obra (17/11/1953), Bunge refiere las primeras palabras de Brecht a los actores: "Lo importante es que los procesos interiores se traduzcan en acciones".

Pedía no sólo la construcción de la relación entre los sujetos sino también el uso, a través de la acción, de todos los elementos existentes en la escena. (Entrevista del autor a Eduard Fischer, técnico y utilero del Berliner Ensamble. 17/11/1988. Entrevista del autor a Manfred Grud, escenógrafo del Berliner Ensamble, 17/11/1988) ¿Qué es ello si no la construcción del ambiente y del contexto? ¿Cómo no establecer precisos paralelismos entre la técnica usada al final de sus vidas por ambos hombres de teatro?

En el ensayo número 93 de *El cerco de tiza del Cáucaso*, Bunge señala en su diario que Brecht indica: "No se debería jamás partir del carácter de un personaje porque el hombre no tiene un carácter". (Meldonesi y Olivi 303) ¿Qué significa ésta afirmación sino la necesidad de no partir de un estereotipo pensado *a priori*, preocupación esencial de Stanislavski como hemos señalado?

Según Manfred Wekwerth, es en la puesta en escena de *La Madre* (1951) en donde Brecht comienza su giro y su comprensión de nuevas necesidades metodológicas para el trabajo del actor. En esa oportunidad Brecht hace referencia a la influencia de Vagtangov, discípulo dilecto de Stanislavski y uno de sus más sinceros críticos en cuanto a la necesidad de dejar de lado la memoria emotiva.

Brecht, intrigado por la teoría y la práctica stanislavskiana, impulsó el Congreso en Berlín (abril de 1953) sobre el maestro ruso y profundizó la lectura de los materiales sobre su última etapa. Tal es así que estimuló la investigación filológica de los escritos de Stanislavski para precisar su legado.

La importancia de la acción y la técnica de la improvisación pasan a un primer plano durante los ensayos de *El cerco de tiza del Cáucaso* en donde se estimula la capacidad lúdica de los actores que, jugando, y en contradicción de objetivos, van construyendo la situación teatral aportada desde la dramaturgia como una serie de situaciones a construir y no como un texto "férreo" a repetir.

Nada más lejano que preguntarse, en ese momento de los ensayos, "¿Cómo es mi personaje?". El análisis intelectual *a priori* queda de lado y se privilegia una relación a construir "aquí y ahora" a través de la acción y la improvisación. Incluso objeta la previsión demasiado detallada de qué hacer en escena y estimula la transformación del otro a través del juego y de la espontaneidad. ¿No es éste el modo de trabajar de la última fase del gran maestro ruso?

Por supuesto que el estadio de la acción debía pasar del signo al símbolo, de la cotidianeidad del juego a la belleza metafórica que significaría contradicciones sociales y construiría un estilo denominado "realismo dialéctico". Es decir, la pretensión de revelar aspectos ocultos de la realidad a través de las acciones simbólicas de los personajes considerados en relación y no en modo individual. Es allí en donde, como no podía ser de otra manera, el trabajo del Brecht director crecía en cuanto a la toma de decisiones para ofrecer una interpretación política-ideológica de la obra.

Los denominados efectos de distanciamiento, en realidad, no pertenecían tanto al trabajo de los actores, sino a la puesta en escena, pues los carteles, proyecciones, etc. eran inserciones que venían de la dirección y no del trabajo actoral.

Sin embargo el actor Ekkehard Schall me ofreció una precisa definición de lo que para él era el "distanciamiento" en la actuación: "Se trata de actuar estableciendo una clara diferencia entre la apariencia de las palabras y la verdad de la acción". (Entrevista del autor 8/11/88).

El efecto de distanciamiento, tan citado y tan controversialmente debatido es, para nosotros, la *fisura* por la que el público puede ver las contradicciones sociales y personales del personaje y de la situación en la que éste se encuentra. Tal efecto puede provenir del texto, de recursos de la dirección o de acciones metafóricas que el personaje ejecuta en escena y que dejan ver tales contradicciones.

Para poner un simple ejemplo se trata de lo mismo que experimentamos cuando estamos leyendo un libro, imaginamos o vivenciamos determinadas cuestiones pero de pronto aparece, en una frase, un número que nos reporta a una nota de aclaración. Nos "saca" de la situación y nos coloca en la necesidad de una mirada crítica sobre lo que estamos leyendo.

El trabajo de Brecht sobre la acción metafórica o simbólica se precisa, por ejemplo, en el ensayo número 107 – al final de dicho proceso de ensayos– de *El cerco de tiza del Cáucaso*, según el diario de Bunge:

> Una cosa para tener en cuenta es que ahora hacemos demasiados pequeños gestos. Debemos decidir hacer pocas cosas pero <u>significativas.</u> Si un pequeño gesto se transforma en otro cualquiera, pierde su espesor y no se entiende el mensaje que queremos trasmitir. Viene anulado y, así, obtenemos una inflación

de gestos. El público no los nota más, la representación resulta naturalista y los gestos devienen ilustrativos en vez de sociales (Claudio Meldonesi-Laura Olivi 106)

Muy bien lo expresa Claudio Meldonesi en el trabajo referido cuando en una nota de página 123 escribe: "El verdadero extrañamiento sucedía en la fase final cuando la forma empírica se transformaba en forma completada a su vez, siendo espectáculo y texto a la manera de Brecht".

Para Meldonesi "Brecht murió mientras estaba trabajando en una reformulación de sus teorías teatrales" (Meldonesi-Olivi143).

Laura Olivi cita una declaración en *Brecht Director*, de la actriz Agnes Kraus que, al decirle a Brecht que estaba leyendo sus teorías anteriores, éste le respondió: "Por favor, no las lea, siga como está haciendo su personaje" (Meldonesi-Olivi 177).

Los conceptos vertidos en las entrevistas de Laura Olivi por actores, directores y demás integrantes del elenco del Berliner coinciden con las realizadas por mí en 1988 que, si bien reunieron a un número menor de personas, poseen contenidos casi idénticos. Esto confirma, de alguna manera, que el trabajo de Stanislavski y el de Brecht, según el relato de sus contemporáneos, fue coincidente.

Otro punto de contacto consiste en la relación entre lo que nosotros denominamos "bisagras" y los actores del Berliner Ensamble "puntos de giro", o sea, los momentos en los que los objetivos de los personajes cambian. (Entrevista del autor a Alejandro Quintana, Director contratado en el Berliner Ensamble, 15/11/1988. Nota: Alejandro Quintana es un director teatral chileno que trabajó en el Berliner Ensamble hasta la desaparición de la República Democrática Alemana. No lo hizo directamente con Brecht pues no fueron contemporáneos, pero ha investigado profundamente en el teatro del autor y director alemán)

Resultaba común observar, durante mi permanencia de investigación en el Berliner Ensamble, a los actores del elenco ensayar con los distintos directores que estaban montando diversas obras y detenerse para rectificar un "punto de giro" acordado en la primera lectura del texto.

Manfred Wekwerth me refirió en la entrevista ya citada (5/11/1988) que el objetivo de Brecht en cuanto al trabajo emotivo de los actores durante su última etapa no consistía en reportar la emoción de la vida real al escenario sino que radicaba en la construcción de un "nuevo tipo de emoción escénica".

Conecte el lector lo que hemos ido expresando en las diversas fases de este trabajo y obtendrá las efectivas relaciones entre el método de las acciones físicas de Stanislavski y la tarea del Brecht-Director en sus últimos años.

11- ASPECTOS DE LA OBRA, LA TEORÍA Y LA VIDA DE BERTOLT BRECHT

Hemos dejado para este momento la reflexión sobre la obra, la teoría y aspectos de la vida de Bertolt Brecht y, posteriormente, un análisis de una escena de su teatro. No es casual pues, creemos, se trata del escalón más alto en esta escalera de complejidades pedagógicas que hemos propuesto. No es porque su teatro "sea mejor o peor" que el de los autores ya vistos. No se puede sostener esa idea en el arte. Es simplemente distinto. Y tan distinto que supone, al menos el intento, de un quiebre radical en la noción de teatralidad dominante en 2.000 años, o sea, aquella que se reconocía en el modelo aristotélico basado en la identificación y en la mímesis y, en sus orígenes griegos, en la purgación de la *hybris* (exceso) a través de la catarsis mediante el temor y la piedad. La nueva propuesta brechtiana, sin embargo, no es constante a lo largo de toda la producción dramatúrgica ni de su trabajo como director teatral. Depende de las etapas creativas y de las circunstancias vitales, sociales e históricas por las que Brecht atravesó. Lo dijimos: no son iguales, como estructuras dramatúrgicas, *Los fusiles de la Señora Carrar* o *Terror y Miseria del IIIº Reich* (propias de un teatro aristotélico y llamadas por el autor "obras de emergencia") que *La Ópera de dos centavos,* o *Santa Juana de los Mataderos* o *Ascenso y caída de la ciudad de Mahagony,* en las cuales existe la intención de proponer un tipo distinto de teatralidad.

Según nuestros estudios podemos distinguir cinco fases en el teatro brechtiano. Se trata de una clasificación algo esquemática pues, en tan frondosa obra, las fases se mezclan, se repiten, no son lineales. Pero permítanos el lector proponerlas así teniendo en cuenta los objetivos prioritarios de esta publicación. Ellas serían:

1)-Inicios y fase "a-social". 1918-1924 *(Baal, Tambores en la noche, En la jungla de las ciudades. Eduardo II* -sobre la obra de Marlowe - *El casamiento de los pequeños burgueses. Lux in tenebris, Un hombre es un hombre).* Son sus primeras obras. Brecht aún no ha profundizado su conocimiento y estudio del marxismo y nos presenta personajes y situaciones teatrales que repudian al sistema capitalista pero desde un lugar individual y con cierto nihilismo anarquista. Las últimas obras de esta etapa ya insinúan, como transición, la elaboración del llamado teatro épico y de la teoría sobre éste.

2)-Fase de la elaboración de la teoría del Teatro Épico. 1924-1928/1930 *(Ópera de dos centavos, Happy End, Ascenso y caída de la ciudad de Mahagony)* en la cual Brecht intenta proponer un tipo de teatralidad en donde las características narrativas de su teatro se potencien a través de canciones, relatores, carteles, proyecciones y otros efectos externos de distanciamiento (concepto tan traficado que trataremos de explicar más adelante). En esta fase Brecht ha descubierto y profundizado sus conocimientos sobre la filosofía marxista y trata de aplicarlos más conscientemente en su dramaturgia.

3)-Fase de las obras didácticas y de consolidación del Teatro Épico. 1928-1933 *(El aviador, El acuerdo, El consentidor, La medida o la línea de conducta, La excepción y la regla, Santa Juana de los Mataderos, La Madre)* en la cual Brecht resiste, con su teatro, el ascenso y posterior victoria del nazismo en su patria apelando a la escritura de obras que, de modo categórico, intentaron trasmitir al espectador el peligro de ese fenómeno político y social.

4)-Fase del exilio y de sus principales obras. 1933-1948 *(Cabezas redondas, cabezas puntiagudas, Los Horacios y los Curiacios, Los fusiles de la Señora Carrar, Terror y Miseria del IIIº Reich, El Señor Puntila y su criado Matti, Madre Coraje y sus hijos, El proceso de Lucullus, Vida de Galileo – 1º versión - , El alma buena de Shezuan, La resistible ascensión de Arturo Ui, Las visiones de Simone Machard, Schweyk en la Segunda Guerra Mundial, El cerco de tiza del Cáucaso).* Es en esta fase en la cual Brecht debe exiliarse debido al triunfo del nazismo en Alemania y en la cual escribe sus principales obras.

5)-Fase del retorno. Del Berliner Ensamble hasta su muerte. 1947-1956 *(Antígona, Los días de la Comuna, Don Juan, Turandot o el Congreso de los intelectuales, Galileo –última versión -, El proceso de Juana de Arco en*

Rouen.1431. etc.) Brecht profundiza su tarea como director teatral y pasa a un segundo plano su quehacer dramatúrgico. Es en este momento de su vida en el cual debe reflexionar sobre la metodología del trabajo del actor y su complejidad (en el capítulo anterior hemos reflexionado sobre ese momento) ya que dirige algunas de sus obras, y otras de otros autores, en un teatro estable dependiente del Estado Alemán Oriental: el Berliner Ensamble. Es en esta fase final en dónde Brecht denomina a su teatro como "realista dialéctico" y abandona la denominación de "épico".

1)-Inicios y fase "A-social" (1918-1924):

La vida de Bertolt Brecht estuvo marcada por acontecimientos de gran importancia mundial: la Primera Guerra (1914-1918), la Revolución Rusa (1917), el estalinismo (1924-1953), el ascenso del nazismo en Alemania (1933), la Segunda Guerra Mundial (1939-1945) y el comienzo de la Guerra Fría (1946). Se trató de hechos de una gran envergadura producidos en un lapso relativamente breve y que sucedieron en su patria o la involucraron directamente. No es casual, nos parece, tan rica y variada producción intelectual en un hombre que poseía una gran sensibilidad política y social. Brecht, además de dramaturgo, no nos olvidemos, fue un excelente poeta y escribió, además, algunos textos narrativos como también compuso baladas y piezas musicales.

Bertolt Brecht nació el 11 de febrero de 1898 en Augusta, una pequeña ciudad en las cercanías de Münich que se distinguió por la actividad textil y papelera. El padre de Brecht fue director de la fábrica de papel Haindl, lo que le permitió sostener a su familia con holgura económica. (Ewen. 41-42).

Alemania se había unificado durante el reinado del Kaiser Guillermo I, y del llamado "Canciller de Hierro" Otto von Bismark, de un modo diverso y con retraso en relación a otras naciones europeas desarrolladas. Diez años antes del nacimiento de Brecht subió al trono Guillermo II, nieto del primer Guillermo, quien se propuso asegurar el predominio alemán tanto en la economía como en la política europea y mundial. Tal política llevaría, debido a la feroz competencia con otras potencias imperialistas por la colocación de mercaderías en el mercado mundial y por la apropiación colonial de regiones explotadas, a la Primera Guerra Mundial en 1914, a su derrota total en 1918 y, con ella, a la destitución de la monarquía. En esos primeros años del siglo XX Alemania logró una industrialización avanzada y, por lo tanto, se consolidó una clase obrera numerosa y organizada que se expresó políticamente en fuertes partidos de izquierda.

Brecht pasó sus primeros años de vida en la acogedora Augusta en donde cursó la escuela primaria e hizo el secundario. Cuando tenía 16 años y estalló la Gran Guerra, Brecht compuso sus primeros poemas que tenían un tinte patriótico y nacionalista pero más temprano que tarde se dio cuentas de lo que significaba un conflicto bélico al anotarse como camillero, ya que había empezado a estudiar medicina. El contacto con el dolor de los heridos y con la muerte próxima, debió haber transformado profundamente a ese muchacho alto, delgado y algo tímido. Es así que, al finalizar la guerra con la derrota alemana, observó con simpatía la revolución espartaquista de comienzos de 1919 (su segundo texto teatral, *Tambores en la noche*, de 1922, se ambienta en ese momento histórico). Tal levantamiento pretendía continuar en Alemania el proceso revolucionario iniciado en octubre del 1917 con la revolución bolchevique. Brecht no se adhirió activamente al alzamiento – que fue cruelmente reprimido con el asesinato de Rosa Luxemburgo y Karl Liebknecht – sino, más bien, adoptó una actitud nihilista y anárquico-individualista. En su primera obra teatral *Baal*, de 1918, podemos observar cómo el protagonista, que lleva por nombre el del voluptuoso dios fenicio, se "come y bebe la vida" de un modo salvaje y sin límite alguno. Se trata de un ser a-social en el marco de una sociedad anti-social (Ewen. 79); de la expresión del deseo al estado puro, casi "caníbal" hacia los demás y autodestructivo. Brecht, posteriormente, renegaría de esa obra.

Transferido a München, el joven Brecht recibió la influencia del cómico de cabaret, Karl Valentin, quien interpretaba un personaje similar a un *zanni* de la *Comedia dell'Arte* y cultivaba un ácido humor de actualidad política. Además, el joven dramaturgo alemán sentía una profunda admiración por la obra de Frank Wedekind, autor, entre otros importantes textos, de *Despertar de primavera*, escrita en 1891, en la cual el autor desnudaba la hipocresía de la sociedad alemana y su represión sobre la sexualidad. Eran años en donde el expresionismo prevalecía como estilo teatral alternativo en Alemania. Tal movimiento pregonaba la "muerte del arte" y la exaltación del "yo absoluto" como una reacción individual a lo establecido. Se hablaba de una "autobiografía del alma" como camino hacia el interior individual. Esa tendencia artística influyó en las primeras poesías de Brecht escritas entre 1918 y 1926.

Una bella imagen poética de Brecht resume su sentimiento: "De estas ciudades quedará sólo el que las atraviesa: el viento."

En 1922 obtiene el prestigioso Premio Kleist con *Tambores en la noche* y se transforma, a partir del reconocimiento del crítico de teatro Herbert Jhering, en una conocida y promisoria figura del ambiente artístico. En 1924 se traslada a Berlín y asume la dirección de la obra teatral *Parricidio* de Arnolt Brommen, aunque no es una experiencia grata ya que litiga con las autoridades del teatro y con el elenco y debe dejar la tarea. Brecht, hasta la fase final de su vida, cuando retornó a Berlín en 1948, no fue un director que se preocupara demasiado en la metodología que usaba para trabajar con los actores. En verdad, no dirigió tantas obras antes de su exilio y menos aún durante éste. Y las que logró llevar a escena fueron con la ayuda de algunos directores amigos que se ocupaban del trabajo con los actores.

En esta etapa Brecht se proponía "des-romantizar todo" en un país que había cultivado una gran devoción por esa escuela artística. En *Tambores en la noche* podemos observar que el autor comienza su propio camino hacia lo que luego llamaría "Teoría del teatro épico", denominación que, en verdad, ya había sido acuñada por Edwin Piscator y sus experiencias en el famoso "Teatro del Pueblo" *(Volksbühene)* que tanto influyeron sobre Brecht. La dramaturgia de éste, a partir de *Tambores en la noche*, se propone no repetir la estructura aristotélica de unidad de acción, tiempo y lugar, ni la linealidad de presentación-conflicto-desenlace sino que postula un modo de escribir teatro que "salta", que no es lineal, construido con escenas aisladas, tratadas "en sí", casi cinematográficas.

No podemos dejar de referirnos a los puntos de contacto con el teatro isabelino y, en especial, con los textos de Shakespeare.

Brecht tomó de Piscator la función de-veladora del teatro como instrumento de denuncia y descontento que, además, se expresaba en los innumerables grupos teatrales callejeros del movimiento Agit-Prop, nacidos en la Unión Soviética para educar y promover el arte en los sectores menos instruidos de la población como una manera de ayudar al proceso revolucionario. En Alemania tal experiencia fue adoptada por numerosos grupos que, en la vía pública, en los sindicatos, en los bares y pequeños teatros, asumía el rol de lo teatral como un arma de lucha política.

En 1923 escribe *En la jungla de las ciudades* en la cual representa un combate de box "metafísico" en donde se dirime la posesión del alma entre Shlink, un comerciante malayo, y Garga, un pobre empleado de biblioteca. La obra reflexiona sobre la desintegración familiar y social producto de las incongruencias y desigualdades del sistema. En ese mismo año escribe *El casamiento de los pequeños burgueses*, texto que revela críticamente la inconsistencia de la pequeña burguesía y sus valores oportunistas y falsos. Los muebles de los invitados a la comida de la boda comienzan a romperse metaforizando, así, la debilidad, falta de identidad y degradación de esta clase social. Es en ese mismo año que Hitler intenta su primer *pucht* que fracasa y lo lleva a la cárcel pero será, casualmente, el juego político institucional entre los partidos burgueses y pequeños burgueses quienes le permitirán salir del encierro a los pocos meses.

Entre 1923 y 1930 Alemania fue gobernada por partidos reformistas y democrático-burgueses en lo que se conoció como República de Weimar, una suerte de bonapartismo político, que recibió el apoyo económico de los EEUU a través de los llamados planes Dawes (1924) y Young (1929). Todo se agravaría con la crisis económica mundial de 1929-30 que produjo la caída de esa ayuda y el desbarranque económico de todos los países incluyendo Alemania.

En 1924 escribe *Un hombre es un hombre,* obra que pertenece al período de transición y aproximación a la denominada fase épica. La obra se desarrolla en una India colonial que nos recuerda a Kipling. Un sereno irlandés, Galy Gay, sale a comprar pescado y tres soldados ingleses, que deben encontrar un substituto de un compañero de armas, Jip, le piden que asuma la personalidad de éste. Galy Gay renuncia a su propia identidad y reza "por sí mismo" frente al ataúd de Jip. La pregunta que Brecht nos hace en esta obra es: ¿Galy Gay realmente vive o está "siendo vivido"? El hombre aparece como intercambiable, como perteneciente a una cadena de montaje. Es con esta obra que se acentúan los efectos de distanciamiento en su dramaturgia, por ejemplo, la música como factor narrativo.

2)-Fase de la elaboración del Teatro Épico (1924-1928/1930)

Es en esta fase en la que Brecht define y profundiza su propuesta teórica de una nueva teatralidad a través de lo que ya Edwin Piscator había insinuado: el llamado teatro épico basado en dos conceptos basales: la teoría del distanciamiento y el concepto del Gestus. Ahora bien, ¿Qué es el efecto de distanciamiento que comienza a insinuarse aquí y luego se desarrolla en otros textos de Brecht? Hay que decir primero que Brecht se da cuenta de que nuevas temáticas exigen formas nuevas y que el drama burgués no acompaña el veloz cambiar de las alternativas de la lucha de clases que se desarrollaba en forma aguda en su país en especial. A partir de 1926 Brecht se dedica a estudiar sistemáticamente los textos marxistas y adquiere un profundo conocimiento de los mismos. Con ello, ese individualismo anarquista de las primeras obras se disuelve. El dramaturgo alemán manifiesta que leyendo a Marx ha encontrado el perfecto espectador para sus obras. Pide, entonces, la necesidad de un espectador crítico y que posea, además, la actitud de un sociólogo. Brecht abandona todo matiz "esencialista" y se propone "historizar" el teatro como un modo de historizar también la propia vida. Y ello sólo puede hacerse manteniendo siempre una actitud crítica frente a la realidad que no es una sola, que posee capas ocultas que hay que develar. El rol fundamental de la actitud crítica es lo que sirve de fundamento para explicar su teoría del distanciamiento. Brecht postula que se hace necesario establecer una distancia ante los hechos para mantener esa actitud crítica y, así, no narcotizar al espectador en una suerte de ensoñación que suele provocar la ilusión teatral aristotélica. Hay que "despertar" permanentemente al público para que observe el espectáculo como una creación teatral que, sin ocultamientos y "magias ilusorias", revele aspectos ocultos de la realidad. Tales aspectos escondidos suelen ser la verdadera causa de los fenómenos. Recuerde el lector el ejemplo que usamos anteriormente para explicar la situación teatral: ese "auto" metafórico en donde, para entender su mecanismo de construcción y comprenderlo en su dimensión causal, se hace necesario un trabajo de "inmersión" analítica, procedimiento que, pensamos, no es sólo de naturaleza racional. Brecht, fundamentalmente en los años del nazismo, acentuó las características racionales del proceso analítico. Esto, pensamos, se debió a la empatía emocional de la gran mayoría de su pueblo con el Führer. Perdidos en la emoción que les provocaba el líder y siguiéndolo con un fanatismo irracional, casi la totalidad del pueblo alemán renegó de su capacidad crítica y delegó su libertad en una sola persona como si se tratara de una cuestión natural, inmodificable, que lo llevaría a la "victoria" y a ser la raza dominante. Un Reich de 1.000 años era lo que se esperaba. No olvidemos que, después de la toma del poder, Hitler fue convalidado en forma abrumadora por el voto popular. Resulta más cómodo que alguien decida por uno y ese alguien es el Líder. En este lamentable caso: Hitler. No fue el único, claro, en la historia de la humanidad.

Veremos que después de la Segunda Guerra, al crearse la República Democrática Alemana en la zona ocupada por los soviéticos, Brecht no acentuará ese rasgo exclusivamente racional y anti-emotivo pues, para él, en su país se estaba construyendo el socialismo y ahora se encontraba "del otro lado del mostrador". Para construir una nueva sociedad había que poner todo lo que de humano tiene el hombre. También sus emociones. Quizás por ello Brecht se abrió a investigar sobre el último método stanislavkiano que planteaba la construcción de un nuevo tipo de emoción. En sus últimas obras *(El Círculo de tiza del Cáucaso* y la última versión de *Vida de Galileo* sobre todo, aunque también en *Los días de la Comuna* a pesar de tratarse de un drama histórico) se evapora la contradicción razón-emoción y se consolida la concepción del hombre como un todo no fragmentado. Es en esa última etapa que Brecht llama su teatro realista dialéctico.

Pero volvamos a su momento épico y al efecto de distanciamiento. Brecht aporta un razonamiento esclarecedor: "Lo negativo no está en ver cada eslabón de la cadena, sino en no ver toda la cadena." Pongamos un ejemplo simple de efecto de distanciamiento: leemos un libro y nos dejamos llevar por las imágenes que el relato nos ofrece. Sin embargo en un momento aparece un número pequeño al final de una frase. Es una nota que nos remite a pie de página o a la sección correspondiente. Entonces "nos despertamos". Salimos de la ensoñación y ese número nos lleva a una explicación particular sobre lo que estábamos leyendo o a una aclaración al respecto. "Salimos" de la situación, nos distanciamos y la vemos o comprendemos de otra manera al buscar y leer la nota. En la fase épica de Brecht ese efecto se lograba con carteles que anticipaban lo que se iba a representar a continuación, o que comentaban un momento de la escena o la titulaban, proyecciones de imágenes, canciones dirigidas hacia el público narrando el aspecto oculto de la situación representada; la orquesta a la vista de los espectadores y, a veces, también interactuando con este; apartes y comentarios de los actores a la platea, etc. Se trata de "quiebres" que tienen como finalidad romper la cuarta pared y mantener al público siempre atento a las causas ocultas de los hechos, no a la posible historia particular que "viven" los personajes. Se procura que parezca extraordinario lo que ya hemos incorporado como algo común y familiar y que, por lo tanto, está "tan cerca" que ya no vemos. El efecto de distanciamiento de la etapa épica brechtiana procura que el espectador extraiga de una situación determinada las causas que la provocaron y de esas motivaciones delimite lo que parece evidente y obvio (y que, por lo tanto, ya no es visible) y lo revea de otra manera. Hegel lo dice bien: "Lo conocido, por ser conocido, es lo desconocido."

Reflexionemos sobre una acción que realizamos cotidianamente: abrir la puerta de nuestra casa con una llave siguiendo estos tres pasos:

a)-Tomo la llave, la introduzco en la cerradura y abro. "Entiendo" lo que hago (En verdad, creo que "entiendo" porque, como siempre lo hago así, ya no me detengo en esto, "ya no veo").

b)-Tomo la llave, la introduzco en la cerradura y abro. Pero ahora me pregunto: ¿Por qué la llave es cómo es? ¿Por qué su particular forma? ¿Por qué entra hasta un cierto punto en la cerradura? ¿Por qué gira así en el interior de esta? ¿Cómo es el mecanismo que lo permite? ¿Por qué se destraba la puerta y puedo abrirla? (Ahora "veo diferente" la acción que estoy realizando… ¡Y ya no lo entiendo! Ha dejado de resultarme familiar)

c)-Razono: ajá…funciona así porque la llave tiene sus aristas especiales y únicas que se adaptan al mecanismo interno de la cerradura inserta en la puerta, este mecanismo funciona de tal manera que permite desplazar las trancas internas que traban la puerta y…etc., etc., etc… (Ahora lo "vuelvo" a entender, pero he tenido que tomar distancia, de esta manera, para re-verlo)

Este sería el mecanismo del efecto de distanciamiento que Brecht nos propone. Lo desconocido sólo puede emerger a luz mediante lo conocido.

Sin embargo, se trata más de recursos dramatúrgicos o de sugerencias para la puesta en escena que de una metodología precisa para el actor. Al respecto, Brecht se expresa en sus trabajos teóricos sin demasiada precisión. Nos propone, por ejemplo, ensayar en tercera persona para distanciar al actor del personaje y lograr, así, un efecto narrativo, épico, en la actuación. Pero no describe una secuencia metodológica verificable. Son enunciados que no están profundizados tal vez por el hecho que durante gran parte de su vida Brecht no pudo dirigir actores pues estaba exiliado y esa situación –"saltar" de país en país – se lo impedía. Y antes de 1933 no se preocupaba mayormente por el trabajo técnico del actor. Será con su regreso a Berlín Este que Brecht se encontrará ante el problema y, con humildad y sabiduría, sabrá tomar del gran pedagogo ruso, Stanislavski, una metodología que es materialista y dialéctica: el método de las acciones físicas, que se integraba a su visión del mundo en ese momento.

Podemos decir que el objetivo del efecto de distanciamiento es el de des-enajenar al hombre durante su permanencia en el teatro y, con ello, hacerlo reflexionar sobre la realidad alienante del sistema capitalista una vez que ha salido del edificio teatral. En el capitalismo el hombre pierde conciencia de lo que produce mediante su trabajo, actividad que se le vuelve extraña, como un monstruo que lo devora y lo aliena. Es decir que lo fragmenta, ya que pierde el control sobre lo que debería humanizarlo: el trabajo. Productor real (el trabajador) y producto (mercancía) se separan y el trabajador, a su vez, es una mercancía más (una cosa "en sí") que vende su fuerza de trabajo a cambio de un salario. Las necesidades humanas se reducen, entonces, a una sola y prioritaria: obtener dinero para poder sobrevivir. Este proceso de alienación provoca que se pierda la concepción de la totalidad y sólo se posea conciencia de una parte, de un fragmento, de ella. El divorcio entre lo público y lo privado se agudiza. No solemos entender la causa de la fragmentación y aceptamos que sea así como si fuera algo normal e inmodificable. Las instituciones, los gerentes de las empresas, los dirigentes políticos y funcionarios del Estado nos parecen lejanos e inalcanzables. Como en las obras de Kafka, el hombre se ve a sí mismo como una entidad sin nombre y empequeñecida. Tanto en el campo de la producción como en la vida ciudadana vivimos, en verdad, sin decidir nada. Votamos por quien nos explotará mejor o peor y creemos que, con nuestro voto ejercemos, en substancia, nuestra libertad. Mientras, las fuerzas de control del sistema se vuelven cada vez más sutiles y poderosas. Tan sutiles que ya son invisibles. Brecht se proponía sacudir al espectador para devolverle la conciencia de su poder y recuperar su potencial creativo de tal forma que comprenda que un cambio substancial es posible y que el sistema capitalista en el cual vive es una formación histórica- económica-social-cultural que puede ser abatido y transformado radicalmente. Se proponía, además, des-mistificar la supuesta fatalidad del destino y trasmitir la continua transformación de la historia y las circunstancias cambiantes de ésta que, a través de la acción de los hombres, puede ser modificada.

El término "distanciamiento" aparece en el vocabulario brechtiano en 1936, durante el exilio en Dinamarca del dramaturgo alemán, mientras escribía *Cabezas redondas y cabezas puntiagudas*. Antes Brecht usaba el término "sorprender" para explicar lo que se proponía.

Ernest Bloch, comentando la obra de Brecht, nos habla de la propuesta de una "nueva catarsis" obtenida a través de la razón y el entendimiento. La razón nos llevaría a la rebeldía y el entendimiento a la esperanza.

Una concepción que atraviesa, sí, toda la obra brechtiana es aquella que sostiene una relación más igualitaria entre el espectáculo y el público. Brecht se colocaba en contra de la "escenocracia", es decir, concebía al espectador también como un productor de sentidos y significaciones y no como un ente pasivo sometido a la supremacía de lo que se ha producido sobre el escenario. Kant postulaba que un juicio estético sobre el objeto de placer no es algo ya pensado sino algo que da que pensar. Compartimos la idea que concebir al hombre como un ser creador es el pensamiento más grande, el más bello y el más humano.

A Brecht le interesaba, como dijimos, que el público jamás abandone su capacidad cuestionadora. Es decir, trataba que el espectador logre suplantar la observación por la crítica y que valorara lo habitual como insólito pero para conservarlo como concreto ya que pertenece, todavía, a la realidad concreta del sistema. Un gran problema de las vanguardias artísticas es el de su intento de "romper" y quedarse en la "ruptura". Es decir, no volver a la realidad concreta que aún está vigente y que es imposible obviar. El "juego pendular" de Brecht es, con rigor lógico, demoledor: no se trata de romper con el sistema aislándose; se trata de conocerlo descubriendo sus verdaderos mecanismos ocultos a través de la crítica y de operar dentro de él para transformarlo. Las comunidades teatrales aisladas se convencen sólo a sí mismas. Para Brecht no se trataba sólo de desafiar al sistema, se trataba de destruirlo desde sus propias entrañas.

Consideraba que el objeto teatral debía perder su carácter de mercancía que transforma al propio actor también en mercancía. Es decir postulaba privilegiar el "valor de uso" del trabajo del actor al "valor de cambio" del mismo. Con ello procuraba alejarlo de posibles vedetismos y de su "oferta" y "venta" en el mercado de la producción teatral. Una pregunta recurrente que Brecht proponía a los elencos teatrales en los cuáles trabajó fue: "Este pequeño colectivo teatral que ahora integro, ¿de qué otro gran colectivo forma parte?" y un pedido: "Transformemos el yo por el nosotros."

El llamado Gestus brechtiano realizado por el actor, procura, a través de una auténtica actitud creativa, restituirle a esta persona que debe expresarse con libertad, su "valor de uso" en desmedro de su "valor de cambio", que es la fuente y raíz del divismo. ¿Y por qué? Porque se trata de la trasmisión de un símbolo, de una metáfora que va más allá de lo cotidiano que, necesariamente, debería ser propuesto, según nosotros pensamos, por el actor y tomado por el director para la puesta en escena. Ese carácter de símbolo debe permitir al espectador deslumbrarse, no sólo por la belleza del mismo, sino también por lo que dice, por lo que cuenta y devela.

Ahora bien: ¿qué es un símbolo? Tomemos un ejemplo: el lenguaje. Se trata de un sistema de símbolos que no se limita a relacionar un objeto con una palabra sino con un sistema con el cual se pueden crear vocablos. En un idioma que no conozco, símbolo y objeto no tienen, para mí, nada en común. Es necesario conocer el sistema sintáctico y semántico. La lógica no se encuentra frente a la realidad en una relación de reflejo inmediato, sino mediato, pues si no sería metafísica. La creación de sistemas de signos organizados según una estructura es el pensamiento. Un símbolo es algo que no está dado por la naturaleza, es una construcción humana de la que podemos conocer su significado. En el teatro brechtiano el actor, como el sistema lingüístico, es un mediador entre el personaje y su propia personalidad. Su actitud principal es la de indicar, mostrar, revelar, hacer descubrir. El medio principal, para ello, es la expresión simbólica que el actor ejecuta, frente al público, a través del Gestus. Se trata de organizar con precisión determinados símbolos que permitan poner en evidencia la estructura que los produce, las relaciones causa-efecto, o medios de producción-producción. Intentar separar al teatro de la acción sería como tratar de separar al acto de hablar del lenguaje.

Para nosotros el concepto de Gestus es muy parecido a lo que denominamos "acción sémica o metafórica" y que, en otros estilos teatrales se expresa de manera distinta, pero que posee una intención similar, tanto para el actor en su proceso constructivo como para el espectador en el momento de la representación.

Para el teatro épico el Gestus debe metaforizar totalidades a través del detalle particular de una acción simbólica, sin eliminar al detalle real como tal y sin fingir una falsa realidad permaneciendo en el símbolo. Debe volver al hábito cotidiano para que, por ello mismo, se potencie su característica simbólica. El camino sería: hábito-símbolo-hábito, con el objetivo de romper, detener al hábito por un momento y luego restituirlo a lo habitual pero ya visto de un modo diverso. No se trata de negar lo habitual ni ubicarse fuera de ello –lo que es imposible – sino de operar dentro de lo habitual para analizarlo y así modificar el todo, no sólo el hábito.

Se trata, entonces, de que un hecho pequeño y cotidiano se convierta en enorme y simbólico, sin quitarle su pequeñez. El Gestus debe, fundamentalmente, develar relaciones sociales. Por ejemplo: un actor que personifica a un mendigo estira su mano pidiendo limosna. Si trabajamos esa acción dentro del estilo del drama burgués, tal acción tendrá un tiempo cotidiano y una expresión lo más cercana posible a la vida habitual. En cambio, si trabajamos una obra de teatro épico o realista dialéctica, tal acción comenzará como cotidiana y después podría detenerse (hacer un *stop*), o realizarse en cámara lenta, o el actor podría girar la cabeza hacia el público y, con un gesto particular, comentar la actitud indiferente, o no, de quienes pasan, etc., para luego volver al modo anterior de actuar. De tal manera se realiza, digamos, "un primer plano cinematográfico" sobre esa acción que procura hacer reflexionar al espectador sobre las relaciones sociales entre los personajes. Y luego, la "película" sigue, aunque ya no más, para el público, del mismo modo. De tal manera, a través del Gestus, el público debería convertirse en una suerte de juez de la situación y permanecer siempre activo, "no anestesiado".

Se hace necesario para Brecht (cuestión que absolutamente compartimos) ponernos en guardia frente al gesto vacío, carente de contenido, que sólo confirma una corporalidad y posee solamente una función antropológica. Nosotros lo llamamos "movimiento" y no acción. El gesto social es aquel que es relevante para lo social, que permite conclusiones, que hace preguntas sobre las relaciones sociales. Las representaciones demasiado subjetivas del mundo producen efectos a-sociales (crítica del propio Brecht a su primera etapa).

El sistema capitalista ha logrado que las personas no piensen la totalidad social y que el propio pensamiento no sea pensado como un comportamiento social sino como algo exclusivamente individual y fragmentado. Si en la representación teatral se pierden las relaciones sociales que se expresan a través de los detalles particulares, se pierde el concepto de totalidad, con lo que el espectador sigue enajenado. Para Brecht era importante que el público comprendiera la continua mutación de la historia como el principio fundamental, pues ello lleva a la esperanza de que no siempre las cosas serán como parecen ser: inmodificables.

Estos efectos distanciadores (Gestus, carteles, proyecciones, canciones, etc.) procuran, entonces, un verdadero y no aparente acercamiento del espectador a las causas de las relaciones sociales mediante el hecho de mirar las cosas desde otra distancia que la habitual a través de una constante actitud crítica. Si falta carne en la cocina la solución no está en la cocina. Brecht nos hablaba de un espectador de la era científica que sintiera el placer de descubrir y encontrar lo que no se ve, lo que está oculto y es condicionante de lo aparente. Los mecanismos de este sistema injusto, violento, desigual, son invisibles pues si fueran totalmente visibles sería más fácil destruirlo. Pensamos que no hay peor víctima que aquella que ignora que lo es. En Argentina los nietos recuperados son, quizás, el más profundo y trágico ejemplo.

La burguesía intenta esconder los mecanismos de la lucha de clases. En *Cabezas redondas, cabezas puntiagudas* lo podemos ver con precisión.

La mistificación de "la falsa conciencia" consiste en instalar la idea de que las cosas son inmutables e inmodificables. Marx sostenía que un individuo es la suma del conjunto de sus relaciones sociales. El resultado, según Engels, es un ente en modificación continua, nuevo. O sea, una síntesis.

Dejemos para más adelante, en el análisis de una escena de *La Ópera de dos centavos*, otras consideraciones sobre esta herramienta con la que puede contar el actor en casos que necesite aplicarlas, como sería el caso de un teatro épico y también en el realista dialéctico. En ese capítulo trataremos de trasmitir una propuesta propia para sistematizar el trabajo del actor en este estilo teatral que, tal vez, logre clarificar mejor la cuestión.

Sigamos, entonces, con esta abreviada reseña histórica de la producción y del hacer teatral de Brecht. Entre 1923 y 1933 se produce, paulatinamente, el ascenso del nazismo y la progresiva disolución de la forma democrático-burguesa de gobierno: la llamada República de Weimar. El mundo intelectual alemán se divide entre quienes adhieren al nazismo y quienes se le oponen. Grandes amigos de Brecht comienzan a simpatizar con el movimiento en ascenso de Hitler esperanzados en la devolución de un honor nacional mancillado por los Tratados de Versalles al finalizar la Primera Guerra que imponía a Alemania el pago de enormes sumas de dinero como resarcimiento. En verdad, la debacle económica, la desvalorización del marco y el creciente desempleo no se producían por este motivo sino por las contradicciones económicas más generales del sistema a nivel mundial que llevarían al crack de Wall Street en 1929: una crisis de sobreproducción.

En 1928 Brecht escribe *La Ópera de dos centavos*. Se trata de una adaptación de *La Ópera del mendigo* de John Gay, escrita en 1728. Ya contaremos su argumento al analizar la escena prometida. La puesta, dirigida por el propio Brecht y con música de Kurt Weill, obtiene un gran éxito de público. Se realizan más de 1.000 representaciones a sala llena. En esta obra, emblema del momento épico del teatro brechtiano, se ponen en escena los recursos distanciadores que hemos señalado: música y canciones en función narrativa, orquesta a vista del público, carteles, proyecciones, etc. Un sector de la crítica teatral del momento la glorifica y otra la sepulta tal vez influenciadas por el abismo que iba produciéndose en la sociedad alemana a partir del crecimiento del nazismo y también de los partidos de izquierda.

Hay que señalar el atractivo que en esa época tenía Brecht por todo lo que se refería a la cultura de EEUU. Muchas de sus obras del momento se ambientan en lugares de ese país. Tal es el caso de *Ascenso y caída de la ciudad de Mahagony* escrita luego del derrumbe económico mundial de 1929. La ciudad ficticia de *Mahagony*, imaginada en pleno desierto estadounidense, es una metáfora de Alemania a la cual Brecht ve precipitándose a la destrucción sin que la mayoría lo advierta. En *Mahagony* todo está permitido, todo vale, y se establece una lucha indiscriminada de todos contra todos.

La fábula de la obra nos presenta a cuatro personajes perseguidos por la policía que se dirigen hacia las minas de oro en EEUU. Deciden fundar una ciudad, "la ciudad de la alegría", *Mahagony*, una suerte de ciudad trampa en donde se confiscarán todos los cargamentos de oro provenientes del Oeste y de Alaska. Sin embargo, no todo saldrá bien: la ciudad se incendia (una especie de Sodoma y Gomorra) como consecuencia de la lucha entre diversos intereses económicos. "Ya estamos en el Infierno" dice Brecht, aunque aún no nos explica las causas de tal situación.

3)-Fase de las obras didácticas y de consolidación del Teatro Épico. 1928-1933:

Entre 1928 y 1930 Brecht escribe sus obras didácticas. Se trata, en general de textos breves (*El Aviador, El Acuerdo, El Consentidor, La medida o la línea de conducta*). Como dijimos, el gran dramaturgo alemán advierte el ascenso del nazismo, la degradación de la pequeña burguesía, de los intelectuales y de buena parte de la clase obrera y trata de resistir a ese proceso con obras directas y pensadas para ser representadas en espacios no convencionales con mínimos elementos e, incluso, para ser trasmitidas por radio. Son textos con cierta moraleja que cumplen un rol preciso en el momento: evitar el triunfo de Hitler y sus adeptos.

En *La medida o la línea de conducta* (1930) Brecht se enfrenta a un problema espinoso: la actitud ética en relación a lo político. La obra está ambientada en China. Un coro de control comunista se dirige a activistas que han regresado de una misión de agitación revolucionaria. Estos informan que han debido eliminar a uno de los integrantes del grupo pues su actitud ha puesto en peligro la misión. El ejecutado no ha aceptado entrar en componendas con un empresario, ha revelado su propia identidad que debía permanecer oculta, etc. Su actitud ha sido personal y emotiva. Es decir, su sentimiento ha prevalecido sobre la razón y las órdenes del partido. Acusado por sus compañeros, el hombre acepta y consiente en ser ejecutado. El coro de control juzga que la actitud de los otros activistas es correcta con el argumento de que "No son ustedes los que impusieron el veredicto, sino la realidad". La obra provoca ardientes polémicas en vastos sectores de la sociedad alemana y especialmente en la izquierda. Es que en esos años la Internacional Comunista, ya copada por el estalinismo, había dado un giro ultra-izquierdista a su política luego de la derrota del alzamiento revolucionario en China en 1927. Tal cambio de táctica, osciló del colaboracionismo con el Kuomitang chino, el movimiento nacionalista-burgués de Chiang Kai-Shek, al sectarismo. Este cambio impedía ver, al Partido Comunista alemán, el peligro que representaba el ascenso del nazismo y lo llevó a no hacer un frente único con el Partido Social-Democrático a efectos de derrotar a Hitler. Parecía, entonces, que el enemigo principal era otro partido arraigado en la clase obrera y con vasta tradición de lucha, los social-demócratas, que si bien habían adoptado posiciones reformistas podían ser parte de un frente único de partidos obreros.

En 1930 escribe *La excepción y la regla*, una interesante obra que nos interroga con una pregunta demoledora: ¿qué sucede en esta sociedad cuando un hombre quiere ayudar a otro? La trama consiste en la travesía de un comerciante que, compitiendo con otros para llegar primero a un pozo de petróleo, atraviesa el desierto acompañado por un guía y un cargador, un *coolie*. En un momento despide al guía y queda solo en el desierto acompañado por el cargador. El comerciante esconde una cantimplora con agua para no compartirla. Cuando el *coolie* le ofrece agua con su propia cantimplora, el comerciante cree que se trata de un gesto para atacarlo y lo ultima. Al regresar es procesado por el asesinato pero es declarado inocente pues no es imaginable, para la justicia burguesa, que no haya pensado que podía ser atacado dada la condición social del sirviente.

En 1931 escribe *Santa Juana de los Mataderos*, obra que se trasmite por radio en 1932. En este texto Brecht nos interroga con otra pregunta inquietante: ¿Es posible ser bueno en esta sociedad? (Pregunta que se reformulará en *El alma buena de Sechuan* en 1941).

Coloca a una heroína contemporánea insertada en el mundo de los grandes negocios. Juana Dark (una suerte de émula de Juana de Arco) pertenece al Ejército de Salvación "Los Sombreros Negros de Paja" y quiere ayudar a los obreros de los frigoríficos apelando al corazón del magnate industrial, Mr. Mauler, quien está llevando a los empresarios, que con él compiten, a la quiebra. Los empresarios usan a los religiosos del Ejército de Salvación para mantener a los obreros anestesiados. Juana se da cuenta de esto y es despedida. La agitación en los frigoríficos crece y se convoca a una huelga. Los activistas comunistas le piden que lleve un mensaje a otra fábrica para que se sume a la lucha. Juana duda y no lo hace. La huelga es derrotada y sus líderes son arrestados. Los empresarios canonizan a Juana quien desesperada y agonizante suplica sin ser escuchada. Brecht parece decirnos que la compasión, en esta sociedad, no es suficiente. Toma como punto de partida la obra de Schiller *La doncella de Orleáns* y, creemos, aspectos del *Fausto* de Goethe: "Dos almas, ¡ay! habitan en mi pecho". El rol de los personajes femeninos cada vez va tomando más importancia. Su mujer, Helene Weigel, es una excelente actriz y una gran colaboradora. También en esta obra están absolutamente presentes los efectos distanciadores del teatro épico.

En 1932, en las elecciones parlamentarias los nazis obtienen 14 millones de votos, los social-democráticos 8 millones y los comunistas 5 millones. La situación se complejiza y el avance del nazismo es arrollador. En ese mismo año Brecht escribe *La Madre* basada en la novela de Máximo Gorki de 1907. Como ésta, el texto teatral de Brecht se sitúa en la derrotada revolución rusa de 1905. Pelageya Nilova Vlassova, madre del obrero y militante bolchevique Pavel Vlassov, va comprendiendo, progresivamente, a través de la actividad política de su hijo, la necesidad de unirse a la lucha revolucionaria. Hay, en ella, un salto en la conciencia del "no hay salida" a la conciencia de clase y a la acción revolucionaria como medio para transformar la injusta realidad. Pavel Vlassov muere en la cárcel luego que es arrestado y su madre, la Vlassova, se transforma en una activa militante revolucionaria. La obra se representó más de treinta veces en el teatro Schiffbauerdamm (luego destruido en la guerra y reconstruido para establecer allí, en 1948, la sede del Berliner Ensamble) para el público en general y también con funciones especiales para operarios. Durante su puesta en escena se proyectaban imágenes de la revolución rusa. *La Madre* fue la última obra de Brecht representada en Alemania antes del ascenso de Hitler al poder en 1933 y del exilio del dramaturgo alemán.

4)-Fase del exilio y de sus principales obras. 1933-1948

El crecimiento de la derecha en Alemania se acentuó, en forma sostenida, desde 1928 en adelante. El creciente descontento social por la desocupación y la agravada situación económica sumado a la política errática y sectaria de los grandes partidos de izquierda (en ese momento los más grandes y organizados de Occidente como el Social-democrático, de orientación reformista, y el partido Comunista, ya copado por el estalinismo) contribuyeron decididamente a este crecimiento. Los *junkers*, empresarios de grandes grupos económicos, lograron arrastrar tras de sí a la pequeña burguesía y a vastos sectores de los trabajadores con las propuestas demagógicas de establecer el "orden" y exacerbar el nacionalismo alemán.

El régimen de von Papen y de Hindenburg, en el poder, devino muy hostil hacia las expresiones culturales de los sectores de izquierda y dio campo libre a las irrupciones de formaciones paramilitares de los nazis que solían, activamente, intervenir en esas manifestaciones. Goebbels promovía, con ahínco, tal agresividad identificando a la actividad cultural de los grupos de izquierda como "influenciada por los judíos."

Las publicaciones nazis, en 1932, identificaban a los autores de izquierda y promovían la censura sobre sus obras. Fue así que innumerables escritores entraron a formar parte de las "listas negras", entre ellos Wedekind, O'Neill, Shaw, Rostand y Strimberg.

Las dificultades de Brecht para representar sus obras crecieron. *Santa Juana de los mataderos* sólo logró emitirse por radio pero no pudo representarse en ningún teatro. En Erfurt fue directamente prohibida por la censura. El crecimiento de las simpatías por el nazismo provocó que importantes intelectuales comenzaran a pasarse a sus filas. Tal el caso de un amigo íntimo de Brecht, con el cual había compartido varios trabajos, Arnolt Brommen.

El proceso político se aceleró. El 27 de febrero de 1933 los nazis quemaron el Parlamento alemán, el *Reichstag*, acusando a los comunistas. El camino hacia la toma del poder por parte de Hitler quedaba allanado. Al día siguiente Brecht y su familia, como así también otros intelectuales, abandonaron Alemania. Pensaban que se trataría de una corta ausencia. No podían prever que iba a ser prolongada, 15 años, y que Alemania y toda Europa atravesarían por momentos terribles como lo fue la masacre de millones de personas en la Segunda Guerra Mundial y el Holocausto.

Una época oscura comenzaba. Brecht lo expresó así: "En el futuro no dirán: los tiempos fueron oscuros. Dirán: ¿por qué no hablaron los poetas?" Tal pensamiento lo retrata como un hombre de profundas convicciones éticas en relación al rol de su trabajo en el marco de momentos muy difíciles y adversos.

El exilio de Brecht tuvo varias etapas y fueron muchos los lugares y países por los que él y su familia debieron transitar: Praga, Viena, Zurich, Carona (en el Ticino suizo), Sanary Sur-Mer, París, Dinamarca, Suecia, Finlandia, EEUU y Suiza, siempre hostilizados por la derecha que, tanto en Europa durante el auge del nazismo como en EEUU, hacia el final de este duro período, con el llamado a ser investigado como ejecutor de "actividades anti-americanas".

En ese largo período, marcado por el ascenso al poder de nazismo en Alemania, la guerra civil española, la Segunda Guerra Mundial y el comienzo de la Guerra Fría, Brecht jamás dejó de militar con su arte en la lucha anti-nazista y nunca renegó de sus ideas socialistas.

En 1932 había comenzado a escribir, todavía en su patria, *Cabezas redondas y cabezas puntiagudas*, una versión modificada de *Medida por medida* de Shakespeare a la que colocó un subtítulo: *O los ricos están de acuerdo*. En esta obra Brecht, que modificó y concluyó en Dinamarca acuñando por primera vez el término "épico" para su teatro, reflexiona sobre el fenómeno del bonapartismo político, o sea, el demagógico rol de los líderes "árbitros" quienes, desde el poder, en realidad, no hacen otra cosa que favorecer a los intereses de las clases dominantes. Ambienta la acción en un supuesto país de Sudamérica y cambia el nombre de Lima por Luma. El demagogo Ángel Iberin, debe conciliar los intereses de los "Cinco Grandes" (los ricos: los cabezas redondas) con los de los campesinos (agrupados en una organización "La Hoz": los cabezas puntiagudas). La política de Iberin tiene por objetivo desviar el motivo principal, la lucha de clases entre estos dos sectores y llevarlo al plano racial. O sea, la falsa oposición entre los llamados cabezas redondas y los cabezas puntiagudas (por la diversa forma de sus cabezas) pasa por su diversidad racial y no por sus intereses de clase. Como es de esperar Iberin favorecerá a los más poderosos.

El interés de Brecht por lo que sucedía en Alemania nunca decreció. Las noticias terribles que le llegaban (prisión y asesinatos de amigos y conocidos, traiciones de algunos de ellos que se pasaban al triunfante nazismo, etc.) no minaron su capacidad de lucha, a través de los instrumentos que contaba (la literatura y el teatro), para oponerse al régimen de Hitler al que llamaba "el pintor de brocha gorda", por la mediocre inclinación del Führer al arte de la pintura. En 1935 Brecht participó en París en el "Iº Congreso de Escritores por la defensa de la Cultura", encuentro que motivó que el gobierno de su país le quitara la ciudadanía alemana.

Durante su estadía en Dinamarca, cerca de la frontera con Alemania, escribió las *Sátiras alemanas*, emitidas por radio. Consistían en cortas y precisas reflexiones y piezas breves que buscaban comunicar consignas anti-nazis. Por ejemplo: una papa les hablaba a los alemanes sobre el carácter funesto de la política de Hitler.

En 1936 escribe *Los Horacios y los Curiacios*, pieza didáctica para niños sobre la dialéctica y basada en una leyenda china. Su esfuerzo, en esta etapa, es el de des-mistificar la idea de que el ascenso del nazismo se debía a algo "natural", a una imposición fatalista del destino, como si se tratara de una catástrofe "de la naturaleza", cuestión que varios de sus colegas e intelectuales en el exilio pensaban. En ese año estalla la guerra civil española con el alzamiento de parte del ejército, que respondía a ideales fascistas, contra el gobierno de la República, producto de un Frente Amplio entre fuerzas democrático-burguesas y el partido Comunista. En España se expresa con claridad el rol neutralista (y traidor) de las democracias occidentales que no intervinieron para defender al gobierno democrático y también el decidido apoyo militar de la Alemania hitleriana y de la Italia fascista a los golpistas. Sin embargo, miles de hombres de todo el mundo concurren a España a luchar al lado de los republicanos. Estos acontecimientos, que prefiguraban la próxima guerra mundial, llevaron a Brecht a escribir *Los fusiles de la Señora Carrar* en 1937. Se trata de una obra de características aristotélicas en la cual una madre, que ha perdido a su esposo por su militancia en las filas de la República, desea proteger a sus dos hijos y mantenerlos alejados de la lucha militar y política. Su hermano, Pedro, sabe que la Señora Carrar ha escondido armas usadas por su marido en el pasado y se las pide para luchar. Esta las niega con la complicidad de un cura. Cuando descubre que uno de sus hijos, Juan, ha sido asesinado por los fascistas reacciona y entrega las armas empuñando ella misma un fusil.

En el mismo código aristotélico (lo que nos indica una gran flexibilidad de Brecht y su adaptación a las emergencias que el mundo vivía) escribe, en 1938, *Terror y Miseria del III° Reich*, una obra compuesta por diferentes textos breves que develan el rol degradado de la intelectualidad alemana y también de la clase obrera frente al fenómeno del nazismo. El oportunismo, la "neutralidad" cómplice, el acomodamiento, etc. desfilan por estos textos que fueron representados en la época en diferentes ciudades del mundo debido a los pocos recursos que eran necesarios para montarlos y como un arma de combate contra el fascismo y el nazismo. Tal vez la obra breve más emblemática de este texto sea *La mujer judía* en el cual un médico acepta el exilio y la separación de su mujer quien, por ser judía, debe emigrar. La degradación ética de las capas intelectuales ofuscaba a Brecht que, en esta serie de obras breves, no duda en fustigar estas posturas enmascaradas en supuestas razones que las justificarían.

En Finlandia y escapando de la proximidad cada vez más acechante del nazismo (Brecht buscaba una visa para instalarse en los EEUU) escribe una excelente comedia que desnuda la deshumanización del sistema capitalista: *El Señor Puntila y su criado Matti*. En esta obra, basada en el cuento de la escritora estonia Hella Wuolijoki, su anfitriona en Finlandia, observamos la relación entre un hombre rico, el terrateniente Puntila quien, cuando está alcoholizado deviene un ser humano solidario y desinteresado, y cuando está cuerdo vuelve a ser un despiadado explotador, malvado y egoísta, con su chofer Matti, quien debe soportar las alternativas cambiantes en la conducta de su patrón. Se trata de una obra plena de humorismo (algo que no abandonó jamás Brecht y que tanto le sirvió para resistir en los peores momentos) y de poesía.

En ese mismo año, 1938, escribe la primera versión de *Vida de Galileo* que tendrá otras dos versiones, la de 1946-1947 realizada en EEUU, y la del final de la vida de Brecht, en Alemania Oriental, 1956. En esta primera versión, el dramaturgo alemán reflexiona sobre el rol del intelectual y del hombre de ciencias en la nueva etapa que la humanidad ha comenzado con el descubrimiento de la fusión nuclear y su utilización. Los momentos cruciales de este texto, desde mi punto de vista el más rico de Brecht sobre el cual trabajó hasta el fin de sus días, son la retractación de Galileo ante la inquisición clerical que lo presiona para que reniegue de su teoría y la escena final en la cual Galileo, a escondidas, entrega a su discípulo Andrea, los textos de sus *Discorsi* para que éste los saque de Italia y los ponga al seguro. En la primera versión Galileo es presentado, en esas dos escenas fundamentales, como un hombre que no aspira a ser un héroe y como una víctima de la relación desfavorable de fuerzas que le toca vivir. El temor a la muerte es lo que lo obliga a retractarse. Sin embargo, prosigue su tarea corrosiva de manera consciente escondiendo sus descubrimientos y entregándolos en el momento conveniente, en modo oculto, para que sean divulgados. ¡Cuánto hay, en esta primera versión, de la situación del propio Brecht en ese momento!

En la versión de 1946-1947, ya con Brecht en los EEUU, luego de la explosión de la bomba atómica en Hiroshima, Brecht cambia la actitud de Galileo y lo representa como un inescrupuloso especulador que, en la escena final con su discípulo Andrea Sartori, no duda en calificar su retracción como un verdadero delito moral. En esta segunda versión y en la última, de 1956, realizada en Alemania al regreso, Brecht define, con mayor precisión, las características especuladoras de Galileo, su impulso egoísta para realizar su trabajo de investigación y para preservar sus privilegios vitales cotidianos. No tiene problemas en hacer pasar como suya la invención del telescopio en Holanda a cambio de dinero. Sin embargo, el personaje no pierde su enorme capacidad científica y el gusto por la trasmisión de sus conocimientos como lo demuestran la primera escena con el entonces pequeño Andrea y la escritura en italiano de sus *Discorsi* y no en latín, en modo tal que pueda ser conocido por el pueblo.

Brecht, en esos años del exilio, no estaba convencido de que esta obra respondiera al canon de su teatro épico. Renegaba sobre la posibilidad de que pudiera provocar una excesiva empatía del público con el personaje a pesar de las canciones dirigidas a este rompiendo la cuarta pared, de la dramaturgia misma de la obra estructurada a "saltos" y en escenas independientes que cubren una buena cantidad de años en los que representa la vida de Galileo (1609-1637), etc. Al final de su vida Brecht no se preocupará más por esto, según lo que me fue relatado por quienes compartieron con él sus últimos años. La contradicción razón-emoción ya no era un problema para él.

Entre 1938 y 1940 Brecht escribió dos textos sobre la tragedia de la guerra: *El proceso de Lucullus y Madre Coraje y sus hijos*. Ciertamente no fue algo casual. Hitler, en 1938, anexó Checoslovaquia y ocupó Austria. En 1939 invadió Polonia con lo que se desató la Segunda Guerra Mundial. Sería injusto mencionar la complicidad que tuvieron en estas aventuras militares tanto los gobiernos occidentales como el gobierno estalinista que no dudó en firmar, en 1939, el pacto de no agresión con Alemania, lo que le permitió a Hitler invadir Polonia y, posteriormente, Francia y otras naciones de Occidente.

En *El Proceso de Lucullus*, obra de 1939, asistimos al juicio que, luego de su muerte, sufre el General romano, Lucullus, quien considera que entrará en los Campos Elíseos como consecuencia de sus éxitos militares. Pero el jurado, formado por otros muertos de humilde origen, le niega tal posibilidad pues la pregunta que definirá su "futuro" es si en la vida hizo más mal que bien, o a la inversa. Un ex granjero, que asume su defensa, alega que Lucullus debería ser enviado a los Campos Elíseos pues, a partir de su vida de sibarita y *bon vivant*, ha introducido el cerezo en Italia desde Asia con todo lo nuevo que el nuevo árbol produjo en la comida de la península. Sin embargo, el veredicto es evidente: 80.000 muertos en sus batallas no se pueden comparar con la introducción de un árbol hasta entonces desconocido en Europa. La obra fue emitida, en 1940, por Radio Berna de Suiza como una forma de oposición a la guerra.

Como vemos, la actividad de Brecht como director teatral estaba muy limitada debido a su condición de exiliado que continuamente debía cambiar de país. Su trabajo con los actores se limitó, en todo ese período, a las obras que podía ensayar con su mujer, Helene Weigel, y con grupos de actores aficionados para ser representadas en lugares no convencionales como círculos de obreros, o asociaciones culturales que activaban contra la guerra.

En *Madre Coraje y sus hijos* Brecht ubica la acción en la guerra religiosa de los Treinta Años (1618-1648), conflicto religioso acontecido en Alemania, siguiendo su idea de que para darle actualidad a una situación actual era más conveniente historizarla. La obra fue estrenada en Zurich en 1941. El texto tiene su antecedente en la novela *Biografía de la archi-estafadora y revolucionaria Coraje*, obra de Hans Grimmelshausen que continuó a su famoso texto *Semplicissimus*. Representa las vicisitudes de Anna Fierling, una comerciante ambulante que, con su carreta, recorre las cercanías del frente de combate para vender. Anna perderá a sus tres hijos en ese recorrido pero no aprenderá nada pues al final de la obra seguirá haciendo su vida de traficante de mercaderías. El texto se desarrolla en 12 escenas que comprenden 16 años de guerra y en ese recorrido los personajes centrales alternan momentos favorables con momentos adversos. En ese lapso dramatúrgico, elaborado también con la técnica del teatro épico, podemos apreciar canciones de alto contenido poético que están relacionadas más directamente con la acción dramática en sí sin perder la categoría de funcionar como comentarios más generales sobre la guerra y las relaciones sociales y económicas que la provocaron. Existen, además, otros efectos distanciadores provenientes del mismo texto. En esta obra Brecht logra desenmascarar el supuesto "heroísmo" con el cual se estimula a las masas para ir a un combate en donde no ganan nada y pueden perder todo, hasta la vida, y acentúa su reflexión sobre la ceguera de los personajes frente a lo que significa un conflicto bélico. La misma ceguera que la mayoría de sus contemporáneos padecía sobre las consecuencias de tal carnicería humana en vísperas de la Segunda Guerra Mundial. La elección prioritaria de Anna Fierling es vender. Y esa decisión la lleva a perder a sus tres hijos. La obra demuestra que las virtudes son peligrosas para la sociedad tal como está organizada y entonces la especulación y el oportunismo pueden llegar ser una "bendición" para algunos. También en esta obra Brecht se lamentó de que la teoría por él elaborada, la del teatro épico, se le escurría entre las manos ante la reacción del público que no lograba no emocionarse en algunas escenas. Se trata de un texto muy interesante que, a pesar de la apariencia negativa y escéptica de su desenlace – Anna Fierling no aprendió nada –, pero el público, sí. Un mecanismo interesante que aleja a la lógica interna de la obra de las conclusiones que los espectadores pueden sacar de ésta.

Las noticias que llegaban desde el campo de batalla eran desoladoras. Las tropas de Hitler, velozmente, obtenían grandes éxitos y ocupaban países. Sin embargo no eran las únicas malas noticias. En Moscú su gran amigo y director teatral, Tretyakov, había sido asesinado en las purgas estalinistas. El panorama era oscuro y confuso para Brecht.

En esos difíciles años escribe con fervor. También de 1940 es su siguiente texto: *El alma buena de Sechuan* ambientada en China. Es de destacar que Brecht utilizó frecuentemente la fábula como un medio que le permitía distanciar lo que quería expresar y que era un admirador del teatro oriental, chino y japonés, pues estos, de manera simple y despojada, contaban historias de un modo muy cercano a lo que él se proponía. En este caso tres dioses "bajan" a la Tierra en busca de una buena persona. Les cuesta encontrarla pues son frecuentemente rechazados, pero un aguatero, muy pobre, los acompaña a conseguir alojamiento. Sólo una prostituta, Shen-Te, acepta alojarlos. Los dioses, en recompensa, le dan el dinero suficiente como para que la joven instale una tabaquería y pueda trabajar honradamente. Shen-Te, feliz, lo hace pero comienza a ser acosada por todo tipo de especuladores. Para defenderse de los demás y evitar ser buena y bien intencionada, se coloca una máscara que la transforma en su "primo", Shui-Ta, representando, así, lo opuesto a su personalidad bondadosa. Shui-Ta es cruel y despiadado. Explota a los empleados de la tabaquería sin piedad alguna, único modo que encuentra Shen-Te para adaptarse a las condiciones que le toca vivir. Ama a Yang-Sun, un aviador a quien salvó del suicidio, pero éste también se aprovecha de su bondad y de sus sentimientos. Shen-Te espera un hijo de Yang-Sun. La "desaparición" de Shen-Te provoca sospechas en el poblado por lo que su máscara, Shui-Ta, es llevado a juicio acusado de haber asesinado a Shen-Te. Los dioses son convocados para decidir. Shen-Te, ante ellos, revela la verdad para regocijo de los dioses. Estos, sin embargo, abandonan a la joven, dejan que ella y el mundo se arreglen como puedan y vuelven a sus moradas celestiales.

Brecht nos pregunta en esta obra: ¿Qué mundo es este donde la bondad debe pagar un precio enorme y la sobrevivencia presupone ser cruel y explotador? Wang, el aguatero, es bueno pero para poder sobrevivir debe engañar a la gente vendiendo agua en un jarro que tiene doble fondo. Brecht piensa que la bondad es natural al hombre pero que es imposible ejercerla en esta sociedad pues tal actitud se paga muy caro. La resolución del conflicto, el "qué hacer" ante tal situación, es dejado para ser resuelto por los espectadores en una muestra de lo que Brecht sostenía como importante para su modo de ver el teatro: equiparar la relación entre el espectáculo y los espectadores, acercarse lo más posible a destruir la "escenocracia". Además, en esta obra, se acentúa el rol importante de los personajes femeninos y se profundiza una mirada más íntima sobre ellos. En una escena en la cual Shen-Te "habla" con el hijo que espera en su vientre dice: "Uno del mañana pide un hoy". Observamos que, poco a poco, Brecht se interesa cada vez más por el mundo interior de sus personajes en relación con la sociedad y no exclusivamente en los mecanismos objetivos de esta.

En 1941 escribe *La resistible ascensión de Arturo Ui*, un texto que funciona a modo de parábola sobre el proceso que llevó al poder a Hitler. Esta obra no será representada en vida de Brecht. Imagina los conflictos del texto en EEUU, en el marco de un mundo de *gansters* del cual Arturo Ui forma parte. Siendo un "un pez menor", va escalando posiciones hacia el poder a través del terror y el asesinato a la manera de Ricardo III, de Shakespeare. Brecht equipara, en esta obra, a sus personajes con las figuras reales de la política de su país y con lugares: Arturo Ui (Hitler), el substituido jefe político Dogsborough (Hindenburg), sus secuaces: Giri (Goëring) y Givola (Goëbbels), el asesinado contendiente interno Roma (Roehm), el ejecutado jefe del mercado vecino, Dullfeet (Dollfuss) y equipara la conquista de la ciudad de Cicero con la ocupación de Austria. También el incendio del *Reichstag* es parodiado. Brecht sostiene que se hace necesario ridiculizar a Hitler como un modo de disminuir sus supuestas cualidades invencibles y extraordinarias de manera tal que se pierda el temor y el respeto reverencial por un asesino. Hay, en esta obra, una escena excepcional en la cual Arturo Ui recibe instrucciones de un viejo actor para mejorar su "arte interpretativo" frente a sus seguidores. Se trata de una aguda reflexión sobre el rol ético del arte en la sociedad ya que este actor, apoyado en la idea "del arte por el arte", es capaz de servir a cualquier idea y a cualquier asesino: "todo es igual" para él pues, "en el arte no existe la política".

En Finlandia, escribe también *Diálogos de prófugos* publicados luego de su muerte que, sin bien no podemos considerar obras teatrales en sí, reflejan agudas reflexiones políticas, sociales, históricas y también personales, entre dos emigrados del nazismo, Ziffel, un físico, y Kalle, un obrero.

Poco tiempo después de escribir *La resistible ascensión de Arturo Ui* Brecht parte para los EEUU con su familia y se instala en California. Permanecerá en ese país hasta 1947.

La vida de Brecht en EEUU no fue fácil. Nunca se integró al mundo intelectual estadounidense ni pulió su rudimentario inglés. Se reunía con la comunidad alemana de exiliados como los hermanos Thomas y Heinrich Mann, el actor Oskar Homolka, Paul Dessau, Hans Eisler, Lion Feuchtwanger, Peter Lorre, etc. y también frecuentó a su admirado Charles Chaplin pero jamás se sintió cómodo allí. Pensaba que se trataba, en definitiva, de una sociedad basada en el consumo y en la frivolidad de Hollywood. Con quien se sintió a su gusto fue con el actor Charles Laughton quien interpretó a Galileo en la segunda versión de esta obra, en 1947.

En 1943 Brecht escribió *Las visiones de Simone Machard*, tomada de la novela de Lion Feuchtwanger, *Simone*, y ambientada durante el irresistible avance alemán sobre Francia, en 1940. También aquí toma como personaje inspirador a Juana de Arco. Simone, huérfana de revolucionarios, vive con su tío, Prosper, un transportista. Es considerada deficiente mental e internada en un reformatorio. Ha leído la vida de Juana de Arco y se considera una heroína, como la doncella de Orleáns. Tiene una visión en la cual su hermano, André, se le aparece en forma de ángel y le regala un tambor que debe ser utilizado "para despertar al país". Para evitar que un depósito de gasolina caiga en manos nazis, Simone lo hace explotar. En su visión final se ve a sí misma condenada a muerte sin juicio. La acusan personajes de la época de Juana de Arco quienes luego se revelan como personas que le son próximas y han sido cómplices de los nazis. Brecht nos muestra las traiciones y el colaboracionismo del poder económico, de las autoridades y de parte del pueblo francés. Podríamos considerar a esta obra como perteneciente al código aristotélico aunque posee "cortes" épicos. Brecht no se preocupa aquí por evitar la identificación y el pathos del público con el personaje central. También se observa cómo se consolida el rol femenino en sus personajes protagónicos, proceso que continuará con Grusa, personaje principal de una gran obra de Brecht: *El cerco de yeso del Cáucaso* escrita poco tiempo después, en 1944.

En el mismo año 1943 Brecht escribe *Schweyk en la Segunda Guerra Mundial* inspirado en *El buen soldado Schweyk* de Jaroslay Hasek, sobre la cual se realizó, en 1928, una puesta fundamental de Piscator llamada *Schweyk* en la cual Brecht colaboró. El personaje central es una suerte de *zanni* de la *Comedia dell'Arte* en clave alemana: el llamado *nonsense* germano, una suerte de "héroe apaleado", al decir de Walter Benjamin. Se trata de una especie de imbécil oportunista y diabólico que posee una lógica y una picardía que descolocan a los demás. En la versión de Brecht, Schweyk es un cuidador de perros de origen checo sin escrúpulos. Es arrestado y al ser interrogado por la Gestapo desconcierta a los nazis con sus respuestas que parecen idiotas pero que poseen una lógica de hierro expresada a través del absurdo. Es liberado pero poco después nuevamente arrestado en una taberna y enviado al frente de combate, a Stalingrado. En la última escena de la obra vemos a Schweyk, perdido en una tormenta de nieve cerca de esa ciudad rusa. En esa situación encuentra a Hitler y vaga con él sin sentido. El Führer no sabe hacia cuál dirección dirigirse. También en esta obra, como en la anterior, Brecht propone una convivencia entre el teatro épico y un teatro que no descarta la emoción. Poco a poco se va acercando a la síntesis que caracteriza la etapa final de su creación.

Entre 1944 y 1945 Brecht escribe *El cerco de tiza del Cáucaso*. Se trata de una obra basada en una antigua leyenda china (el mundo legendario de esa cultura fue una utilizada fuente para el escritor alemán, como también lo fue el teatro Nö japonés, sobre todo para las piezas didácticas) a la que podemos agregar como antecedente otra similar atribuida al Rey Salomón y, en modo más reciente a *El cerco de tiza* de Kablund, de 1925, puesta en escena por Max Reinhardt. El conflicto central de la historia consiste en la disputa por la maternidad de un niño entre la madre biológica, que lo ha abandonado, y la mujer que, por puro amor, lo ha salvado, cuidado y criado. Un juez, quien debe decidir al respecto, traza un círculo y coloca en él al niño. Pide que ambas mujeres tiren de los brazos de este para determinar de quién es. La rotunda negativa de la segunda hace ver al juez que la madre real es quien no desea hacer daño al niño mediante la fuerza, no su madre biológica quien está dispuesta a hacerlo. El juez toma, entonces, la decisión de conceder la tenencia del niño a quien lo ha criado y amado, más allá de que no haya nacido de sus entrañas.

Sin embargo Brecht realiza su propia y creativa versión ambientando la historia en el marco de una discusión entre dos granjas colectivas soviéticas, una de agricultores y otra de pastores, sobre el destino de un valle luego de la guerra. Tal porción de terreno pertenecía a los pastores pero la nueva planificación propone que, en ese valle, es más conveniente, para el conjunto de la sociedad, la tarea agrícola. Luego de debatir ideas, los pastores aceptan denegar sus antiguos derechos y, para festejar el acuerdo, que tiene por objetivo el bienestar general de la sociedad, los agricultores ofrecen una fiesta en la que se cuenta la historia del cerco de tiza. El recurso del teatro en el teatro le sirve ahora a Brecht para exponer sus ideas sobre la necesaria construcción de una nueva sociedad ya no basada en el egoísmo sino en la solidaridad. Un narrador y cantor relata, entonces, en el marco de esa fiesta, la historia que Brecht ambienta en una ciudad de Cáucaso, en un pasado remoto, en la cual se produce un golpe de Estado que destituye al Gobernador. Este se fuga como así también su mujer, dejando abandonado a su pequeño hijo. La cocinera Grusha, una joven de origen humilde, protege al niño de su posible ejecución por parte de la fracción golpista asumiendo todo tipo de riesgos. Escapa con él y vive innumerables peripecias. Grusha se había comprometido con un soldado que parte a la guerra, Simón Shashava. Al regresar de ésta, Simón encuentra a Grusa casada con un pícaro campesino que la ha engañado haciéndole creer que está enfermo y que su muerte es inminente. Ella ha aceptado casarse para poder criar al niño. Simón Shashava cree que Grusha es la madre biológica del matrimonio y se va. En la segunda parte de la obra asistimos al juicio en el que Azdak, un juez de proveniencia popular, debe decidir ante el regreso de la madre biológica que ahora reclama la devolución del niño, ¿de quién es el hijo? Azdak valora, a través de la prueba del círculo de yeso, que Grusha es quien debe criarlo y que es la verdadera madre pues no lo ha abandonado nunca pese a no tener los medios económicos necesarios para mantenerlo. Ha actuado por amor y ha "producido" su propia maternidad impulsada por ese desinteresado principio supremo. Es aquí donde la historia personal y la social se entrelazan pues lo que se impone a la humanidad, luego de tanta destrucción, es una vida basada en la solidaridad entre las personas y los grupos sociales bajo la conducción de los sectores más humildes. Como hemos sostenido *El cerco de tiza del Cáucaso* es una obra fundamental del último período brechtiano en donde las historias personales adquieren otra profundidad que no se desvincula de las contradicciones sociales.

En 1947 Brecht debe soportar, en EEUU, un interrogatorio sobre presuntas actividades anticomunistas en un proceso impulsado por diputados entre los que se encontraba el tristemente célebre Richard Nixon. No se encuentran pruebas que lo comprometan pero Brecht ya había decido regresar a Europa. Sin embargo, no posee un pasaporte y su solicitud de ingreso en la parte occidental de la entonces dividida Alemania le es denegada por los aliados occidentales. Brecht y su familia se instalan en Suiza a la espera de una decisión. Brecht solicita pasaporte austríaco pues su mujer posee tal nacionalidad. Durante esa estadía provisoria dirige en Zurich *El Señor Puntila y su criado Matti* y escribe una interesante versión de *Antígona* ubicando la acción en el final de la guerra, en Berlín. Dos hermanas deben decidir qué hacer con el cuerpo de su hermano. De esta época data, también, la escritura de *Los días de la Comuna* basada en los hechos ocurridos en París en 1871 en dónde se instaló, por primera vez en la historia de la humanidad, un gobierno de trabajadores que fue, a los pocos meses, violentamente reprimido. Los personajes de esta obra poseen un origen popular y no pierden sus características peculiares en la lucha colectiva. Brecht no verá el estreno de esta obra debido a su fallecimiento aunque llegará a codirigir algunas escenas, ya instalado en Berlín Oriental, con Manfred Wekwerth.

5)-Fase del retorno. Del Berliner Ensamble hasta su muerte. 1947-1956

En octubre de 1948 los Brecht regresaron a la parte oriental de la destruida Berlín. El período de la "guerra fría" había comenzado entre los ganadores del terrible conflicto mundial. Los acuerdos entre EEUU, Gran Bretaña y la URSS, una vez finalizada la guerra, preveían una repartija del mundo y un nuevo diseño de naciones y de áreas de influencias. El estalinismo fijaba su área de poder en Europa oriental y dejaba para sus aliados el sector occidental del planeta. Comenzaba así el largo período de "coexistencia pacífica", del cual el muro de Berlín sería su paradigma como contención a eventuales revoluciones proletarias en Occidente. Las escaramuzas de la "guerra fría" no fueron otra cosa que el tenso mantenimiento de esa línea general que, para los soviéticos consistía en preservar su influencia sobre el llamado "campo socialista" y no extenderlo hacia el oeste. La política del estalinismo en el mundo occidental preveía ese "equilibrio" que, como los hechos lo demostraron en 1989-1991, llevarían a la destrucción de la Unión Soviética y a la restauración del capitalismo en ella y en Europa oriental. La teoría estalinista de la "construcción del socialismo en un solo país" y de la alianza de clases con las burguesías a través de los Frentes Populares había triunfado y con ella se avizoraba la futura destrucción de esa experiencia. Es de destacar que todas las revoluciones socialistas que se realizaron en Occidente, como en África y en el Extremo Oriente, después de finalizada la guerra (China, Cuba, Vietnam, por ejemplo) fueron al margen de la política de la URSS aunque muchas experiencias de ese tipo se postraron, después, a la experiencia soviética y a la concepción estalinista.

La partición de Alemania había dejado al sector oriental sin demasiados recursos provenientes del gas y del carbón. En el sector occidental de Berlín, y en toda la Alemania ocupada por los aliados, los sobrevivientes del régimen nazista se reciclaron y ocuparon cargos en el gobierno como también así importantes funciones en empresas multinacionales. La "fuga de cerebros" alemanes a EEUU y Gran Bretaña fue incesante y se enmarcó en la ambición por la preeminencia armamentista nuclear y en la carrera espacial, con ella relacionada.

Mientras se desarrollaba el proceso político de la división de Alemania en dos países, se estrenó en Berlín Oriental, en enero de 1949, *Madre Coraje y sus hijos* con dirección del viejo amigo de Brecht, Erich Engel, y actuación protagónica de Helene Weigel. Fue un éxito rotundo. El 7 de octubre de 1949 se fundó la República Democrática Alemana en el sector oriental del país. El nuevo gobierno socialista autorizó a Brecht y a su mujer a fundar el Berliner Ensamble y les dieron un importante apoyo económico con el cual llegaron a contar con un numeroso grupo de actores y técnicos. Provisoriamente, mientras se reconstruía el Teatro Schiffbauerdamm, destruido por la guerra y destinado a ser la futura sede del grupo estatal, el elenco ocupó un galpón en dónde realizó los ensayos de sus obras.

Hemos reflexionado, en el capítulo anterior, sobre esta última etapa de Brecht y sobre su nueva función prioritaria como director teatral. Se encontraba, ahora, frente a la responsabilidad de guiar a un numeroso grupo de excelentes actores en el marco de la construcción de un nuevo país. Los roces entre el poder estatal y Brecht no fueron pocos en ese proceso. El control sobre las producciones brechtianas, muchas veces acusadas de formalistas por los sectores más dogmáticos del partido estalinista, influenciados por la preeminencia de la teoría zdanoviana del "realismo socialista", se hicieron sentir y Brecht tuvo que negociar muchas veces con los burócratas del gobierno. Una muestra de esa tensión constante lo constituyó la puesta de *El proceso de Lucullus*, en 1951, duramente cuestionada por esos sectores lo que llevó a que bajase de escena y que fuera repuesta más adelante con un nuevo título: *La condena de Lucullus*, versión que aceptaba la necesidad de una guerra defensiva y no de un repudio a todo tipo de guerra como sostenía el original.

Creemos que en todo este período Brecht osciló entre una suerte de resistencia a la libertad de expresión artística y las presiones del partido, al cual nunca se afilió. Es más, había recibido el pasaporte austríaco en 1950 y prefirió tal nacionalidad.

La muerte de Stalin, en marzo de 1953 y el alzamiento de los obreros de Berlín en junio del mismo año, rebelados por el aumento de la productividad estatal y la forzada colectivización de las granjas, fueron acontecimientos que influyeron sobre manera en ese momento de su vida. En cuanto al primero podemos decir que, poco a poco, abrió las posibilidades de un ablandamiento del terror estalinista aunque no el cambio de esa política. En lo referido al levantamiento obrero en Berlín colocó a Brecht ante una disyuntiva crucial pues reconocía la justicia de los reclamos pero compartía la idea oficial de que se trataba de una conspiración contra el gobierno. Brecht emitió una declaración pública en la que apoyaba, luego de consideraciones generales que rozaban ciertas críticas a la política burocrática, al partido del gobierno. Este publicó sólo la parte final del comunicado en el cual Brecht expresaba su plena solidaridad al partido. Fue en la poesía en donde Brecht se refugió y expresó sus verdaderos pensamientos, creaciones que sólo se publicaron después de su muerte, y en las cuales resultaba mucho más crítico con el gobierno que lo que públicamente había sido.

Como dijimos en el capítulo anterior también en ese año, 1953, Brecht impulsó el "Coloquio sobre Stanislavski", evento que, a nuestro juicio, consolidó en Brecht la certeza de que los últimos aportes del maestro ruso se adaptaban al nuevo momento que le tocaba vivir y su metodología se encastraba con una teatralidad que unía la razón y el sentimiento producido en escena.

En 1955 aceptó recibir el Premio Stalin por la paz, en Moscú. No deja de ser una definición.

En los últimos años de su vida Brecht realizó adaptaciones de obras teatrales como *El Tutor* de Lenz, el *Fausto* de Goethe, *Don Juan* de Moliere, *Coriolano* de Shakespeare, *Turandot o el Congreso de los intelectuales* de Carlo Goldoni y dirigió piezas de otros autores, como *Katzgabren* de Edwin Strittmater y preparaba, como director, cuando la muerte lo sorprendió, *El abrigo de Castor* y *El gallo rojo* de Gerhart Hauptmam. Hasta sus últimos días trabajó en su texto *Vida de Galileo*.

Sin embargo, son los ensayos de su obra *El cerco de tiza del Cáucaso*, como dijimos, el momento revelador de la aplicación de las acciones físicas a su trabajo como director.

Bertolt Brecht falleció el 14 de agosto de 1956 en su casa de Berlín debido a una afección cardíaca. Tenía 58 años.

12- TRABAJO SOBRE UNA ESCENA DE *LA ÓPERA DE DOS CENTAVOS* DE BERTOLT BRECHT

Hemos elegido, para intentar demostrar nuestra propia reflexión metodológica que organice pasos sistematizados para la construcción de una situación teatral en este estilo, una escena de *La Ópera de dos centavos*.

Tal elección se debe a que se trata, tal vez, de una de las obras más representadas de Brecht en todo el mundo y en dónde sus principios, acerca de lo él que denominaba "teatro épico", son más evidentes. Lo tomamos como un desafío pues pensamos que sería más "cercano" aplicar la metodología del último Stanislavski a *El cerco de tiza del Cáucaso*, como el mismo Brecht realizó tamizándolo con su propia experiencia, como creemos, es conveniente hacer para no transformar lo teatral en un museo.

Trataremos de trasmitir los pasos que, nos parecen, son necesarios seguir:

1)-Improvisación.

2)-Elección de las posibles acciones metafóricas (Gestus).

3)-"Depuración" de la acción cotidiana.

4)-Pulimiento de la acción metafórica.

5)-"Reposo" del símbolo y regreso a lo "habitual".

6)-Incorporación del texto.

Contemos la anécdota del texto para enmarcar la escena a trabajar:

El Sr. Peachum y su mujer regentean un negocio en el que proveen, a personas que quieran "trabajar" como mendigos y ladronzuelos, de vestidos y elementos que provoquen lástima. Una buena parte de lo recaudado quedará para esta singular empresa. Sus relaciones con la policía de la ciudad son estrechas y en especial con su jefe, el temible "Tigre" Brown, quien permite que los empleados de los Peachum mendiguen en las diversas zonas de Londres. La hija del matrimonio Peachum, Polly, esperanza para sus padres de un casamiento conveniente y de alto rango, se ha enamorado del principal delincuente de la ciudad, Macheath o Mackie Messer, y está a punto de casarse con él en modo secreto con la complicidad del mismo comisario Brown, amigo de Mackie, y del reverendo Kimball. Los Peachum descubren las intenciones de su hija, que se concretan en la guarida de Mackie, y planean hacer ejecutar a éste con la ayuda del "Tigre" Brown extorsionándolo. Están realizándose los festejos de asunción de la Reina y la presencia de una multitud de mendigos, comandados por los Peachum, pueden arruinar los fastuosos actos de la coronación. Mackie, avisado de tal plan, escapa pero las "tentaciones de la carne" lo traicionan. Frecuenta un prostíbulo en el cual trabaja su prostituta preferida, Jenny. Esta lo entrega a la policía. Mackie es encarcelado pero tiene recursos, aún, para fugarse. Entre sus conquistas amorosas figura Lucy, la hija del "Tigre" Brown, a quien ha dejado embarazada. A ella se dirige para que lo ayude a escapar. Logra hacerlo pero es nuevamente apresado y condenado a la horca. Cuando está a punto de ser ejecutado, un mensajero de la Reina trae su perdón, además de un título de nobleza, el regalo de un castillo y mucho dinero. Con ello todo se arregla pues Mackie, ahora, es un buen partido para los Peachum y un nuevo socio.

La escena que trabajaremos es la tercera del Acto II. Sucede en la cárcel y comienza cuando Lucy, la hija del "Tigre" Brown entra enfurecida al saber que Mackie se ha casado con Polly. Hemos subrayado, como en las escenas anteriores, las réplicas en las que, hipotetizamos hay "bisagras" o "puntos de giro", al decir de los actores del Berliner Ensamble.

(Entra Lucy)

LUCY: ¡Ah, pedazo de cobarde! ¿Dime cómo todavía tienes el coraje de mirarme a la cara después de todo lo que ha sucedido entre nosotros?

MACHEATH: ¡Lucy! Pero... ¿No tienes corazón? ¿No ves en qué condiciones se encuentra tu marido?

LUCY: ¿Mi marido? ¡Monstruo! <u>¿Crees que no estoy enterada de la señorita Peachum?</u> ¡Te sacaría los ojos con las uñas!

MACHEATH: Lucy... ¿No te habrás vuelto loca al estar celosa de Polly?

LUCY: ¿Pero no te has casado con ella, puerco?

MACHEATH: ¿Casarme yo con ella? ¡Qué estupidez estás diciendo! Frecuento su casa, hablo con ella, cada tanto le doy una especie de besito afectuoso... ¿Y ahora esta imbécil diciendo que es mi esposa? Querida Lucy: estoy dispuesto a hacer de todo para darte la satisfacción que te mereces. <u>Y si crees que puedes encontrar tal cosa casándote conmigo, me harías feliz.</u> ¿Qué otra cosa podría decir un gentilhombre? No puede decir nada más.

LUCY: ¡Oh, Mack, yo quiero sólo ser una mujer honesta!

MACHEATH: Si crees que puedes hacerlo gracias a casarte conmigo ¡buenísimo! ¿Qué otra cosa podría decir un gentilhombre? No puede decir nada más.

(Entra Polly)

POLLY: ¿Dónde está mi marido? ¡Oh, Mack! ¡No des vuelta la cara, no debes tener vergüenza de mí! ¡Soy tu esposa!

LUCY: ¡Ah! ¡Mentiroso!

POLLY: ¡Ay Mackie! ¿Cómo puedes haber sido apresado? ¿Por qué no escapaste más allá de los pantanos de Highgate? Me habías prometido que no irías más a lo de esas mujeres. Yo sabía que te traicionarían pero no te dije nada porque confié en ti. Mack, estaré contigo hasta la muerte. ¿No me dices nada, Mack? ¿Ni una mirada? ¡Oh, Mack, piensa cuánto sufre tu Polly en verte en esta situación!

LUCY: ¡Ramera!

POLLY: ¿Qué significa esto, Mack? ¿Y ésta, quién es? Dile, al menos, quién soy yo. Dile que soy tu esposa. ¿O no lo soy? ¡Mírame, Mack! ¿Acaso no lo soy?

LUCY: *(A Mack)* ¡Hipócrita! ¡Tienes, entonces, dos mujeres, monstruo!

POLLY: ¡Habla, Mack! ¿No soy acaso tu mujer? ¿No he dado todo por ti? He firmado el sacro contrato matrimonial contigo y luego me has confiado la jefatura de la banda. Yo hice todo como me dijiste y ordené a tu secuaz, Jacobo...

MACHEATH: ¡Si ustedes lograran tener quietas sus lenguas por dos minutos todo se explicaría!

LUCY: ¡No! ¡No quiero tener mi lengua quieta! No puedo soportarlo. Un ser de sangre y de carne no puede soportar algo similar.

POLLY: Querida mía, es natural que la esposa...

LUCY: ¡La esposa!

POLLY: ...Que la esposa tenga una natural prioridad, al menos en las apariencias, mi querida. ¡Pobrecito! *(Refiriéndose a Mack)* ¡Se arriesga a perder la cabeza con todos estos fastidios!

LUCY: ¿"Fastidios"? Pero… ¿Qué has elegido, estúpido? ¡Una imbécil como ésta! ¿Es ésta tu gran conquista? ¿Es ésta la famosa belleza del Soho?

(Luces doradas. El organito se ilumina. De arriba descienden tres lámparas. Un cartel dice: "Duelo de los celos". Las actrices cantan)

LUCY: ¡Quiero verte, belleza del Soho!

¡Quiero ver tus lindas piernas!

¡Quiero ver si no hay otra igual,

Como para deslumbrar a mi marido!

POLLY: ¿Es eso lo que quieres?

LUCY: ¡Ja! ¡Tengo ganas de reír!

POLLY: ¿Y cómo? ¿Cómo?

LUCY: ¡Sería divertido!

POLLY: ¿Muy divertido?

LUCY: ¡Si Mack sólo te mirara!

POLLY: ¿Si sólo me mirara?

LUCY: ¡Ja, ja, ja! ¿Quién pensaría que se meta con una tipa así?

AMBAS: ¡Ahora lo veremos!

¡Ahora lo veremos!

¡Mack y yo, una vida de palomas!

¡Me quiere sólo a mí!

¡Nadie me lo robará!

¡Y menos una perra que lo quiere oler!

POLLY: ¡Ja! A mí me llaman la bella del Soho,

Y dicen que tengo hermosas piernas.

LUCY: ¿Esas, dices?

POLLY: ¡Hay "quién" quiere verlas!

Pero dicen que, como las mías,

No hay nada igual.

LUCY: ¡Carroña!

POLLY: ¡Carroña serás tú!

¡A mi marido lo enloquezco!

LUCY: ¡Ja, ja, ja! ¿De verdad?

POLLY: ¡Tienes poco de qué reír!

LUCY: ¡Ja, ja, ja! ¿De verdad?

POLLY: ¡Y sería divertido!

LUCY: ¡Ja, ja, ja! ¿De verdad?

POLLY: ¡Si alguno me dejara de mirar!

LUCY: ¡Ja, ja, ja! ¿De verdad?

POLLY: *(Al público)* ¿Qué opinan ustedes? ¿Quién se metería con una tipa como ésta?

LUCY: ¡Enseguida lo veremos!

POLLY: ¡Lo veremos!

AMBAS: ¡Mack y yo, una vida de palomas!

¡Me quiere sólo a mí!

¡Nadie me lo robará!

¡Y menos una perra que lo quiere oler!

(Final de la canción)

MACHEATH: Bien, querida Lucy, cálmate, por favor. No se trata más que de una estrategia de Polly para separarme de ti. Si me ahorcan le gustaría decir a los cuatro vientos que es mi viuda. En verdad, Polly, no es éste el mejor momento.

POLLY: ¿Tienes el coraje de negarme?

MACHEATH: ¿Y tú tienes el coraje de sugerir que nos casamos? ¿Por qué quieres aprovecharte de mi desgracia? ¡Ay, Polly, Polly!

LUCY: En verdad, Señorita Peachum, usted misma se está comprometiendo. ¡Es de monstruos agitar a un hombre que se encuentra en esta situación!

POLLY: Me parece que debería ser usted, distinguida señorita, la que debería aprender las más elementales reglas de la decencia que prescriben mantener un poco más de reserva hacia un hombre en presencia de su esposa.

MACHEATH: Seriamente, Polly, esto significa llevar la broma demasiado lejos.

LUCY: <u>Y si usted, gentilísima, tiene ganas de hacer un escándalo aquí, en la cárcel, me veré obligada a llamar a un policía para que le indique la salida, querida señorita.</u>

POLLY: ¡Señora, Señora, Señora! Y permítame decirle sólo esto: esos aires que usted se da no son de su clase. Mi deber de esposa me impone quedarme al lado de mi marido.

LUCY: *(A Macheath)* <u>¿Y tú, qué dices? ¡No quiere irse! ¿La sacamos a empujones? ¿Tengo que hablar todavía más claro?</u>

POLLY: ¡Oh, sapo monstruoso! ¡Tiene quieta esa lengua venenosa porque si no te daré una trompada que te alargará el hocico, distinguida señorita!

LUCY: ¿Te vas o no, hinchapelotas? Contigo hay que hablar claro. ¡Los buenos modales no los entiendes!

POLLY: ¿Los buenos modales? Comprometo sólo mi propia dignidad. Tengo mucha estima de mí misma. ¡En serio! *(Grita)*

LUCY: <u>¡Mira mi panza, prostituta!</u> ¿Crees que fue al agua fresca la que me dejó así? ¿No abres los ojos todavía?

POLLY: ¡Ah! Estás embarazada. ¡Y tienes el coraje de hacerte la "gran dama"! ¿Quién te llenó la panza, me gustaría saber?

MACHEATH: ¡Polly!

POLLY: *(Llorando)* ¡Esto es mucho para mí, Mack! ¡Esto no debía suceder! ¡No sé qué hacer!

(Entra la Señora Peachum)   (Brecht 1994. 56-59)

Hasta aquí la escena a trabajar. Pasemos a la descripción del procedimiento propuesto:

1)-Improvisación.

El punto de partida y el objetivo de esta primera fase, nos parece, debe ser el de construir con solidez la relación conflictual entre los personajes. Para ello creemos que el modo más eficaz, como en otros estilos, es improvisar la situación confiando en la espontaneidad de los actores, sin partir del texto sabido de memoria, colocando finalidades claras a los personajes que entrarán en colisión con finalidades opuestas de los otros personajes. En este caso el texto posee una canción que nos permitiremos también improvisar. Veamos:

El espacio donde se desarrolla la escena es una prisión. En una celda está recluido Mackie. Al comienzo de la escena entra Lucy, la hija del "Tigre" Brown quien está embarazada de Mackie. ¿Qué quiere Lucy?: nos parece que explicaciones de Mackie pues se ha enterado que éste se ha casado con Polly. Quiere, además, retarlo y agredirlo. ¿Qué quiere Mackie?: probablemente calmarla con el objetivo que, debido a que se trata de la hija del "Tigre Brown" y puede influir de algún modo, le permita fugarse.

Colocamos en el espacio una valla que suponga las rejas y que impida a Lucy tocar a Mackie.

La improvisación comienza y la actriz que construye a Lucy entra corriendo y a los gritos. Insulta a Mackie. El actor que lo representa se aleja de las rejas y asume una actitud de víctima. Cuando Lucy dice saber que éste se ha casado, Mackie se agarra la cabeza pero, rápidamente, se sobrepone y contraataca con determinación. En ese contraataque insinúa un posible matrimonio con Lucy, lo que logra calmar a ésta.

Entra la actriz que interpreta a Polly. Mackie vuelve a tomarse la cabeza y no mira a su reciente esposa. Lucy, al corroborar por las palabras de Polly que Mackie verdaderamente se ha casado con ella, lo insulta.

Mackie se aleja aún más de las rejas. El actor encuentra una acción de fuga y estira las líneas de su pantalón frente al pedido insistente de explicaciones por parte de Polly.

Lucy insulta a Polly con la "bisagra" "¡Ramera!"

Polly pide a Mackie que explique a Lucy quién es su legítima esposa. El actor que compone a Mackie ahora se lustra los zapatos pasándoselos por las piernas de su pantalón. Ambas mujeres lo presionan. Él opta, por el momento, por el silencio y la fuga. Observamos que está buscando una táctica para salir victorioso de la situación. Con ese objetivo dice la "bisagra": "¡Si ustedes lograran tener quietas sus lenguas por dos minutos todo se explicaría!"

Polly trata de sobreponerse a su rival usando la palabra "esposa". Esto provoca la reacción de Lucy quién la desprecia y la desafía. Comienza la canción. Las actrices no la saben aún de memoria pero sí les han colocado objetivos a sus personajes. Les pido que, sin cantar, luchen por ellos e improvisen las palabras.

Las actrices lo hacen. El objetivo declarado de la actriz que construye Lucy es menospreciar a su rival. La desafía a que muestre las piernas. Lo hace en modo irónico y llega a levantarle la falda. Creo que es una acción interesante porque provoca la reacción orgánica de la actriz que interpreta a Polly quién, enfurecida, aunque conteniéndose, retrocede y se prepara para contraatacar. El próximo "punto de giro" es la canción que cantan juntas. En este caso, les pido que discutan desafiándose, sin preocuparse por el texto de la canción. Ellas lo hacen con la actitud de dos gallos de riña. En algunos momentos llegan a empujarse cuando una se aproxima demasiado a la otra. Llega la segunda parte de la canción, que comienza con la "bisagra": "¡Ja! A mí me llaman la bella del Soho, Y dicen que tengo hermosas piernas." Tal texto pertenece a Polly. La actriz que la interpreta se ha colocado como objetivo contraatacar. Creo que es justo pues la canción de Brecht parece así estructurada: en dos momentos. La actriz-Polly muestra las piernas a su rival. El nivel del enfrentamiento sube cuando la actriz-Lucy, en vez de decir la "bisagra": "¡Carroña!" dice:

"¡Puta!" y la empuja. Polly reacciona también insultándola y haciéndole ver que sus atributos físicos enloquecen a Mackie. Este sigue el duelo con cierta fascinación. Parece que, por momentos, está contento que ambas mujeres se peleen por su amor. En un momento aproxima una banqueta y se sienta como quien observa un partido de fútbol y hace barra. La actriz que interpreta a Polly hace un aparte al público en el momento señalado. El texto no es igual al escrito pero es similar. Su objetivo es comentar el menor nivel social de su antagonista. Cuando llega el momento de la parte final de la canción en el cual ambas vuelven a desafiarse como gallos de riña, el actor-Mackie se levanta de la banqueta y se prepara para el nuevo momento: su personaje elige a Lucy porque sabe que es camino para salvarse. Esto se evidencia con la "bisagra": "No se trata más que de una estrategia de Polly para separarme de ti". El actor lo dice de un modo gentil y en voz baja, explicando la situación, como si se tratara de algo sobreentendido. Tal actitud provoca la reacción orgánica de la actriz-Polly que, luego de un silencio de elaboración, replica con una pregunta: "¿Me estás negando?". El actor-Mackie trata de cerrar un ojo a Polly. Esto es advertido por Lucy quien lo observa de más de cerca. Mackie disimula como si alguna basurita le hubiese entrado y entonces, propone "sobreactuar" ese momento retando a Polly y luego asumiendo una actitud de víctima. Lo hace con el objetivo de rechazarla para salvarse, por lo cual no pierde jamás de vista a la actriz-Lucy y a lo que le provoca su decisión. La actriz-Lucy, ahora convencida, se acerca a las "rejas" y estira una mano hacia adentro buscando tomar la mano de Mackie. Este, sopesando primero qué hacer, la recibe. Tal acción provoca que Polly retroceda llevándose la mano a la boca. En ese momento, la actriz-Lucy inserta la "bisagra": "Y si usted, gentilísima, tiene ganas de hacer un escándalo aquí, en la cárcel, me veré obligada a llamar a un policía para que le indique la salida, querida señorita."

La actriz-Polly reacciona, según lo convenido en el análisis técnico de la primera lectura en la cual se indican las posibles "bisagras" de la escena, ante la palabra "Señorita" que, en ese momento de la escena significa, prácticamente, su derrota. Trata de imponer, a los gritos, su condición de esposa legal. Ante su insistencia, la actriz-Lucy cambia el modo y la insulta amenazándola con sacarla a los empujones. Incluso, llega a hacerlo sin lograr concretarlo por la resistencia de Polly. La actriz-Polly pierde toda contención y la insulta con palabras vulgares. La actriz-Lucy llega al "punto de giro": "¡Mira mi panza, prostituta!" La actriz-Polly, conmovida e impotente, mira fulminando a Mackie, quien ata los cordones de sus zapatos, escapando de tal mirada. Concluye la escena a trabajar pues entra, en ese momento, la Señora Peachum.

Las actrices y el actor que han improvisado esta escena han respetado la línea de objetivos y "bisagras" o "puntos de giros" pre-fijado. Recordemos que en ese análisis técnico del texto no nos hemos preguntado "cómo son" los personajes ni hemos fijado una línea de acciones a realizar. Todo lo que se ha hecho en escena ha sido encontrado en el momento y no era planificado. Por ejemplo: el actor-Mackie alejándose de las rejas, sus acciones de fuga con sus ropas y zapatos, la mano de Lucy buscando la suya en el momento en el que éste elige por ella, etc. Nos parece muy interesante porque nuestros actores han propuesto, desde su propia espontaneidad, y según lo que iban sintiendo durante el desarrollo de la escena, acciones y estados de ánimo genuinos. Brecht, durante los primeros ensayos de *El cerco de tiza del Cáucaso*, llamaba a este momento inicial "partir de la ingenuidad", como un modo de excluir todo preconcepto a través de la improvisación. Nosotros lo llamamos "partir con el vaso vacío." Por supuesto que este momento inicial no se agota en un solo ensayo o en una sola sesión de improvisación. Es necesario construir con solidez la base de la relación. A partir de esta verdad de los actores continuaremos nuestro recorrido.

2)-Elección de las posibles acciones metafóricas (Gestus)

Las improvisaciones han dejado, en las acciones de los actores luchando por los objetivos de los personajes, un rico material que es necesario analizar para llevarlas al nivel simbólico, al Gestus brechtiano.

Pregunto a los actores en cuáles momentos de la improvisación ellos han sentido que los pueden usar para "contar" lo que está en juego como importante en la escena, sin desligarse, por supuesto, del hilo central que une las finalidades de cada uno de los personajes en toda la obra y, obviamente, lo que todo el texto quiere expresar a nivel de relaciones sociales.

La actriz-Lucy me dice que en su entrada inicial ella cree que la finalidad de increpar a Mackie y de reprocharle de que se ha casado con otra, se expresó con más claridad en su intento de arañarlo a través de las rejas. Le gustaría resaltar ese momento. El actor-Mackie coincide que esa acción lo llevó a alejarse de las rejas y que coincide en subrayar ese momento. Perfecto. Lo anotamos. También agrega que en el uso de la acción verbal en esa "bisagra" le parece importante relatar que el origen social de Lucy no es, precisamente, aristocrático. Su padre es Jefe de la Policía y, como tal, se ocupa de un "trabajo sucio" ya que está en permanente contacto con gente de los bajos fondos.

El actor-Mackie opina que un momento interesante para él es cuando Lucy le dice que sabe de su casamiento con Polly, con lo cual la vía de su posible salvación se complica. Lo que hizo fue llevarse las manos a la cabeza. Y luego sobreponerse contraatacando de un modo gentil y cariñoso con el objetivo de calmar a Lucy para que lo ayude a escapar. Lo anotamos.

La actriz-Polly afirma que, cuando entra en escena, quiere observar en qué estado se encuentra Mackie y reprocharle su visita al prostíbulo. El modo que le gustaría de relatarlo es expresando que su supuesta condición social superior la hace sentirse incómoda en un lugar sórdido como lo es una prisión. Sin embargo, piensa que se trata más de una postura que de una verdad. El alejamiento físico de Mackie hacia el interior de la celda y la observación de que se vuelve a tomar la cabeza con las manos le parece un punto importante que le permitiría mostrar otra faceta de su personaje. Es decir, lo que esconde: una mujer determinada a todo, inclusive a comandar una banda de delincuentes y los más turbios negocios. Lo anotamos.

La actriz-Lucy, que había sido momentáneamente desmontada en su objetivo inicial por la gentileza de Mackie antes de la entrada de Polly, afirma que el hecho de verla a ésta presentándose como su esposa la hace retroceder al momento precedente y la carga de más ganas de arañar a Mackie. El actor señala que la nueva embestida de Lucy hacia las rejas lo ayudan a encontrar una acción de fuga: controlar que la línea de sus pantalones esté bien marcada para ganar tiempo y disimular. Lo anotamos.

Lucy insulta a Polly. La actriz-Polly dice que le gustaría reaccionar al mismo nivel que su rival pero que, para ella, sería bueno que esto se insinuara brutalmente pero que se reprimiera usando modos corteses y refinados a fin de aminorar a su rival. Su táctica para quedarse con Mackie, dice, es la de no alzar la voz y remarcar la palabra "esposa". Además recordarle, cuando hace referencia a Jacobo, que quien maneja los negocios de Mackie es, ahora, ella. Lo anotamos.

El actor-Mackie cree que limpiarse los zapatos en los pantalones, y preocuparse por su aspecto en la circunstancia peligrosa en que se encuentra (puede ser colgado) lo ayudan, por contradicción, a mostrar la audacia y la fe en sí mismo que tiene Mackie. Tal condición lo llevó a ir al prostíbulo en vez de escapar. Le recuerdo al actor que hay puntos de común entre Baal y Mackie, siendo Mackie, tal vez, un personaje más próximo al mecanismo social y a los negocios capitalistas. Podemos acordar que Mackie tiene fe en la impunidad que le ofrece su relación con las cúpulas del poder social y económico. Lo anotamos.

El momento que corresponde a la canción y que comienza con la actriz-Lucy desafiando a Polly que muestre sus piernas es señalado por aquella con un gesto de desprecio y desafío, convencida de que ella es "más mujer" que su rival. La actriz-Polly nos dice que ese momento, en la primera parte del duelo cantado, le gustaría contarlo manteniendo aún las formas y la superioridad social que su personaje cree poseer, sin dejar de mostrar las ganas de saltar, salvajemente, hacia la garganta de su rival. Esto se exaspera cuando Lucy le alza la falda. Lo anotamos.

Llega el momento de la canción que ambas comparten. Llamaremos a esta parte "los gallos de riña", ya que ambas, de modo diferente, desafían a su rival.

La segunda parte de la canción parte del contraataque de Polly quien, ahora desafiante y sin preocuparse por las formas, muestra sus hermosas piernas. Esto enfurece a Lucy que la insulta. El nivel del enfrentamiento sube sin importar apariencia social alguna. La acción del actor-Mackie de sentarse a observar la pelea es subrayado por el actor a quien le parece importante pintar a Mackie como un machista momentáneamente contento, pero siempre atento al objetivo prioritario que es sostener a quien puede salvarle la vida: Lucy. Lo anotamos.

El aparte de Polly al público con su texto: "¿Qué opinan ustedes? ¿Quién se metería con una tipa como ésta?" le parece a la actriz que debe ser realizado como un latigazo que muestre a los espectadores la "ordinariez social" de su rival. Lo anotamos.

El actor-Mackie señala que, cuando finaliza la canción, él debe intervenir eligiendo a Lucy pero de un modo que le permita un plan sucesivo pues, si es salvado por esta, debe recuperar su poder sobre la banda y los negocios. Por ello ha elegido un modo cortés y gentil de dirigirse a Polly. Y luego, ante la reacción de Polly, nuestro actor observa que, cerrándole un ojo, trata de hacerle ver que se trata de una táctica para sobrevivir. El control que ejerce Lucy sobre él provoca que simule la entrada de una basura. Luego sobreactúa su rechazo alzando la voz para después retirarse haciéndose la víctima y conmover a Polly. Lo anotamos.

La acción de la actriz-Lucy de estirar la mano a través buscando, ahora, aferrar la de quien cree ha elegido por ella y así ha sido asegurada en su rol de madre y futura esposa, es destacada por la actriz quien nos dice que le gustaría cambiar de actitud ante tal seguridad y mostrarse como una delicada dama de sociedad y futura madre de familia. Lo anotamos.

La derrota de Polly, ante la elección de Mackie, quiere ser contada por la actriz no sólo como una derrota íntima y personal sino también como una derrota posible en los negocios, pues si Mackie se salva a través de Lucy, hija del "Tigre" Brown, atenta contra su reciente jefatura de la banda. "Cuando Lucy le muestra su vientre embarazado tal temor se potencia y provoca que pierda toda forma de convención social", nos dice la actriz. "Me gustaría que salga afuera la verdadera Polly quien es capaz de gritar, decir vulgaridades y desahogarse". Lo anotamos.

Hemos, entonces, anotado las siguientes acciones que podemos trabajar próximamente para darle una categoría simbólica y distanciadora que privilegie las relaciones sociales sobre la vida individual de cada personaje. O sea, aproximarnos a la noción de Gestus. Ellas son:

a)-Entrada de Lucy que quiere arañar a Mackie a través de las rejas. Mackie se aleja.

b)-Mackie se toma la cabeza y después se sobrepone.

c)-El modo de entrar de Polly y su observación de la reacción de Mackie.

d)- La acción de fuga de Mackie con la línea de sus pantalones, cuando Lucy comprueba, por las palabras de Polly, que se casó y lo insulta.

e)-La "fina" actitud de Polly para rechazar el insulto de Polly y prevalecer nombrándose a sí misma como esposa e insinuando a Mackie que ahora es ella quien maneja los negocios de la banda.

f)-El ataque de Lucy alzándole las faldas a Polly en el primer momento de la canción y la contenida reacción de ésta, quien sabe especular.

g)-Los modos diferentes en el que "los dos gallos de riña" se enfrentan en el final de la primera parte de la canción.

h)-Contraataque de Polly. Deja las apariencias y se muestra como objeto de placer de su esposo.

i)-Actitud de Mackie de sentarse a observar la disputa como un macho ganador.

j)-Aparte de Polly al público para hacerlo cómplice y ponerlo también ante la encrucijada de una decisión que tiene que ver con la pertenencia de clase de ambas rivales.

k)-Decisión de Mackie quien toma partido por Lucy para salvarse la vida pero que especula, si logra tal objetivo, sobre su futuro económico. Guiño de un ojo a Polly.

l)-Mano de Lucy hacia Mackie buscando tomársela dulcemente para hacerse ver como la nueva esposa de una familia burguesa.

m)-Muestra del vientre por parte de Lucy, como "jaque mate" a Polly.

n)-Reacción de Polly quien se preocupa más por sus negocios que por perder a Mackie.

Como el lector observará, todas las acciones elegidas para ser trabajadas no se "quedan" en lo personal de cada personaje. Tratan de ir más allá, a la consideración social de lo que significan. Pasemos ahora al tercer momento.

3)-"Depuración" de la acción cotidiana.

Esta fase debe ser entendida no como una fijación *a priori* de las acciones que podrían ser las elegidas para metaforizar, o construir un Gestus (que debe poseer siempre una connotación social), sino como un nuevo momento de espontánea improvisación con ellas en el cual los actores propondrán diversos modos de hacerlas. Hemos acordado en cuáles momentos podemos insertarlas pero no se debe tratar de algo esquemático que condicione demasiado al actor. Podríamos decir que, en la construcción de estos momentos simbólicos, funcionan como otras "bisagras" en la acción en sí y no sólo en lo textual. Lo importante, en esta fase, es quitarle toda característica naturalista o dramático- burguesa a la acción a efectos de que sirva como un efecto distanciador ejecutado por los actores y no como un recurso exterior de la puesta. Los recursos para hacerlo son variados: re-alentar la acción, detenerla, apresurarla, romper la cuarta pared comentando al público con una acción o actitud lo que sucede, fragmentarla excesivamente, etc. La única condición es que la acción no aparezca como una "fotografía" de la vida y cumpla un rol de síntesis conceptual.

Veamos:

a)-Entrada de Lucy que quiere arañar a Mackie a través de las rejas. Mackie se aleja.

Improvisamos este momento. La actriz-Lucy entra corriendo y a los gritos. Mackie, al verla enfurecida, se aleja hacia el interior de la celda. Las rejas lo defienden. La actriz-Lucy estira una mano lo más que puede para arañarlo. De pronto, la actriz detiene la acción, y la fija por un momento. El actor-Mackie acompaña tal detención haciendo también un *stop* en su alejamiento. El actor-Mackie encuentra algo nuevo: mira al público con un gesto veloz sin mover el cuerpo que quedó en una posición inmóvil y con los ojos le comenta lo difícil de su situación. La actriz-Lucy también lo acompaña y muestra sus dientes al público. Cuando Mackie vuelve la mirada hacia Lucy, o sea "entra" de nuevo al interior de la escena, se reconstituye el modo realístico de actuación en ambos. La mano de ella vuelve atrás y él alcanza su máxima distancia de alejamiento. Siguen los gritos y explicaciones.

b)- Mackie se toma la cabeza y después se sobrepone.

Ante la ofensiva de Lucy y su "bisagra" textual en la cual devela que sabe del casamiento, el actor-Mackie, fragmenta la acción de llevarse las manos a la cabeza realizándola en varios tiempos cortos, como si se tratara de un film antiguo. Y agrega algo hacia el público: se lleva velozmente una mano hacia la garganta y se lo pasa por ella rápidamente: como un "degüello": perderá la vida. Luego, mira su dedo, hacer un gesto negativo con la cabeza y vuelve al modo de actuar natural. Mientras él hizo el gesto "del degüello" hacia el público, la actriz-Lucy lo acompañó moviendo la cabeza afirmativamente también hacia la platea.

c)-El modo de entrar de Polly y su observación de la reacción de Mackie.

La actriz-Polly propone un momento precedente al ingreso, una suerte de "prólogo" a su entrada, que debe ser visto por el público. Apenas deja atrás la bambalina, a vista de los espectadores, prepara con determinación su ropa y su actitud de "niña bien" en un lugar sórdido. Es decir, nos muestra que todo lo que hará el personaje posee algo de falso y de construido especulativamente. Una vez que está lista, avanza con su texto hacia el interior del espacio moviéndose de un modo elegante y flemático de alta clase social. El actor-Mackie repite el modo en el que hizo la acción de llevarse las manos hacia la cabeza, la veloz fragmentación, pero aun acelerándolo más. Y también repite el gesto del "degüello". Pero ahora suma otro dedo y, con la otra mano, hace rápidamente el gesto del dinero hacia el público, y luego baja el pulgar. Puede perder todo. Después todos vuelven al modo realista de actuación.

d)-La acción de fuga de Mackie con la línea de sus pantalones, cuando Lucy comprueba, por las palabras de Polly, que se casó y lo insulta.

La actriz-Lucy propone, ahora con las dos manos, tratar de arañar a Mackie al comprobar que se casó. Las extiende, mantiene su tensión, y mueve sólo la punta de los dedos velozmente. El actor-Mackie propone, en contraposición, alejarse en cámara lenta, hacer un quiebre veloz sentándose y estirando la línea de sus pantalones en una "no natural" velocidad. Se suma la réplica de Polly en dónde le pide que la mire y le reprocha que se haya detenido en el prostíbulo.

e)-La "fina" actitud de Polly para rechazar el insulto de Lucy y prevalecer nombrándose a sí misma como esposa e insinuando a Mackie que ahora es ella quien maneja los negocios de la banda.

La actriz-Polly propone mirar despectivamente a Lucy, luego girar la cabeza hacia el público y comentarle con un gesto cuán vulgar le parece. Luego se dirige a Mackie refiriéndose sobre el rol que ella está cumpliendo como nueva jefa de la banda. Al hacerlo, tratando de no ser vista por Lucy, le hace el gesto del dinero (mueve rozando el pulgar y el índice) con una mano.

f)-El ataque de Lucy alzándole las faldas a Polly en el primer momento de la canción y la contenida reacción de ésta, quien sabe especular.

La canción en sí misma ya funciona como un efecto distanciador. A pesar de que aun las actrices no cantan en esta fase del trabajo en modo tal de potenciar las intenciones, las relaciones y el juego teatral primero para después insertar el canto, tratamos de lograr efectos que rompan cualquier linealidad naturalista. Cuando Lucy levanta las faldas de Polly con actitud desafiante, y las piernas de esta se descubren, Lucy profundiza su gesto de sorpresa al ver tan bellos miembros, gira la cabeza hacia el público y manifiesta su sorpresa, para ella desagradable. La actriz-Polly propone ahora no bajárselas enseguida y girar con las piernas desnudas hacia Mackie, mostrándoselas. El actor-Mackie vuelve a repetir la acción de tomarse la cabeza en modo veloz y fragmentado comentando al público cuánto le gustan esas piernas mordiéndose los labios inferiores.

g)-Los modos diferentes en el que "los dos gallos de riña" se enfrentan en el final de la primera parte de la canción.

En este momento ambas actrices marcan que, pese a que los dos personajes en disputa aspiran a pertenecer a clases sociales más altas, es Polly la más preparada para hacerlo debido a la educación recibida, especulativamente, por los Peachum. A cada modo de empujar y de desafiar por parte de Lucy, Polly responde describiendo satíricamente esas acciones y los modos en las que Lucy las realiza para demostrar a su rival cuán ordinaria es. A cada imitación antecede una mirada cómplice hacia el público.

h)-Contraataque de Polly. Deja las apariencias y se muestra como objeto de placer de su esposo.

Antes de contraatacar, en la segunda parte de la canción, la actriz-Polly propone un pequeño momento de preparación compartido con el público, al igual que en el "prólogo" de su entrada en escena, pero ahora indica, con un gesto de sus manos sobre todo su cuerpo, que cambiará de táctica. Lo hace con un quiebre veloz y se transforma en un "animal" sin modales. Muestra sus atributos, sin desparpajos, a Mackie. Lucy retrocede, espantada. Y asumiendo, ahora ella, una gestualidad "refinada".

i)-Actitud de Mackie de sentarse a observar la disputa como un *macho* ganador.

La actitud de Polly seduce a Mackie, quien se sienta en la banqueta y la admira, como un animal en acecho. No deja de mirar al público comentándole, con gestos de su boca y cabeza, cuánto le gusta el cuerpo y la femineidad de Polly y cuánto le enorgullece la disputa, por él, entre mujeres. Cuando Lucy observa la fascinación de Mackie por Polly, éste cambia de actitud y estimula a Lucy, con gestos de las manos, a no ceder.

j)-Aparte de Polly al público para hacerlo cómplice y ponerlo también ante la encrucijada de una decisión que tiene que ver con la pertenencia de clase de ambas rivales.

Este aparte nos viene del texto de Brecht y ya funciona, y está pensado, como una ruptura distanciadora. La actriz-Polly lo propone, además, mostrando también al público sus bellas piernas mientras dice el texto.

k)-Decisión de Mackie quien toma partido por Lucy para salvarse la vida pero que especula, si logra tal objetivo, sobre su futuro económico. Guiño de un ojo a Polly.

Finalizado el momento de la canción, Mackie se levanta y dice la "bisagra" en la que toma partido por Lucy. Durante ella, trata de guiñar un ojo a su mujer, pero es muy controlado por Lucy y debe disimular. El actor-Mackie nos propone agrandar ese momento y frotarse ambos ojos. Es más, gira hacia el público y pide, mediante gestos, que los espectadores lo imiten: a todos les entró algo en el ojo.

l)-Mano de Lucy hacia Mackie buscando tomársela dulcemente para hacerse ver como la nueva esposa de una familia burguesa.

La actriz-Lucy ejecuta esta acción ahora velozmente y moviendo los dedos, no para arañar justamente con sus extremidades, sino para que Mackie la reciba y consoliden su unión. El actor-Mackie, cuyo personaje debe salvarse la vida, en un santiamén, corre hacia la mano de Lucy y la toma, aunque trata de nuevo de guiñar un ojo a Polly, como si tuviera un tic. Cuando Mackie le toma la mano, la actriz-Lucy se "infla" y muestra un cambio de actitud: se coloca en la pose de una vieja fotografía que la muestra como una matrona burguesa.

m)-Muestra del vientre por parte de Lucy, como "jaque mate" a Polly.

La actriz-Polly realiza esta acción de un modo pausado y profundo. Sabe que es la estocada final. Describe lentamente la redondez de su vientre. Mira al público y hace un gesto como de remate final hacia su contrincante. Luego vuelve al modo cotidiano de actuar.

n)-Reacción de Polly quien se preocupa más por sus negocios que por perder a Mackie.

La actriz-Polly traga saliva, mira al público, hace un gesto cómo que "no va más" y luego dice el texto. Entra su madre.

Los actores han improvisado tratando de expresar, de distintos modos, acciones que superen lo cotidiano y se aproximen a lo simbólico, es decir, a la acción metafórica. Ahora trataremos de dar algunos ejemplos de proceso de pulimiento de algunas de esas acciones.

4)-Pulimiento de la acción metafórica.

Para no cansar al lector, y entendiendo que se puede aplicar el procedimiento propuesto aplicándolo por analogía, nos detengamos ahora en algunos momentos de esta fase en la cual trataremos de explicar lo que significa el "pulimiento" de la acción metafórica una vez que hemos determinado cuáles nos sirven para representar, contando, algo que nos interesa y que devela determinadas relaciones sociales. Es decir, algo que asume la categoría de concepto o síntesis. Tomaremos sólo algunos ejemplos entre los señalados en el apartado anterior. Veamos:

a)-Entrada de Lucy que quiere arañar a Mackie a través de las rejas. Mackie se aleja.

Se trata, ahora, de pulir esta acción que los actores han evidenciado mediante un *stop*, un congelamiento de la acción, que posee su significación. La acción concreta a trabajar es aquella en la que Lucy intenta arañar a Mackie, al comienzo de la escena. Estira una mano al máximo pues las rejas le impiden ir más allá. Mackie se aleja. Sugiero a los actores que detengan un buen tiempo la acción en el momento en que la mano haya llegado a su máxima extensión, que no muevan una pestaña durante el congelamiento y que asuman una actitud fija, como una foto. Los actores trabajan este momento y lo sintetizan con una acción que, en la improvisación anterior, habían realizado inmediatamente después del stop: mirar al público y comentar, con un gesto, lo que les pasaba. Ahora, sintetizan: al mismo tiempo que congelan la acción, miran al público comentando lo que les pasa, cada uno con una expresión diferente, por supuesto: Lucy "mostrando los dientes"; Mackie propone cerrar un ojo al público con cierto aire de superioridad frente a la situación. Es decir: está convencido de que convencerá a Lucy porque sabe que lo ama y que espera un hijo de él. Ensayamos varias veces el momento. Vemos que es más eficaz cuanto más dura, cuanto menos aparecen pequeños gestos, pestañeos o casi imperceptibles movimientos de los actores y que, quienes miran la escena, más ríen cuanto más dura el *stop*. Cuando preguntamos qué decodificaron los asistentes durante esta acción metafórica, la opinión casi unánime es que Mackie sabe que tiene en su poder a Lucy; que saber jugar con los sentimientos de los otros y que sabe extorsionar; que impone su condición de *macho* como dador de placer, etc. Pensamos que podría tratarse de un Gestus pues se han trasmitido conceptos que tienen que ver con el tipo de relaciones conflictuales predominantes entre los hombres y las mujeres en la sociedad capitalista, en este caso. El medio ha sido, entonces, el *stop*, el congelamiento de la acción, que ahora ha sido limpiada, precisada, aislada en cuanto símbolo. (En el próximo apartado nos referiremos a este concepto).

b)- Mackie se toma la cabeza y después se sobrepone.

La acción metafórica a pulir sigue a continuación de la anterior. Después del *stop*, ambos actores lo quiebran como si dieran un golpe de karate y vuelven a asumir un comportamiento naturalista mientras dicen las réplicas correspondientes hasta que Lucy hace saber a Mackie que está enterada de su casamiento con Polly. Aquí los actores habían propuesto otra acción metafórica: Mackie se lleva las manos a la cabeza en una secuencia de rápidos cortes, como si se tratara de una escena de vieja película de comienzos del cine. Luego mira al público y comenta con un gesto que le pueden cortar la cabeza pasándose un dedo por la garganta. Luego se mira el dedo, niega con la cabeza tal posibilidad, cierra el otro ojo al público y rompe, velozmente, volviendo a entrar en la escena. En tanto, cuando él hizo el gesto del "degüello" al público, la actriz-Lucy con los brazos cruzados, asiente con la cabeza.

Pedimos al actor que su propuesta de acción distanciadora sea definida en el sentido de que se trate de pequeños cortes categóricos y limpios, definidos, no sobrepuestos. También le pedimos que, cuando mire al público y luego se pase el dedo por la garganta lo haga de igual manera pero que, cuando se mire el dedo y decida contraatacar, detenga un segundo la acción, levante la cabeza hacia el público, le guiñe el otro ojo (Mackie tiene recursos que involucran todo su cuerpo) y luego "rompa" velozmente para seguir la escena realísticamente. A la actriz-

Lucy le pedimos que acompañe, mirando y moviendo su cabeza al mismo ritmo que la secuencia "cortada" de Mackie y que, cuando éste se pase el dedo por la garganta, ella mire al público y asienta con la cabeza en modo categórico. Luego, cuando Mackie se detiene un segundo, medita y no se da por vencido, pedimos a Lucy que observe esto exagerando su admiración sin una posición corporal definida y precisa, como si se tratara de una foto.

La escena se repite varias veces hasta que logramos coordinar el trabajo de ambos actores. Quienes asisten opinan que Mackie debe ser un tipo con muchos recursos y que pese a la situación difícil en la que está, tiene posibilidades de vencer.

Hemos usado como medio distanciador una acción "cortada" en rápidas secuencias.

c)-El modo de entrar de Polly y su observación de la reacción de Mackie.

La actriz-Polly genera un momento interesante que no está en el texto y que, ya, muestra el rol y los objetivos especulativos de Polly: prepararse, a ojos del público, para representar su rol de mujer casada, desvalida y de buenos modales. Le pedimos que realice tal acción (tal "prólogo") de un modo brusco, sin mediaciones con sus ropas, determinado y sin la elegancia que después debe mostrar. Lo hace con eficacia. Después rompe y camina "delicadamente" hacia las rejas. Es allí donde el actor-Mackie ha propuesto repetir la acción de llevarse las manos a la cabeza en secuencias cortas y veloces pero más rápidamente. Repite la acción del "degüello" pero ahora, antes de hacerla, mira a ambas mujeres y suma un dedo. Luego mira al público y cierra ambos ojos, uno primero y el otro después. Significa, con esto, que podrá gestionar la situación con ambas mujeres. En este caso, se ha utilizado una acción "prólogo", que connota lo que sigue y lo condiciona. Y hemos repetido la acción secuenciada pero a mayor velocidad, lo que supone más problemas para Mackie. Sin embargo, al cerrar ambos ojos al público nos dice que no está vencido.

d)-La acción de fuga de Mackie con la línea de sus pantalones, cuando Lucy comprueba, por las palabras de Polly, que se casó y lo insulta.

Mackie se aleja de la presión que recibe de ambas mujeres a través de una acción consciente de fuga (acomodar la línea de sus pantalones, estirándolas) según lo que vimos en el trabajo con los estilos anteriores. Le pedimos que "limpie" tal acción y que no lo haga de un modo natural, en varios tiempos. Que lo haga una vez y en modo definido y preciso. Puede hacerlo velozmente o muy lentamente, pero no realísticamente. Recordemos el uso de la acción en Shakespeare.

e)-La "fina" actitud de Polly para rechazar el insulto de Polly y prevalecer nombrándose a sí misma como esposa e insinuando a Mackie que ahora es ella quien maneja los negocios de la banda.

La actriz-Polly ha propuesto una suerte de extorsión a su marido con una acción que trata de ocultar a Lucy: mover los dedos (gesto del dinero) en señal de que ella tiene ahora la "sartén por el mango" en los negocios. La actriz-Polly propone hacer tal acción distanciadora como si sacara un puñal de atrás y usando la espalda para taparse de Lucy. Lo hace pero esta acción sucede demasiado velozmente y no logra ser apreciada. El símbolo no es claro, no está bien definido y limpio. Les pido que, cuando Polly saque la mano de atrás y se coloque en posición tal como para que Lucy no vea la acción, la realice en cámara lenta: "saque el puñal de la extorsión económica" pausadamente, que Mackie la siga con el cuerpo y la mirada, también en cámara lenta y que Lucy trate de mirar lo que Polly oculta, del mismo modo. Luego realizar un "quiebre" veloz y la actuación de Mackie que ha comprendido el mensaje.

Las acciones que siguen, y que fueron señaladas como pasibles de ser distanciadas en su camino hacia la significación, pueden jugar con estos y otros efectos distanciadores según el modo de hacerlas. Nos parece que todos pueden ser válidos siempre y cuando logren transmitir con potencia uno o varios conceptos. Para ello es fundamental pulir la acción, limpiarla, aislarla en sí, e impedir que se confunda con el modo natural, cotidiano, de hacer la misma acción. De tal delimitación surgirá el símbolo.

No alargamos nuestro relato al respecto ya que, como ejemplo, lo enunciado nos parece que basta.

5)-"Reposo" del símbolo y regreso a lo "habitual"

Es evidente que, para que el signo se potencie, se hace necesario aislarlo, delimitarlo, precisarlo. Tal resultado es posible si logramos realizar cortes, quiebres, en donde se produzca ese movimiento pendular del que hablábamos más arriba, es decir: el camino del hábito (lo visto y "conocido") al signo (vuelvo a conocer) para luego regresar al hábito (a lo usual pero ahora visto de otra manera). Tales pasajes deben realizarse con claridad así sean breves. Pues si ello no se logra el espectador no sabrá bien qué mirar o qué decodificar. No podrá sorprenderse pues la sorpresa vendrá de su incomprensión del código propuesto. Repetimos: sólo se puede conocer lo desconocido partiendo de lo conocido.

Nos parece que si todo es símbolo, éste deja de serlo. Es decir, si construimos una serie continuada de símbolos sin este "ir y venir" propuesto, este pasa a ser lo habitual y se enajena, pierde su capacidad develadora. Por ello es necesario que el símbolo se "repose", que espere su aparición <u>sorpresiva</u> (un justo adjetivo usado por Piscator y Brecht) para lograr su cometido: hacer ver, lo que parece ya "familiar", como algo "extraño", o mostrar la realidad oculta (en la que están las causas de los fenómenos) sacándola a la luz para rever la realidad aparente. Brecht decía muy bien: "La verdad une". En este caso une causas y efectos, desfragmenta, totaliza, encuentra conexiones y, entonces, nos humaniza.

En el trabajo concreto del actor con este estilo se hace necesario trabajar las entradas y salidas del "interior" de la escena a "la descripción del concepto", cuestión lejana al modo realista-burgués de actuación. Por ello nos parece muy necesario pasar por Shakespeare antes de llegar a

Brecht pues, pensamos, la ejecución de la acción, en el teatro del autor inglés, posee elementos narrativos ya que palabra poética y acción cotidiana no pertenecen a códigos similares.

6)-Incorporación del texto.

El teatro de Brecht posee altos momentos poéticos. Tales momentos suelen expresarse asiduamente en sus canciones que, nos parece, requerirían un apartado especial que no entra en los objetivos de este libro. Se trata de canciones (en donde los actores deben respetar una métrica, seguir una orquesta, etc.) que poseen un rol narrativo y distanciador. Es evidente que no podemos cantar una canción si no sabemos su letra de memoria. En tal caso, ensayar las canciones del teatro brechtiano, en sí mismas, es toda una técnica que será necesario sistematizar.

En cuanto a lo referido a las réplicas de los personajes nos parece que, como en los otros estilos (salvo en Shakespeare en donde la acción verbal poética es fundamental y se inserta con bastante anticipación en el proceso constructivo), si la memoria obstaculiza la espontaneidad de la acción, sea para transformar directamente, sea para proponer acciones distanciadoras, es mejor dejar que el texto del autor se vaya adquiriendo paulatinamente. Tenemos las "bisagras" o "puntos de giro" para que nos guíen en la improvisación o en los posteriores ensayos. Ahora bien, si contamos con actores que poseen una envidiable memoria y esto no obstaculiza el accionar... ¡qué problema habría en que se sepan el texto de memoria al comienzo! No es lo más usual, pero puede suceder.

Por supuesto que llega un momento del proceso constructivo en que resulta imprescindible dominar el texto escrito. No se puede comenzar con la etapa de trabajo sobre el objeto estético si el texto no está dominado. Estamos seguros que, si hemos trabajado en profundidad, llegaremos sin forzar a ese momento.

Hemos realizado estas reflexiones teórico-prácticas específicas sobre el teatro de Brecht en este capítulo. Sepa el lector, conectándolo con el capítulo anterior, establecer los nexos posibles entre el trabajo de Brecht con el trabajo del gran pedagogo ruso. Creemos que ambos, al final de sus vidas, lograron una síntesis superadora sobre la que es necesario reflexionar.

13)- CONCLUSIONES

Hemos llegado al final del recorrido propuesto. Estamos convencidos de que la palabra escrita no llegará jamás a expresar totalmente el cúmulo de experiencias pedagógicas y artísticas vividas a lo largo de más de cuatro décadas. Sin embargo siempre sirve para reacomodar y precisar conceptos, limar definiciones, rever "certezas" y colocarlas en discusión.

Creemos firmemente en las palabras que inician este trabajo: "El único dogma que debería existir en el teatro es que no hay dogmas". Son una expresión de anhelo que tratamos de ejercitar a través del desarrollo de una actitud crítica constante.

El propósito final del teatro hecho acto no es otro que el de herir al espectador de belleza. Tal finalidad puede alcanzarse por medios y técnicas diversas. No creo que nadie posea "la verdad" ni haya "verdades definitivas", al menos en este oficio.

Lo importante, en cuanto a las técnicas usadas por el actor, es que éstas no fagociten la finalidad, que es la belleza. Son siempre un "medio para", un "modo" que nos acerca, con más o menos eficacia, a la finalidad.

Es muy común encontrar personas que buscan certezas definitivas sobre las cuales apoyarse. El teatro que, cualquiera sea su estilo, expresa los conflictos humanos en escena. Es un arte que ofrece pocas certezas y seguridades. Todo suele vivirse con una cierta labilidad, como lo es el transcurrir de la propia existencia.

Estoy convencido de que lo que permanece e impulsa a seguir en esta profesión tan insegura y todavía artesanal, como modo de producción predominante, es la pasión.

Una mujer o un hombre de teatro son claramente identificables por la tenacidad y enamoramiento con la que viven su experiencia teatral a lo largo de sus vidas. Se trata de una clara y precisa pasión.

En nuestro pequeño teatro "El Pulmón", de Tucumán, en Argentina, hemos colocado en el hall de entrada, una frase de Macedonio Fernández (tan admirado por Borges) que resumiendo la finalidad de nuestro trabajo dice: "Ni por la gloria ni por la vanidad, sólo por la certeza de la pasión".

En 1972, a los 13 años, asistí a un espectáculo que me conmovió profundamente. Tuve la fortuna, a tan corta edad, de que una de mis primeras experiencias teatrales como espectador me iluminara el camino a seguir. Ese relámpago constante me acompaña desde entonces con la misma intensidad de aquel momento. Emerge como un sueño continuo. Suelo pensar que, quizás, aún estoy sentado en esa butaca y todo lo que pasó después, estas palabras que estoy escribiendo, el inminente ensayo, la lección esperada, son sueños y que todavía estoy allí, sentado, observando activamente cómo aquellos personajes viven una vida de dos horas. Pero para mí se trata de dos horas que son eternas, que no transcurren, que me provocan la vana sensación de que el tiempo es un olvido de la vida y que ese momento teatral posee la tangible precisión de mi mano que se mueve sobre este teclado.

Creo que las técnicas que el actor utiliza para realizar su trabajo deberían abrir puertas, no cerrarlas. Deberían promover la humanización del hombre, no su alienación. Es por ello que, me parece, resulta tan importante reflexionar sobre "cómo" se construye una situación teatral.

No podemos repetir, en el modo de hacer teatro, o sea, en las relaciones de producción de nuestro oficio, las relaciones dominantes que imperan en esta sociedad que, no hay dudas, deshumaniza al ser humano y potencia sus pliegues más oscuros y destructivos.

"Libertad" es una palabra clave. Parece una abstracción pero el ejercicio concreto de la libertad es un desafío cotidiano. Tratamos de construir una situación teatral a través de una técnica que nos permita expresarnos con la mayor libertad posible. Porque, en definitiva, de ello se trata: de sacar de nuestro interior nuestra capacidad, potencialidad y sensibilidad y de objetivarlas (hacerlas objeto) en el mundo.

No es posible aceptar otra posibilidad en el arte, que es una forma específica de trabajo humano y que posee cierta autonomía de él. Nacidos de un tronco común, el trabajo y el arte, cada uno con su propia y diversa finalidad (la utilidad del objeto en el primer caso; la relación estética con el mundo en el segundo) han recorrido caminos que los han ido alejando cada vez más. La deshumanización que el sistema capitalista ha definitivamente impuesto sobre el hombre, pues lo ha reducido a una sola y única necesidad: obtener dinero para sobrevivir, le ha ido quitando la verdadera y múltiple riqueza de las necesidades espirituales que toda persona posee. Tal mutilación pesa sobre la vida de millones de personas que ya han asumido que "es" así y que ni siquiera se plantean otra posibilidad vital.

El trabajo, actividad consciente que debería distinguir al hombre de los otros seres vivientes, se ha transformado en un monstruo silencioso que conduce nuestras vidas sin que lo advirtamos. Arrojados en un vórtice caótico, vivimos en la inercia de asumir como normal lo que no debería serlo pues la gran mayoría de los seres humanos no hacen en sus vidas lo que les gustaría. Y en los últimos tiempos, con cada vez mayor intensidad, ese monstruo ominoso se aleja, pero no para desaparecer sino para extorsionarnos, pues rogamos, para poder sobrevivir en este mundo basado en la impiedad, que el "monstruo" vuelva, que regrese a castigarnos de manera tal de no ser uno más entre los millones de desocupados cuya cantidad crece día a día en este planeta. Rogamos de rodillas obtener un trabajo, así sea que detestemos y nos despersonalice, pero que nos asegure la sobrevivencia económica para nuestras familias. En verdad, la gran mayoría de los hombres vive en un constante y violento estado de extorsión.

Tal obvia constatación obtiene un posible límite en el arte. Es en esta actividad en donde el hombre, todavía, puede expresar sus fuerzas interiores más profundas sin la presión del rendimiento utilitario y económico. Y no es que pensemos que el dinero, en la actual sociedad, no deba ser una efectiva retribución al trabajo del artista. Por supuesto que sí. Pero el artista verdadero sabe bien que no construye su obra por dinero, que ello es una consecuencia y no una causa.

Es, en este contexto, que hemos reflexionado sobre las distintas aplicaciones de una metodología – entre tantas otras posibles – que nos ha proporcionado algunas respuestas. Creemos que el camino que debe recorrer el actor en el proceso de construcción de su objeto (la situación teatral) debe ir "de la tierra al cielo y no al revés". No se trata del "hombre pensado" como dirían Marx y Engels en *La Ideología Alemana*, sino del hombre concreto y real (en nuestro caso, la construcción del sujeto de la acción teatral que no parte del pensamiento de "cómo es" un personaje sino que, accionando, lo construye).

La elaboración de la situación teatral (nuestro objeto de trabajo) es construir, a través de la producción de hechos concretos, una realidad escénica que no podía existir *a priori*, salvo en nuestro pensamiento. Haciendo comprendemos y comprendemos haciendo. En ese proceso se establecen relaciones que poseen la verdad propia y específica del hecho teatral. Trabajando de un modo específico producimos una nueva realidad, no reproducimos la existente. Pero, como nada está ajeno a la compleja realidad que nos circunda, de alguna manera tal verdad suele desmontar las "máscaras" que ocultan las causas de lo real. Parece paradójico pues se suele mostrar la imagen de lo teatral con las máscaras de la comedia y de la tragedia. Suelo decir a mis alumnos que en la vida, a veces, se hace imprescindible mentir para sobrevivir, pero en el teatro no. En el teatro, paradójicamente, poniéndonos máscaras nos las quitamos. La falsa conciencia de la realidad, un ocultamiento de la ideología dominante, puede ser desenmascarada.

Sabemos que las técnicas, en el campo de la actuación, están en "pañales". No hace todavía 80 años que un hombre en Rusia ha colocado las bases de una metodología objetiva para el trabajo del actor, poco tiempo para un arte milenario. Creemos, también, que no nos referimos a técnicas aisladas de lo artístico, es decir del proceso creativo. Se trata de hacerlo en función de un recorrido que nos lleve a encontrar esos momentos no por fuerza de la voluntad consciente (nadie es creativo porque se lo proponga, lo que no significa que no deba trabajar constantemente para encontrar esos momentos), sino como una consecuencia de los elementos técnicos que usamos y que nos abren puertas inesperadas.

Lo primero que expreso a mis alumnos, una vez que nos presentamos, es que no tiene relevancia en la tarea pedagógica, mi carrera artística o los pocos o muchos logros obtenidos en ella. No es eso lo importante en la trasmisión de un método verificable que intenta "demostrar" un procedimiento y no "mostrar" una experiencia de vida en el teatro aunque esta pueda, por supuesto, ayudar a lo primero. Pero no establecemos, en las lecciones, una relación en donde trabajamos sobre un objeto estético sino sobre el modo de llegar hasta él, que es otra cosa y que, lo repetimos, es lo único (¡y en el teatro es ya tanto!) que se puede trasmitir y verificar: el procedimiento técnico.

Esperamos, con ardiente paciencia, que quienes ahora son nuestros alumnos y futuros actores nos superen, a través de una inclaudicable actitud crítica. Para ello trabajamos en la pedagogía teatral: para ser superados. Pero, claro, para cancelar algo hay que tener algo para cancelar. Y de un modo más inmediato también trabajamos para que llegue el momento en que no seamos más necesarios, para que el ya devenido actor no necesite un *gurú* que lo guíe sino que sea él mismo, a través del manejo concreto y consciente de herramientas técnicas precisas, quien las use para expresarse con libertad.

Sabrá el lector interesado en la materia criticar el presente trabajo. Estamos convencidos de que no hay otra forma de crecer.

14)- BIBLIOGRAFÍA

Brecht, Bertolt. *Escritos Teatrales.* Giu

lio Einaudi Editor. Turín. 1975.

Brecht, Bertolt. *Brecht, Bertolt, sus mejores obras.* Volumen I. Einaudi. Turín.1998.

Chejov, Antón. *Teatro. Obras completas.* Garzanti Editor. Milán. 1999.

Debord, Guy. *La sociedad del espectáculo.* Baldini & Castoldi. Milán. 2013.

Ewen Frederick. *Bertolt Brecht.* Editorial Feltrinelli. Milán. 2005.

Knebel, Marja. *El análisis de la obra y del rol mediante la acción.* Ubulibri. Milano. 2009.

Girard, René. *Shakespeare, el teatro de la envidia.* Adelphi Editores. Milán. 1996.

Mandel, Ernest. *La formación del pensamiento económico de Karl Marx.* México. Editorial Siglo XXI. 1986.

Marx, Karl. *Los Manuscritos económicos filosóficos de 1844.* Editorial Colihue. Buenos Aires. 2004.

Marx. Karl. *El Capital.* Newton Compton. Roma. 2013.

Meldonesi, Claudio- Olivi, Laura. *Brecht Director.* Il Mulino Editor. Bolonia. 1989.

Meisner, Sanford. *La actuación.* Dino Audino Editores. Roma. 2011.

Sánchez Vázquez, Adolfo. *Las ideas de Marx sobre la naturaleza y la fuente de lo estético*. Opúsculo. Buenos Aires. 1989.

Serrano, Raúl. *Nuevas tesis sobre Stanislavsky. Fundamentos para una teoría pedagógica*. Editorial Atuel. Buenos Aires. 2004.

Shakespeare, Williams. *Shakespeare. Todo el teatro*. Newton Compton Editores. Roma. 2010.

Stanislavski, Konstantin S. *El trabajo del actor sobre sí mismo*. Laterza Ediziones. Roma. 2010.

Stanislavski, Konstantin S. *El trabajo del actor sobre el personaje*. Laterza Ediziones. Roma. 2010.

Toporkov. Vasili. O. *Stanislavski en los ensayos. Los últimos años*. Ubulibri. Milán. 1998.

Williams, Tennessee. *Un tranvía que se llama deseo*. Einaudi Editores. Torino. 1963.

Argus-*a*

Artes y Humanidades / Arts and Humanities

Los Ángeles – Buenos Aires

2017

www.ingramcontent.com/pod-product-compliance
Lightning Source LLC
Chambersburg PA
CBHW020626220526
45464CB00001B/37